自得教育论丛

丛书主编 伍平伟

伍平伟与自得教育

伍平伟 ◎著

华东师范大学出版社·上海

图书在版编目(CIP)数据

伍平伟与自得教育/伍平伟著.—上海:华东师范大学出版社,2022
(自得教育论丛)
ISBN 978-7-5760-3273-4

Ⅰ.①伍… Ⅱ.①伍… Ⅲ.①中学教育-教育研究
Ⅳ.①G632.0

中国版本图书馆 CIP 数据核字(2022)第 201945 号

自得教育论丛
伍平伟与自得教育

著　者　伍平伟
策划编辑　彭呈军
特约审读　陈成江
责任校对　李琳琳
装帧设计　卢晓红

出版发行　华东师范大学出版社
社　　址　上海市中山北路 3663 号　邮编 200062
网　　址　www.ecnupress.com.cn
电　　话　021-60821666　行政传真 021-62572105
客服电话　021-62865537　门市(邮购)电话 021-62869887
地　　址　上海市中山北路 3663 号华东师范大学校内先锋路口
网　　店　http://hdsdcbs.tmall.com

印　刷　者　上海锦佳印刷有限公司
开　　本　787 毫米×1092 毫米　1/16
印　　张　16.5
字　　数　288 千字
版　　次　2023 年 3 月第 1 版
印　　次　2023 年 3 月第 1 次
书　　号　ISBN 978-7-5760-3273-4
定　　价　68.00 元

出版人　王焰

(如发现本版图书有印订质量问题,请寄回本社客服中心调换或电话 021-62865537 联系)

本书是重庆市第二批教育家型教师和校长培养工程主要成果之一。

丛书总序：以办学思想创新引领学校发展

奚洁人

伍平伟同志主编的《自得教育论丛》，从历史渊源、理论基础、学生德育、课程体系、教学改革、教育评价、教师专业等多个维度对"自得教育"办学思想的提出背景、创立历程、实践探索、辐射影响等进行了全面的剖析和梳理，是一套理论与实践相结合、指导性和可操作性较强的学校改革研究丛书。

"自得教育"理念，是2015年时任重庆市第三十七中学校校长伍平伟提出的创新性办学思想。"自得"一词最早源自《孟子·离娄下》："君子深造之以道，欲其自得之也。自得之，则居之安；居之安，则资之深；资之深，则取之左右逢其原，故君子欲其自得之也。"孟子的"自得"思想，强调学习的自觉性和自主性，这是一种人格境界和价值情怀，也是深化学习、拓展视野和增强知识积累的重要方法。"自得"理念的教育思想旨在强调学习是一个内心不断进行深入的、多层次的思考总结和知识不断积累的过程，从而达到左右逢源、精深博大、运用自如的境界。一位"自得"的教育者，才能更好地对学生进行深入浅出、简约而博大的教育，这就是孟子所述的"博学而详说之，将以反说约也"的境界。所以，"自得教育"理念是价值取向、学习方法和教育方式的统一，具有深厚的中国传统文化底蕴，是坚持以人为本的自主学习理念，高质量教育的价值追求，主张自我的主体性，张扬个体的创造性，强调知识积累的重要性，加深造诣的规律性，以求教育方法进入厚积薄发、简约高效的艺术境界。

苏联著名教育家苏霍姆林斯基说过，"领导学校，首先是教育思想上的领导，其次才是行政上的领导"。一所学校的教育思想，首先是校长的办学思想，是校长对教育和办学的独立思考和个人见解，校长的教育思想往往是一所学校的灵魂，是引领学校教育思想形成的关键。正是因为有了校长正确的办学思想引领，学校才能办学站位更加高远、办学方向更加明确、办学意志更加坚定、办学行为更加自觉，其办学的优质性和特色性也将自然生成和更加鲜明。

校长的办学思想不是凭空产生的。首先，马克思主义教育思想同中华优秀传统文化教育理念的结合是其思想渊源。其次，往往离不开地区性的历史文化、学校本身的历史传统和办学实践。当然，最关键的是校长自己的理论自觉和结合办学实践的融合创新和总结提炼能力。重庆市第三十七中学校位于重庆市大渡口区。据史料记载，在清朝道光年间，长江北岸设有义渡，该渡口为沿江数十里渡口之首，大渡口由此得名，"义渡"美名也人人皆知。大渡口区也是原重庆钢铁公司所在地，是近代史上最大的钢铁生产基地。另外，重庆市第三十七中学校也是三所学校合并而成的学校。伍平伟同志在任重庆市第三十七中学校校长时，基于"义渡精神""钢城文化""三校合一"的文化基因，同时秉承"尚自得，展个性"的校训，守正创新地提出了"自得教育"的办学构想。

伍平伟同志自2019年2月担任中共重庆市大渡口区委教育工委书记、大渡口区教育委员会主任后，以教育领导者的角色自觉和责任担当，站在区域教育发展的层面上，对"自得教育"办学思想作了进一步的战略思考和拓展凝练，提出了"多维一体，教育大渡"的教育理念，形成了"努力办有品质、有内涵、有情怀的大渡教育"的发展愿景，建构了"党建工作、人才培养、教师发展、教育评价、终身教育"等更加具有系统性和系列化、制度化的"自得教育"办学思想和教育工作实践的前瞻性谋划，以凝聚区域教育观念共识，优化区域教育资源配置，推动区域教育高质量发展，塑造区域教育特色品牌，成为丛书研究的坚实基础。

党的二十大报告提出："我们要坚持教育优先发展、科技自立自强、人才引领驱动，加快建设教育强国、科技强国、人才强国，坚持为党育人、为国育才。""办好人民满意的教育""坚持以人民为中心发展教育，加快建设高质量教育体系，发展素质教育，促进教育公平"等重要任务和战略部署，为新时代基础教育的发展指明了方向，为深化"自得教育"思想提出了新的时代要求。

我们期待"自得教育"办学思想在理论研究上不断创新突破，在实践探索中不断健全完善。期待教育工作者更加强化各级学校"为党育人、为国育才"的政治意识和时代责任；更加注重学校队伍建设的人才强校战略；更加突出立德树人的价值观教育、情怀教育，加强学生的志向教育，增强青年学生自信自立自强精神。期待继续积极探索，走出一条适应新时代要求、符合学校实际的教育改革创新之路，全面推进新时代基础教育高质量发展,努力为培养大批堪当民族复兴时代重任的建设者和接班人贡献力量。

我相信,《自得教育论丛》的出版,对于更多地方的区域教育治理和学校教育发展,具有较好的借鉴和启示意义,期待她能早日面世。

是为序!

2022年12月17日于上海

(作者系中国浦东干部学院首任常务副院长,中国领导科学研究会原副会长,上海市领导科学学会首任会长、名誉会长,教授、博士生导师)

前　言

伍平伟

　　重庆市第三十七中学校创办于1955年,学校原名"四川省重庆第三十七初级中学";1958年秋,升为高完中,更名为"四川省重庆第三十七中学校";1997年,重庆成为直辖市后,学校随之更名为"重庆市第三十七中学校"。2000年、2005年,重钢第二子弟学校(原重庆市经济管理学校)和重庆市钢城中学高中部先后合并到重庆市第三十七中学校(以下简称"重庆三十七中")。学校是重庆市首批重点中学,现占地面积110亩,共有教学班84个,在校生4700余人,教职工300余人,图书馆藏书近70000册。

　　本专著所探讨的自得教育产生于重庆三十七中。"自得"一词源自《孟子·离娄下》:"君子深造之以道,欲其自得之也。自得之,则居之安;居之安,则资之深;资之深,则取之左右逢其原,故君子欲其自得之也。""自得"强调学生自觉、自主学习,并在此基础上获得知识、能力广度与深度的拓展。因此,浸润"自得"思想的教育就在于内心不断进行深入的、多层次的学习加工、反思提升,以达到精深博大、运用自如的境界。故"自得教育"坚持以人为本的教育理念,以育人为根本宗旨,主张自我的主体性,张扬个体的创造性,强调亲身的体验性,强化个人的反思性,最终达成与万物浑然一体而又洞照其间的意向性。

　　学校坐落于重庆市大渡口区,是原重庆钢铁公司所在地。重钢曾是我国近代史上最大的钢铁生产基地,为工业建设提供了有力的支持。大渡口区的千年古镇马桑溪(已更名为义渡古镇)是"义渡精神"起源地。在清朝道光年间,由当地乡绅、民众集资修建了一个渡口,供往来的船只停泊。后来有人聘请免费船工,义渡人们过江。学校因文化而生,因文化而强。在重钢基础上建立起来的重庆三十七中,一开始就具有鲜明的钢铁精神、钢城文化。重钢能够屹立百年,离不开工人们的虚心学习、刻苦钻研、百折不挠、艰苦奋斗、积极创造的精神。另外,百炼才可成钢,钢铁代表着坚强、坚韧、坚硬、艰苦奋斗等优良品质。而"义渡精神"意味着乐善好施、扶危济困、重情重义,"义"又代表着"仁义""忠义""正义"。学校虽然历经多次合并重组,但三所学校师生都具有共同的钢城基因与义渡精神,始终秉承凝心聚力、彼此包容、同舟共济、自强不息的精神。

重庆三十七中自身办学历程不凡,学校因工农子弟而办,由三所学校合并汇聚而成。在多年办学积淀的基础上,学校于2006年确立了"尚自得,展个性"的校训。学校在课程改革、科技创新、艺体教育等诸多方面成绩卓著,先后培养出地球物理学家胡天跃、乒乓球名将马金豹、羽毛球奥运冠军李雪芮,获得"全国青少年科技教育示范项目学校""全国体育传统项目学校"等众多荣誉……沉淀了底蕴深厚的传统文化。在立足重钢历史,弘扬义渡精神,传承三校精神血脉的基础之上,我在担任重庆三十七中校长期间,提出了"自得其乐,幸福一生"的办学理念,主张教育的本质是实现人的发展,强调教育的自我体验性、主体性、创造性、反思性和意向性,从学校自得文化中提炼出符合学生身心规律的自行、自省、自成三个成长阶段,逐步形成了"自得教育"办学思想。

2017年5月22日,《重庆日报》整版刊登《重庆三十七中"自得其乐 幸福一生"——破译"最美三七"背后的幸福密码》,提出最美课程密码是为学生个性成长、适应未来发展"铺路",最美教师密码是自身优秀,才能让学生更优秀。2019年9月,我在《中国德育》第17期刊文,对"自得其乐,幸福一生"的办学理念进行了解读,并提出了"两翼三阶七素养"的自得教育办学思想体系。"两翼三阶七素养"即教育两翼(课堂教学为一翼,课外活动为一翼)、成长三阶(一阶自行,以体验为基石;二阶自省,以唤醒为要义;三阶自成,以成长为方向)、七维素养(从忠、善、和、真、美、健、法七个维度培养学生的素养)。学校调动全员力量,围绕"七维素养",践行"教育两翼",让学生有不断超越自我、全面发展的内在追求,去体验丰富多彩的生活,成就精彩人生。"两翼三阶七素养"的自得教育思想办学体系,意在提高学生的自主学习力、自主生活力、自主管理力,逐步实现"个性绽放,乐于自得"的育人目标。

自得教育提出后,我们一直在思考中加以实践,在实践中不断完善。2019年3月份起,我担任中共重庆市大渡口区委教育工委书记、大渡口区教育委员会主任。在这期间,基于区域教育发展现状,对自得教育进行了深入的思考,提出了"多维一体,教育大渡"的区域教育理念,形成了"努力办有品质、有内涵、有情怀的大渡教育"的区域发展愿景,建构了"党建工作、人才培养、教师发展、教育评价、终身教育"的五大发展体系,进一步丰富、完善了自得教育办学思想。这五大发展体系分别为"完善守正与出新统一的党建工作体系""健全多元与特长并举的人才培养体系""师德师能同步提升的教师发展体系""创新人本与科学并重的教育评价体系""建设高质量和宽领域的终身学习体系"。

重庆市大渡口区教育系统在区委、区政府的坚强领导下,围绕"公园大渡口,多彩艺术湾"城市发展目标,聚焦教育强区的战略,聚力"自得教育"的引领,全区正在推动学前教育出特色、义务教育成标杆、高中教育有突破、职业教育树品牌。涌现出了"时代楷模"王红旭等一批"四有"好老师典型代表,也先后培养出了众多优秀学子。斩获重庆市第四届教育教学成果奖5项,基础教育教学成果奖4项,其中,"区域法治课程'莎姐'进校园的开发与实施"获基础教育教学成果特等奖。上述获奖等级和数量名列全市前茅,并取得历史性突破。

习近平总书记在二十大报告中说:"我们要办好人民满意的教育,全面贯彻党的教育方针,落实立德树人根本任务,培养德智体美劳全面发展的社会主义建设者和接班人,加快建设高质量教育体系,发展素质教育,促进教育公平。"我们将继续以自得教育办学思想为引领,致力办有品质、有内涵、有情怀的大渡教育,突出教育的公益性、普惠性、公平性、大众化的价值取向。我们将助推生命成长的人本教育属性,促成全面发展的素质教育属性,夯实内涵发展的未来教育属性,凸显健康和谐的生态教育属性,突出多元载体的现代教育属性,终成学子于学习中体悟成长之快乐,引领教师于诲人里实现生命的价值之愿景,不断为党育人,为国育才,培根铸魂,启智润心。

2022年12月24日于重庆

目 录

第一章 历史与根基：自得教育的理论渊源   1
  第一节 自得教育思想的文化基因   1
    一、学校最宝贵的财富：钢城文化   1
    二、学校精神滋养的源泉：义渡精神   3
    三、学校核心的传承：三校融合   5
  第二节 自得文化与自得教育体系的建构   6
    一、自得文化体系的内容   7
    二、自得教育体系的架构   10
  第三节 自得教育思想的思想理论渊源   19
    一、国内外关于"自得教育"的思想与理论   19
    二、理论指导下的"自得教育"体系的特点   28

第二章 共性与个性：自得教育的学生成长   34
  第一节 自得教育的德育概况   34
    一、基于七维素养的德育活动   34
    二、基于协同育人的德育网络   37
  第二节 特色育人活动：争做学校好少年   38
    一、37公里徒步行：坚毅品格的造就   38
    二、三十七中学子成人礼：基本仪式感的获取   43
    三、影响三十七中年度人物：榜样力量的传递   48

第三节	主题节日活动：我的未来我做主	53
	一、阅读节：文化底蕴的积淀	53
	二、体育节：运动精神的传承	55
	三、三叶节：艺术情操的陶冶	57
第四节	社团品牌活动：开阔眼界长本领	59
	一、"莎姐"校园法律社团：法律意识的培养	59
	二、软石英语俱乐部：国际视野的开拓	61
	三、物理实验制作与创新社团：科学精神的孕育	65
第五节	制度保障与实际成效	69
	一、立足多元评价，激励学生成长	69
	二、科学评价有效，硕果成就彰显	74

第三章	体验与成长：自得教育的课程建设	79
第一节	自觉与和谐：自得教育的课程概况	79
	一、237：自得教育课程建设的思想基础	79
	二、三向七维：自得教育的课程体系概况	83
第二节	区域与特色：自得教育的精品选修课程	86
	一、精品选修课程的基本概况	87
	二、精品选修课程的个案分析	87
	三、精品选修课程的实践成效	96
第三节	综合与创新：自得教育的综合实践活动	98
	一、学校综合实践活动建设的理论基础	98
	二、学校综合实践活动的实现形式	100
	三、学校综合实践活动的评价体系	103
第四节	反思与联动：自得教育的研学课程	104
	一、课程目标：问渠哪得清如许，为有源头活水来	105
	二、课程架构：一素养一基地一课程	106
	三、课程管理：统筹三方，渡己渡人	107
	四、课程愿景：忽如一夜春风来，千树万树梨花开	108

第四章　主动与收获：自得教育的教学改革　　109

第一节　探索与突破：自得课堂教学模式的改革历程　　109
一、改革基石：新时代教育改革的号召　　109
二、习性建模：构建自得课堂雏形　　110
三、共性塑模：形成"四主五环"课堂　　111
四、个性突破：催生"1+X"特色课堂　　112

第二节　思想与方法："四主五环"教学模式的要素架构　　112
一、"四主五环"自得课堂的内涵分析　　113
二、"四主五环"自得课堂的基本要素　　113
三、自得教育教学改革的经验总结　　116

第三节　发展与成长："1+X"自得课堂教学模式的建立　　117
一、建立基础："1+X"自得课堂的由来　　117
二、风采展示：个性化自得课堂教学比赛　　119
三、全面成长："1+X"自得课堂的实践成果　　121

第四节　变革与重塑：疫情背景下的自得教育的创新　　124
一、背景：NCP倒逼下的在线教学现状　　124
二、突破：自得教育改革的革命性进展　　128
三、展望：自得教育改革的反思　　133

第五节　稳定与充实：自得教育的教学质量保障　　136
一、顶层设计，学术优先　　136
二、建立机制，以晒（赛）促训　　136
三、合作学习，共同发展　　137
四、案例研究，总结前行　　137
五、全面实施，分步推进　　137

第五章　品质与多元：自得教育的学生指导　　138

第一节　学生发展指导的社会背景　　138
一、钢城文化、义渡精神和三校融合历史下的文化积淀　　138
二、高考制度改革和课程改革背景下的迫切需求　　139
三、学生生涯发展和社会需求相呼应的现实愿景　　139

第二节　学生发展指导的机构平台　　　　　　　　　　　140
　　一、学生发展指导体系的心理指导机构　　　　　　　140
　　二、学生发展指导体系的生涯指导机构　　　　　　　147
第三节　学生发展指导的特色品牌　　　　　　　　　　　154
　　一、"智育财商·大爱三十七"爱心义卖活动　　　　154
　　二、"吾生有涯·而知无涯"职业体验活动　　　　　157
　　三、"心灵相约·心海护航"心理健康活动　　　　　160
第四节　学生发展指导的资源支持　　　　　　　　　　　161
　　一、生涯联盟共同体　　　　　　　　　　　　　　　162
　　二、校企合作共同体　　　　　　　　　　　　　　　163
　　三、社区合作共同体　　　　　　　　　　　　　　　164
　　四、专家培训共同体　　　　　　　　　　　　　　　165

第六章　主动与自觉：自得教育的教师成长　　　　　　　167
第一节　基于自得教育的教师专业成长概况　　　　　　　167
　　一、学校教师专业发展现状　　　　　　　　　　　　167
　　二、基于自得教育的教师专业成长过程　　　　　　　171
第二节　基于"三名"工作室的教师专业成长共同体　　　176
　　一、凝心聚力　众行致远：伍平伟名校长工作室　　176
　　二、分享智慧　引领成长：莫能芳名班主任工作室　181
　　三、共创共享　共生共长：甘露名师工作室　　　　188
第三节　基于创新机制的教师专业成长制度保障　　　　　197
　　一、以老带新制度：引领教师成长　　　　　　　　　197
　　二、校本培训制度：适应教育改革　　　　　　　　　201
　　三、学术竞赛制度：打造名师队伍　　　　　　　　　207

第七章　辐射与影响：自得教育的显著成效　　　　　　　217
第一节　自得教育的特色凸显　　　　　　　　　　　　　217
　　一、自得教育品牌的建立　　　　　　　　　　　　　217
　　二、自得文化环境的创生　　　　　　　　　　　　　219

第二节	自得教育的社会反响	221
	一、融合共生，校际联盟互助合作	222
	二、共享发展，国际访学友好交流	223
	三、参观来访，校际文化辐射传播	224
第三节	自得教育的辉煌成绩	227
	一、师生风采实记	227
	二、杰出校友实记	241
	三、媒体报道实记	243

第一章　历史与根基：自得教育的理论渊源

"自得教育"体系在重庆市第三十七中学校（简称"重庆三十七中"或"三十七中"）的确立，与学校所在地的钢城文化、义渡精神和学校的发展融合历史是分不开的。在多年的探索中，学校确立了"激扬生命，得法自然"的办学理念、"尚自得，展个性"的校训、"同舟共济，德业自馨"的校风、"迷津问渡，启悟自行"的教风与"百炼成钢，互学自成"的学风。

在"自得文化"理念的指导下，学校师生历经多年探索，最终形成"自得教育"体系。"自得教育"体系强调以学生为核心，尊重学生的主体性与主动精神，注重发掘人的智慧潜能，旨在让每一个孩子具备健康人格、丰厚学养、积极心态，并不断认识自我、发现自我、完善自我、超越自我，体验独特的生命意义。

第一节　自得教育思想的文化基因

学校因文化而生，因文化而强。正如校长伍伟平所说："一所学校要有属于自己的文化。一所学校，有了文化就有了信仰，有了信仰就有了前行的力量。"众所周知，学校的文化来源于学校区域的位置、学校的历史、学校的办学定位等。三十七中在重庆市大渡口区钢城文化、义渡精神的熏陶下，历经三校融合，形成了"自得"文化体系。

一、学校最宝贵的财富：钢城文化

重庆拥有悠久的历史与丰富的文化底蕴，曾是近代史上最大的钢铁生产基地，在抗战时期为工业建设提供了有力的支持。大渡口区是重庆主城区之一，是原重庆钢铁公司（简称"重钢"）所在地，重庆市首批市级重点中学三十七中就坐落于此。大渡口区是1965年为服务重钢而单独设区,因此,"钢城"也成了大渡口区的城市名片。

重钢是中国最早的钢铁企业,至今已有100余年历史。洋务运动时期张之洞创办的汉阳铁厂正是其前身,于1938年迁至重庆大渡口,曾为我国工业发展、抗战胜利与新中国建设做出重要贡献,享有"北有鞍钢、南有重钢"和"三朝国企"的美誉。[①] 在整个抗战时期,大渡口就承担了95%的钢铁供应。[②] 在这之后的很长一段时间内,钢铁生产一直是大渡口区发展的支柱型产业,给大渡口区打下了深深的"钢城文化"烙印。

重庆三十七中因"重钢"而生。1955年,四川省委书记李井泉亲临现场选址办学,邓小平之弟——时任重庆市教育局局长邓垦指示要把三十七中办成"全市第一所为工农子弟开门的学校"。[③] 重庆三十七中是解放初期为工农子弟最先创办的中学,于1955年正式启用。重庆三十七中虽在"文化大革命"时期停滞办学,但在十一届三中全会以后,几经整顿,逐渐恢复正常教学秩序,培养了大批人才,如公安部一级英雄模范封世珍、乒坛名宿马金豹、地球物理学博士胡天跃等。[④]

2007年,重庆市启动节能、减排、环保搬迁改造工程,重钢搬迁至重庆市长寿区江南镇。[⑤] 在工业转型之后,重庆将重钢留下的老建筑、老厂房、老设备等加以保护和改造,展示不同时期重庆的工业发展历程,建成工业遗址公园,作为重庆工业文化博览园的一部分。重钢工业遗存不仅展现了重钢的历史,也是大渡口区历史的见证。重庆三十七中正好毗邻重庆工业博物馆,为学生学习提供了丰富的学习资源与良好的学习环境。

在重钢基础上建立起来的重庆三十七中,一开始就具有鲜明的钢铁精神、钢城文化。重钢曾是钢铁产业的先锋企业,曾率先打破国外技术封锁,为中国第一颗人造卫星、运载火箭、军舰、战斗机、核聚变等生产优质钢材。重钢能够屹立百年,离不开工人们的虚心学习、刻苦钻研、百折不挠、艰苦奋斗、积极创造的精神。另外,钢铁,百炼才可成钢,代表着坚强、坚韧、坚硬、艰苦奋斗、自强不息等优良品质。重庆三十七中秉承"百炼成钢"的精神,坚持"百年树人"的使命,不断创新、不断探索,为培养优秀人才注入先进理念。

---

① 重钢介绍[EB/OL]. http://www.cqgtjt.com/abouts/i=13&comContentId=13.html.
② 兰世秋,熊明. 义渡往事[EB/OL]. 重庆日报,2018-05-25. https://www.cqrb.cn/content/2018-05/25/content_154131.htm.
③ 重庆三十七中网上校史馆[EB/OL]. http://education.cqnews.net/html/node_326898.htm#part1.
④ 李曜庭,张宏伟. 一帆集[M]. 沈阳:沈阳出版社,2006:404.
⑤ 重钢百年历程[EB/OL]. www.cqgtjt.com/abouts/&i=9&comContentId=9.html.

二、学校精神滋养的源泉:义渡精神

大渡口区位于重庆市主城区南部,具有丰富的旅游资源。其中,重庆主城长江上游第一古镇——马桑溪古镇(2019年已更名为义渡古镇),就是主要的旅游景点之一。马桑溪古镇因马桑树而得名,因乡绅设义渡而名扬天下,其渡口是明清鼎盛时期当地最大的渡口。

图1-1 马桑溪古镇义渡口

"义渡",是指民间或官方捐资兴建,以方便民众为目的,或低价渡江过河的渡口。重庆城区两江沿岸溪流众多,在旧时代没有桥梁,人们来往两岸主要靠船渡,其中就有部分是义渡。千年古镇马桑溪位于长江之滨,在清道光年间由当地乡绅、民众集资修建了一个渡口,主要用于往来的船只停泊,后来有人聘请免费船工,义渡人们过江。据史料记载,"清朝道光年间,长江北岸设有义渡,该渡口为沿江数十里的渡口之首",曾被称为"十里长江第一渡"。[①] 1936年由向楚主编的《巴县志》记载:

> "大渡口河渡,清道光时马王乡士绅捐购田业一股,年租二十余石,置船二艘雇人推渡。"

马王乡士绅所推行的义渡因为政府政令规定客船收费标准,仅仅实施了几个月就暂时停止了。光绪年间,义渡又兴起来。九宫庙处一残碑记载:

---

① 李月起,杨玲.三峡库区(创意)文化产业案例集[M].昆明:云南大学出版社,2018:114.

"九宫庙由设庙会,修桥补路所余金银租米,屡生弊端,巴县正堂张判将所有剩购物,购船一只雇船夫一人,以食米一斗五、工资钱六十文,于光绪二十五年(1899)3月12日正式义渡。"①

为了方便乡民们登船,一些乡民自发在岸边修建凉亭,安放石凳,这让一人的善举,变成了众人的义举。

事实上,除了马桑溪古镇大渡口,重庆还有多处义渡口。据不完全统计,当时巴县设立过10余处义渡,海棠溪渡口就是其中一处②。巴县太和乡廖春瀛捐出田地与银子,于光绪十四年(1888)开始义渡。重庆的渡口,尤其是马桑溪大渡口,在抗日战争时期,承担着钢铁相关的运输工作,担负起抵抗外敌、复兴中华的重任。曾经以"乡里之义"闻名的大渡口,又附上了"国家之义"的内涵。在20世纪30年代,海棠溪还开通了汽车轮渡。200多年来,义渡文化并没有随时间的消逝而消亡,而随着时代变化焕

图1-2 清末时期海棠溪渡口

---

① 钟明亮.重庆市大渡口区地方志编纂委员会编.重庆市大渡口区志[M].成都:四川科学技术出版社,1995:35.
② 这些义渡口包括清光绪年间的张家溪义渡、柳家溪义渡、猪肠子义渡,清末道光年间的海棠溪义渡、李家沱义渡、大渡口义渡、西彭乡渡头溪义渡,清乾隆年间的鱼洞溪义渡、木洞镇义渡等。

发出其时代色彩。在座座桥梁连通城市的时代,重庆人民中仍然保留着义渡的文化,如云阳县桑坪镇兴梨村的乡村教师王广贵经常背孩子过河,长达22年。[①]

"义渡"传达了一种乐善好施、扶危济困、重情重义的精神,那教育又何尝不是呢?"义",代表着"仁义""忠义""正义"。学校的教师就是那个虔诚的"摆渡者",将学生由梦想的此岸摆渡到梦想的彼岸。重庆三十七中将"义渡精神"作为学校的文化定位,强调教师们迷津问渡的情怀,培养学生大义、大爱、大美、大公的义渡精神。义渡文化已经成了大渡口人们的精神内核,代代相传。

三、学校核心的传承:三校融合

重庆三十七中历史悠久,至今已走过60多个年头。在曲折的发展历程中,学校经历了三所学校合并与重组。通过一代代三十七中人的努力,三十七中在文化积淀、课程改革、科技创新、艺体教育等诸方面形成鲜明特色,取得令人瞩目的成就。

1955年,中共四川省委书记李井泉十分重视教育事业,专门到重庆与重庆市教育局局长邓垦为三十七中的建设选址,学校定名为"四川省重庆第三十七初级中学",并正式启用。1958年秋,重庆三十七中升为高完中,成为附近区域最早开办的高完中,并将校名改为"四川省重庆第三十七中学校"。

图1-3 李井泉雕像

图1-4 今日重庆三十七中校门

---

① 兰世秋,熊明. 义渡往事[EB/OL]. 重庆日报,2018-05-25. https://www.cqrb.cn/content/2018-05/25/content_154131.htm.

1997年,重庆升格为直辖市,学校更名为"重庆市第三十七中学校"。2000年,重钢第二子弟学校合并到重庆三十七中,学校分设两个校区,并于2001年被评为"重庆市重点中学"。2005年,重庆市钢城中学高中部合并到三十七中,校名仍为"重庆市第三十七中学校"。在这之后,学校迎来新的发展契机,办学规模迅速扩大,驶入发展快车道。目前,学校拥有5500多名学生,300多位教职工,其中全国劳模、特级教师、名师、市级骨干教师、正高级教师、高级教师100余位,办学规模与办学质量都已取得不错的成就。

学校虽然历经多次合并重组,但三所学校师生都具有共同的钢城基因与义渡文化,始终秉承凝心聚力、同舟共济的精神,包容彼此的分歧,最终形成一致认可的学校发展理念与方向,实现学校的交织、融合与共生,形成独具特色的重庆三十七中。回顾三十七中的探索之路,可概括为:

忆往昔,学府初开,百业待兴;
看今朝,跨越发展,气象万千。
服务重钢,立校兴区,三校合并,再启征程。
六秩春秋,峥嵘岁月守三十七风华;
十载寒暑,锦绣人生彰自得本色。
仰观俯察,反思当下,重构升级,自得乾坤。[①]

学校最宝贵的财富是文化,学校最重要的传承是精神。六十年风雨洗礼,六十年积淀传承。钢城文化赋予了学校精雕细琢的勇气,义渡精神滋养了学校精诚团结的文化。作为一所多次合并、一校多区的老牌学校,学校又融合了不同的文化基因。正是在一次次交流与碰撞中,一代代三十七中人不断实践、探究、反思、沉淀,逐步形成了有着鲜明特色的"自得文化"体系。

第二节 自得文化与自得教育体系的建构

"自得教育"体系的建构离不开学校"自得文化"体系的建立。学校以"自得"为学校文化的核心,衍生出了"自得其乐,幸福一生"的文化主题、"激扬生命,得法自然"的

---

① 重庆市第三十七中学校"自得教育"理念文化[EB/OL]. http://www.cq37.com.cn/html/xxgk/bxln/.

办学理念、"同舟共济,德业自馨"的校风、"迷津问渡,启悟自行"的教风和"百炼成钢,互学自成"的学风。另外,学校立足重钢历史,弘扬义渡精神,传承三校血脉,提炼出"两翼三阶七素养"的自得教育体系,以增强学生的自主学习力、自主生活力、自主管理力,逐步实现"个性绽放,乐于自得"的育人目标。

一、自得文化体系的内容

基于学校的文化基因,学校形成以"自得"为核心的文化体系(见图1-5)。2016年,三十七中在60周年校庆之际,面向公众发布了以"自得"为核心的学校文化。学校本着以文化人、以文立人的理念,历60载岁月凝练,确立"激扬生命,得法自然"的办学理念(哲学总纲)与"尚自得,展个性"的校训。

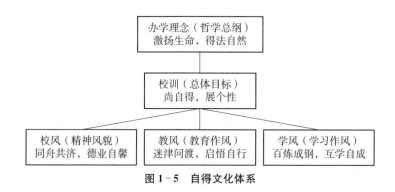

图1-5 自得文化体系

(一)办学理念:激扬生命,得法自然

"激扬生命,得法自然",就是要承认学生群体的共性,但更要强调个体的差异。尊重学生的主体性和主动精神;注重发掘人的智慧潜能,能够取长补短、扬长避短,让每一个孩子具备健康人格、丰厚学养、积极心态;强调每一个孩子在生活学习中不断认识自我、发现自我、完善自我、超越自我,追求独特的生命价值、体验独特的生命意义、闪耀独特的生命光彩。

正如我国"生命·实践"教育学派创始人叶澜教育家的教育信条:

"教育是直面人的生命、通过人的生命、为了人的生命质量的提高而进行的社会实践活动,是以人为本的社会中最体现生命关怀的一种事业。"①

---

① 李政涛."生命·实践"教育学研究 第1辑[M].上海:上海教育出版社,2017:1.

也就是说,教育的直接对象是一个个具体的、有生命的个体,教育应该尊重人的生命,教育的目的是培养全面发展的人。

(二) 校训:尚自得,展个性

校训是学校精神的凝练,与办学理念一脉相承,是办学理念的集中体现,是全体师生共同的价值追求。重庆三十七中的校训为"尚自得,展个性",强调学生自身对知识的学习与运用,充分发挥学生的个性。

"自得"出自《孟子·离娄下》:

> "君子深造之以道,欲其自得之也。自得之,则居之安;居之安,则资之深;资之深,则取之左右逢其原,故君子欲其自得之也。"①

这句话意思是:

> "君子沿着正确的路子对学问加深造诣,目的就是要使自己自觉地得到学问。自己自觉地求得的学问,就能心安理得地坚守它;能心安理得地坚守它,日积月累,就能积蓄深广;积蓄深广,便能随心所欲,取之不尽,用之不竭,左右逢源,所以君子贵在自觉地求得学问。"②

从教育的角度,"尚自得"就是在内心不断进行深入的、多层次的学习加工,以达到精深博大、运用自如的境界。这种方法推崇个体自我的体验性与主体性,渗透以人为本的精神内涵。教育的根本目的在于"育人",个体客观存在的差异,正是我们实施个性发展教育、寻求素质教育突破口的出发点。所谓"展个性",对教师而言,就是要在尊重学生个体差异的基础上,以个性独特、高效科学的教育方法教育学生;对学生而言,就是要有不断超越自我、全面发展的内在追求,体验多彩生活、成就精彩人生。

(三) 校风:同舟共济,德业自馨

校风是学校全体成员在学校教育过程中形成的精神状态和思想作风,是学校品位和格调的重要标志之一。起步义渡的渊源,三校合并的历史,提醒师生务必精诚团结,讲信修睦。无论是老师,还是学生,都要在努力工作和勤奋学习的同时,加强道德修

---

① 杨伯峻.孟子译注[M].北京:中华书局,1960:189.
② 芳园.四书全鉴 耀世典藏版[M].天津:天津人民出版社,2015:335.

为,以德业双馨的良好形象立于渡口之畔,享誉巴渝大地。

重庆三十七中之所以选择了"同舟共济、德业自馨"作为校风,其一是因为学校史上由三所学校合并汇聚而成,需要高度的凝聚力,需要在汇合中成为一个真正的命运共同体和发展共同体,"同舟共济"正是学校的历史必然,更是现实需要。其二,大渡口历史文化精神的传承。当年乡贤乐善好施的美德构成了"义渡文化"的精髓。

(四)教风:迷津问渡,启悟自行

教风是指教师的教学作风和学术作风,逐步固化成为的一种传统和风格,对学生的成长、学校的发展有着深远的影响,是学校生存和可持续发展的动力源泉。

依据渡口文化的精髓,学生好比是学海作舟,前路终究要由学生自己去探索。当学生遇到障碍,"欲渡不能"而"迷津问渡"之时,教师就要指明欲往的方向、过渡的方法,引领学生的思想、思维从此岸到达彼岸,让学生继续扬帆远航。

"迷津问渡,启悟自行"作为重庆三十七中的"教风",传达出一种现代的教育理念和教学策略,就是把"启悟"作为最重要的教学策略,通过"指点迷津"唤醒和激励学生"自我探究"。为教之道,乃在于启发学生自我反思,领悟学习的路径,自奋其力达到从不知到知,从不会到会。这正是现代教育对教师职能的重新确立,也正是渡口文化对我校教风的滋养。在"迷津问渡,启悟自行"教风的熏陶下,重庆三十七中形成了独特的教师精神:

勇于担当:天降大任　舍我其谁
勤于钻研:教海无涯　上下求索
乐于奉献:潜心耕耘　不计得失
敢于争先:意在斯乎　何敢让焉

(五)学风:百炼成钢,互学自成

学风是学校办学质量、治学精神、治学态度、治学原则的集中体现,同时也是学生的行为规范、思想道德、精神风貌的集体表现。

大渡口当年是因重钢而设区。百里钢城孕育的特别的精神气质,为学校提供了一个与众不同的文化基因——"百炼成钢"。对于学习来说,"百炼成钢"既是学生学习的一种坚定信念,更是成就学业的必经之路。特别在现代教育中,更应该强调"共铸成就",强调在合作中成就彼此,正所谓"百炼成钢,互学自成"。

"百炼成钢,互学自成"充分彰显了学校教育改革的美好理想,即既要通过"百炼"的过程来培养学生的"情商"和"智商",激发和维持学生学习的持久动力、自我更新、自我超越的持久耐力,让学生获得内生的、源源不断的发展动能;更要通过"互学"的方式来培养学生的"智商",通过学习共同体建设来增强学生的学习力,让学生在持续不断的高品质学习中成为全新的自己。这样的"学风"正是"自得教育"的核心追求。

在继承和发扬重庆三十七中业已形成的优良传统基础上,学校以"尚自得"作为一条基本的教育哲学和核心的价值追求,基于自得文化体系构建了"两翼三阶四主五环自得教育"体系,指导学校从制度、课程、教学等方面深化改革,为培养富有个性而全面发展的人营造良好的氛围。

二、自得教育体系的架构

"自得教育"体系的建立经历了一段漫长的探索过程。从最初提出"自得教育"的理念,到提出"自得其乐,幸福一生"的主题,"自得教育"体系历经了初步成型,到逐步完备的理论形成过程;之后,学校办学环境融入自得元素,并构建自得德育模式与教学模式,逐步将"自得教育体系"从理论转为实践。

(一) 自得教育体系的发展历程

历经多任校长的努力,自得教育体系已经在课程、教学等方面逐步落实,并初步取得成效。

1. 自得教育体系探索:办学理念的提出

早在2005年,时任校长李曜庭就提出"一切为了学生发展的人性化管理"办学理念,"尊重个体、尊重教育、尊重创造"三个人性化管理的原则。[①] 李曜庭校长十分强调尊重学生的个性,强调学生通过自我领域、自我体验获得知识,而且学校的教师培养、社团活动建设等都围绕着该目标进行。

在此基础上,李曜庭校长初步提出了"尚自得,展个性"的校训。自此,历任校长始终将"自得"作为学校教育的内核,从课程、教学、社团活动等方面践行"自得"理念。尤其是2015年伍平伟校长上任之后,自得教育体系被重新架构,并逐步具体化。

2. 自得教育体系成型:办学思想的提出

60周年校庆之际,伍平伟校长开始组织全校师生重新架构重庆三十七中"自得文

---

① 重庆市大渡口区政协.大渡口文史资料:第2辑[M].2005:45.

化"体系。2015年5月21日,重庆三十七中LOGO注册商标成功。另外,围绕60周年校庆,学校面向全体师生和校友征集校徽、校歌、校旗、校庆主题口号。

2015年11月18日,伍平伟校长在大渡口校本课程建设中学校长论坛上作了专题讲话《文化统领、课程育人——重庆三十七中构建"自得"系列校本课程的生成路径》,首次公开"自得文化"思想体系,开始了自得教育特色之路。

3. 自得教育体系的实践:建构课程与教学模式

在办学思想的指引下,自得教育已在学校课程教学、学生素养、学校管理、校园建设等实践层面初步展开,并得到《重庆日报》等媒体报道,在区域层面基础教育界引起了积极的反响。

在课程教学方面,学校通过几年探索,建立起了"自得"系列课程。2015年12月4日,在重庆市第三十七中学校60周年校庆系列活动——新形势下课程建设高峰论坛上,伍平伟校长作专题发言《六秩日月、自得乾坤——重庆三十七中"自得"教育体系的形成与思考》,详细地介绍了自得教育体系的"两翼三阶"德育模式与"四主五环"教学模式。同日,《重庆日报》以《用"自得文化"托起教育之魂》为题整版刊登了学校自得教育体系。2016年9月9日,《重庆日报》以《"小课堂"折射教育"大格局"——破解新课程改革的"幸福密码"》为题,整版报道了学校"四主五环"自得高效课堂。在德育课程的基础上,学校提出了"七素养"。2016年7月11日,在大渡口区校长论坛上作专题发言《基于自得文化体系的德育课程构建》,校长伍平伟首次提出"237(两翼三阶七素养)"自得德育课程体系,完整介绍了"忠、善、和、真、美、健、法"七维素养。自此,自得文化引领下的自得教育内涵进一步丰富。

在管理方面,学校制定了三十七中学校章程,并提出了"三维三阶"的自得治理理念。2016年12月7日,校长伍平伟在南川区校长培训会上作专题讲话《学校章程建设实践探索之路》。在此发言中,首次提出"责任立己、制度立校、人文立魂"自得治理理念。具体来说,一是责任立己。责任,于己于业之根本;责任在心,躬耕自行。二是制度立校。制度,于人于校之准绳;制度在行,规范自达。三是人文立魂。人文,于生于师之风骨;人文在兴,浩然自和。

在校园建设方面,学校逐步将自得教育理念融入校园空间建设中。2019年1月,新增人文景观黄葛滴翠、新义渡亭、大江赋、史韵青砖栏、非遗广场,其中包括了非遗的展示中心、非遗主雕塑、草坪中衬布厂和重庆西南煤矿支护科研厂机器设备遗址等；新增人文中心874画廊、漫咖啡；新增功能场地心理健康中心、生涯规划中心，进一步优化与升级育人空间。

4. 自得教育体系的完善：育人目标正式确立

经过几年的实践探索，学校的育人目标逐渐清晰，并形成"自得其乐、幸福一生"的学校文化主题。2017年5月5日至7日，伍平伟校长在大渡口区"好学校在身边"活动上提出"个性绽放、乐于自得"的育人目标与"自得其乐、幸福一生"的文化主题。自此，重庆市第三十七中学校"自得教育"理念文化逐步完备，办学特色更加明确。2017年5月22日，《重庆日报》整版刊登《重庆三十七中"自得其乐 幸福一生"——破译"最美三十七"背后的幸福密码》。

自得教育体系具有传承性，更具有时代性，仍需要不断地反思与调整。2017年11月10日，校长伍平伟以《自得其乐 幸福一生》为主题，面向参加"重庆市课程领导力建设"的重庆市各地校长及教师代表团就学校文化发展与课程改革作了专题介绍，主要围绕"重庆市三十七中实践之路"，即"自得教育"的现状、目标、思路与规划四部分作了详尽阐述。2019年3月25日，重庆市第三十七中学校"新时代、新技术、新课程"第四届"自得杯"学术节隆重召开，校长伍平伟在开幕式上回顾历届学术节都旨在建设"自得教育"办学特色，不断完善"三向七维"自得课程体系，未来仍需砥砺前行。

至今，自得教育体系已经走过15个年头，已取得不少科研成果，荣获不少奖项，获得多家媒体的报道。目前，学校已成功申报2个创新基地、8门精品课程、7个市级课题，另有32个小课题成功结题和申报区级科研成果，并逐步推出了100余门选修课，建成"237"自得德育课程体系、科技创新课程体系、生涯规划活动课程体系。其中，学校组织完成《普通高中"四主五环"自得课堂的实践与探索成果报告》，并荣获了重庆市政府三等奖。除了《重庆日报》的报道外，学校自得教育探索相关的内容也在《人民教育》《中国德育》等杂志上刊登。[1][2] 2019年3月，"自得教育 三七故事"初步集结成稿。

（二）自得教育体系的内容架构

基于校训，学校主要开展了两项工作。一是总结历史，梳理出了办学理念（激扬生命，得法自然），校风（同舟共济，德业自馨），教风（迷津问渡，启悟自行），学风（百炼成

---

[1] 重庆市第三十七中学校.自得其乐 幸福一生[J].人民教育,2020(20):81.
[2] 伍平伟.自得其乐,幸福一生[J].中国德育,2019(17):49—52.

钢,互学自成)。"自成""自行""自馨"各有所重又相互观照,最终回归三十七中育人的核心价值观——"自得"。

围绕自得文化体系,学校构建了"两翼三阶四主五环"自得教育体系(见图1-6)。"自得教育"体系分为两个部分,第一个部分是两层三有教育体系,其中德行自育即"两翼三阶"自得德育模式;第二个部分是四主五环教育体系,即学习自为"四主五环"自得教学模式。

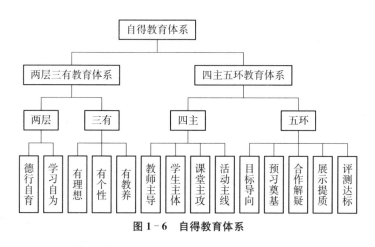

图1-6 自得教育体系

1. "两翼三阶"自得德育模式

(1) 育德两翼:课堂教学育德与课外活动育德

两翼指课堂教学育德为一翼,课外活动育德为一翼。

课堂教学育德:必修课强调知识与技能、过程与方法、情感态度与价值观的三维课程目标的统一,杜绝情感态度和价值观的模糊与弱化;选修课注重满足学生兴趣,发展一至二项某一方面的才能。

课外活动育德:以实践为主线的大德育活动,施行全面德育,全员德育,全过程德育。将家庭、学校、社会中的德育进行有机结合,自然渗透,发挥最佳的整体功能。其主要从精忠爱国、仁爱孝悌、勤俭诚信、谦逊温厚、实践创新、审美陶冶、运动健康、合作交流、自主管理九个方面进行活动设计。

(2) 成长三阶:自行,自省,自成

此三个阶段的设立与区分深深植根于自得文化。从哲学的角度,"自得"所呈现的意义主要有这样几点:一是拆除名言概念之障蔽的亲身体验性;二是"鸢飞鱼跃,其机在我",高扬自我的主体性;三是"文章自得方为贵",张扬个性,出之于自我的创造性;

四是"反身而诚"的反思性；五是"与万物浑然一体"而又洞照其间的意向性。我们于自得文化中提炼出符合学生身心规律的三个成长阶段，以求学生循序渐进、不急不躁、自然而然地成长。

一阶自行，以体验为基石。生活即教育。教育者不断搭建平台，创设场景，还原生活；邀请、鼓励学生走出校园，走进城市乡村，走进鲜活而真实的生命状态；教育更要整合家庭、社区资源，让学生在可感、可知、可触摸的生活情境中去体验、去磨砺、去陶冶、去丰富、去思考、去争辩、去合作、去成长。

二阶自省，以唤醒为要义。雅尔贝斯说："教育的本质是唤醒。教育，意味着一棵树摇动另一棵树，一朵云追逐另一朵云，一个灵魂唤醒另一个灵魂。"不要期望十五六岁的孩子能够如成人一般每日三省，所以借助外力完成自我反思和自我提升是中学生思想进步、品质锤炼、心理成熟的重要途径。制度执行、榜样引领、奖惩结合为主要载体，培养学生的行为规范、道德观念和价值取向。

三阶自成，以成长为方向。关注身与心的成长，世界观、人生观、价值观的成长，理想信念的成长，民族精神与时代精神的成长，传统美德的成长。成长是一个蝶变，是自行自省的必然结果；成长更是一个过程，伴随着自行自省的全过程。

（3）育人目标：素养七维

两翼三阶是育人立人的方法，七维素养则是育人立人的目标。学校结合《国家中长期教育改革和发展规划纲要（2010—2020年）》和教育部关于中学生核心素养的讨论稿，围绕自得文化关于育人立人的核心要求，联系重庆三十七中的历史传统与地域特征，着力培养学生七个维度的素养，分别是：忠、善、和、真、美、健、法。"两翼三阶"自得德育模式最终目标指向是培养"三有三会"的人。"三有"即有理想、有个性与有教养；"三会"即会做人、会做事与会生活。

三有：

有理想：三层次。自身价值、家庭幸福、中华崛起。

有个性：三维度。思想独立、品质高尚、意志坚强。

有教养：三境界。孝：孝父母，敬他人；忠：忠于道，忠于职；仁：有仁心，重仁义。

三会：

会做人：三和谐。身心和谐、家庭和谐、人际和谐。

会做事：三能力。学习力、创新力、实践力。

会生活：三兼顾。做人与做事、个人与家庭、成长与事业。

素养一："忠"。古人谓：忠者，德之正也。在国家层面，忠就是精忠爱国。学生应该了解国情历史，维护民族团结、社会稳定和国家统一；热爱祖国，认同国民身份，对祖国有强烈的归属感；自觉捍卫国家尊严和利益等。在政党层面，学生要热爱中国共产党，具有中国特色社会主义共同理想，有为实现中华民族伟大复兴中国梦而不懈奋斗的信念和行动等。具体到课程层面，需要进行各种主题教育、仪式活动，如"成人礼""军训""开学典礼"等。

素养二："善"。"上善若水，水善利万物而不争，处众人之所恶，故几于道。"学校引导学生践行社会主义核心价值观，追逐中国梦；了解中华文明，传承传统美德，弘扬优秀传统文化。课程主要有"清明节家谱续写""重阳节'我给长辈做道菜'""我们的节日'系列活动"等。

素养三："和"。和而不同。"和"要求学生具有人与人之间的沟通能力、相互合作的团队精神、全球化的国际视野，最终懂得欣赏自己更要悦纳他人。学校主要通过各种社团课程与三级学生会建设对学生进行培养。

素养四："真"。"谨守而勿失，是谓反其真。""真"强调鼓励和培养学生崇尚真知，勇于实践，敢于创新。课程包括"春季研学课程""寒假'今周我当家'角色互换""暑假'进城下乡'"等。

素养五："美"。"各美其美，美人之美。"旨在通过艺术的学习，学习美，感知美，欣赏美，表达美。学生要具有健康的审美价值取向，懂得珍惜美好事物，进而提升生活品质。课程包括三叶艺术节系列（歌手大赛、班歌比赛、古诗文朗诵）等。

素养六："健"。健，伉也。"健"包括身与心的健康，强调学生身心双健，培养学生健康的体魄，健全的人格。珍爱生命，激发生命的活力与潜能。课程包括"我们在路上——37公里徒步行""心理健康课程""体育节系列"等。

素养七："法"。"法不阿贵，绳不绕曲。"旨在帮助学生树立法治观念，养成自觉守法、遇事找法、解决问题靠法的思维习惯和行为方式，全面提高青少年法治观念和法律意识，使尊法、学法、守法、用法成为学生的共同追求和自觉行动。课程包括"'莎姐'法律社团系列课程""法制安全教育系列课程"等。

重庆三十七中的"七维素养"与我国新课程方案提倡的核心素养内容有异曲同工

之妙,都强调学生的全面和谐发展,强调学生具备健康的身心,具备良好的文化素质。另外,"七维素养"还融入了学校自身的特色要求,培养学生求真、务实、自得等美德。值得注意的是,"七维素养"是对学生的普遍要求,"七维度"是基于价值观,培育全人的基本素养的课程群,但不否定学生在其中某一个方面的个性化发展。

总的来说,学校调动全员力量,围绕"七维素养",践行"教育两翼",从学生主体出发,做好科学设计,分级、分类、分层将"两翼三阶七素养"落到实处,让学生有不断超越自我、全面发展的内在追求,去体验丰富多彩的生活,成就精彩人生。

2."四主五环"自得教学模式

"四主五环"自得课堂是在学校自得教育思想的指导下,围绕"有理想、有个性、有教养、会做人、会做事、会生活"的培养目标,践行"激扬生命,得法自然"办学理念与"尚自得,展个性"校训,遵循"教师主导、学生主体、课堂主攻、活动主线"教学原则,按照"目标导向—预习奠基—合作解疑—展示提质—评测达标"五步教学环节组织课堂教学,实现"学习自为"意义建构的一种开放性教学(见图1-7)。

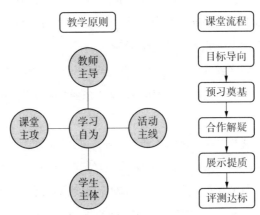

图1-7 学习自为教学模式

(1)"四主五环"自得课堂包括四个教学原则

教师主导。明确教师的主导作用体现在学习目标的设计、学习内容的选择、学习环境的营造、学习活动的策划、学习进程的把握、学习节奏的调控、学习效果的评价等各个方面。在学生自学、互学、展学过程中,教师要创设学习情境,激发学习兴趣,进行现场观察,巧妙穿针引线,适时为学生提供有效的指导、反馈、矫正和激励等,把学生的学习从表层引向深层,从低谷推向高潮,从低效引向高效。

学生主体。确立学生主体的发挥是把精神生命发展的主动性还给学生的理念,教师要实现"五环",还学生主动学习的"时间""空间""工具""提问权"和"评议权"。并以此来激发学生学习的兴趣,改变学生的学习方式,让学生真正成为课堂的主人。

课堂主攻。把课堂教学定位为课程改革的主攻方向,以课堂教学改革为突破口,带动学校教育的整体变革。把促进从教师知识传授型课堂向学生自主探究型课堂转变作为课堂变革的基本思路,激活思维,诱导自学,先学后教,不教而教,让课堂回归学生的世界,让课堂变成阳光灿烂、灵性生长、青春飞扬的舞台。

活动主线。把课堂学习过程设计成指向问题解决的一连串活动,组织学生以自学、合作、展示等方式,参与到问题解决的系列活动之中,让外在的动口、动手、互助交往与内在的思维活动和情感体验协同配合。通过解决一个个有内在联系的问题,达到对新知的理解和内化,不断丰富学习经验,实现知识与技能、过程与方法、情感态度与价值观的协调发展。

(2)课堂流程的五个步骤

目标导向。明确学习是一个具有明确目标的行为趋向,遵循从目标导向行为到目标行为的目标达成路径,交替运用目标导向行为和目标行为。引导学生保持一种积极的学习状态,不断进入新的目标导向,以实现新的更高的目标。

预习奠基。贯彻先学后教原则,将学生对新知识的预备性尝试学习作为教学起点,让学生养成面对新问题首先进行自主探索、尝试解决的习惯,体验自主学习、解决问题的乐趣,带着明确的问题和强烈的求知欲走进学习共同体,分享学习经验,探究学习问题。

合作解疑。不断加强学生学习小组建设,持续增进小组成员间的积极互赖。建立健全小组互学机制,通过小组成员间的有效沟通,取长补短,解决学生在预学中产生的疑问。教师相机参与,顺势点拨引导,促进资源生成,帮助解决疑难。

展示提质。通过个人独立预学、同伴助学,使学生对新知达到一定程度的理解。通过学习对成果的表达促进认识清晰化、条理化、结构化;通过全班性生生互动与师生互动解决难点问题,实现深度学习,提高学习品质。

评测达标。课堂教学是有明确目标任务的行为,因此在一堂课即将告一段落之际,有必要组织学生对照学习目标进行总结、评价,或以形成性练习的方式检验学习效果,审视学习目标的达成度,长善救失,及时巩固。

(3) 普通高中"四主五环"自得课堂的特征

第一,教师研导与学生研学的统一。"四主五环"自得课堂要求教师突破课堂教学的狭小空间,走向更为广阔的研究天地,研究包括课前分析记录学生学习中的状态、思维过程和活动组织等方面存在的典型问题,评估搜集整理的信息,确定需要采取的引导策略和行动。课堂上,鼓励学生运用发散性思维、逆向思维、批判性思维等多种思维方式,形成个性化的思考,表达个性化的想法;课外活动中,鼓励学生通过丰富的社团活动和研究性学习,拓宽知识视野,交流独特思想,提高综合素养。

第二,问题导学与深度思维的互动。问题导学、深度思维是"四主五环"自得课堂的重要特征。问题导学与深度思维相互促进,表现在学中问、问中思、思中动的深度学习过程中。问题导学可以发挥问题情境的优势,有效唤醒学生的内部动机,最大限度地发挥学习者的学习积极性和主动性;深度思维则能挖掘问题的本质,不断激发内部的潜力。

第三,教学规程与课例引领的融合。形成学生"自我驱动、小组组员带动、教师点拨推动"的学习轨道和教师"以学定教、以学促教、自我发展"的教学轨道,促进师生的终身成长。以学科、课型为前提,克服"重学有余,而轻教失度"的现象;合作以解疑、展示来提质,改进讨论、展示中存在的形式主义、流程化、两极分化现象;肯定课堂中教师讲解点拨的必要性,增大课堂容量,让课堂高效实用;加强对学生的管理,让更多的学生参与到展示、点评中来。

(4) "四主五环"自得课堂的操作模式

为落实学校的办学理念,确立以"四主五环"为关键导学要素,并以此为基础,根据学科的特点和学生的认知方式,确立"四主五环"自得课堂的三种基本课型,分别为"四主五环"建构课、"四主五环"拓展课和"四主五环"体验课。每种课型都建立基本导学模式,形成操作的基本流程,并在四种基本模式的基础上,分别构建导学模式的各学科变式和教师个人变式,以突出学科专业特点,发挥个人专业特长,让"四主五环"自得课堂更灵动、更有效。

学校"自得教育"体系的探索,获得了教师们的一致认可。在调查中,高达86.78%的教师、41.48%的学生认为学校自得教育建设比较成功,另有36.87%的学生认为学校自得教育非常成功(见图1-8、图1-9)。

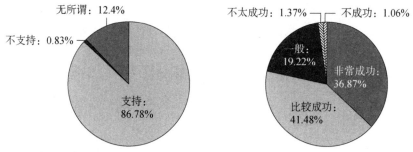

图1-8 教师对自得教育支持程度(教师卷) 图1-9 学生认为自得教育成功程度(学生卷)

第三节 自得教育思想的思想理论渊源

"自得教育"体系不仅是重庆三十七中师生的经验总结,更是对教育思想的优秀传承与成功实践。在我国教育史上,自古就有关于"自得"的论述,也深得多位教育家的推崇与倡导;在国际上,诸多教育理论中也蕴藏着"自得"的成分。总的来说,自得教育思想是符合时代要求与育人要求的,厘清与其相关的思想理论有助于加深对自得教育思想的理解。

一、国内外关于"自得教育"的思想与理论

重庆三十七中的"自得教育"之名取自"自得"二字,并且也坚持"自得"关于教育的核心要素。在我国历史上,"自得"是儒家教育的核心方法论,强调学生主动性与积极性。

(一)"自得之学"相关论述

1."自得"理论的源头

在中国传统教育思想中,"自得"是儒家教育方法论的核心。"自得"二字最早出现在《中庸》第十四章中:

"君子无入而不自得焉。"[1]

这句话表示君子无论处于什么境地,都能悠然自得,有所收获。

---

[1] 梁振杰.大学中庸集注[M].开封:河南大学出版社,2016:136.

孔子虽未提出"自得"这一概念,但是他的思想中不乏有关于"自得"的论述,如"不愤不启,不悱不发。举一隅不以三隅反,则不复也"。程氏将其注释为:

"愤悱,诚意之见于色辞者也。待其诚至而后告之。既告之,又必待其自得,乃复告尔。"①

另外,朱熹对孔子关于自己总结的句子("吾尝终日不食,终夜不寝,以思,无益,不如学也。")注释为:"此为思而不学者言之。盖劳心以必求,不如逊志而自得也。"②另外,"君子求诸己,小人求诸人"等,无不传达着"自得"的精髓与实质。

《孟子·离娄下》中也有关于"自得"的论述:

"君子深造之以道,欲其自得之也。自得之,则居之安;居之安,则资之深;资之深,则取之左右逢其原,故君子欲其自得之也。"③

意即君子遵循一定的方法来加深造诣,是希望自己有所收获。自己有所收获,就能够掌握得牢固;掌握得牢固,就能够积累深厚;积累得深厚,用起来就能够左右逢源。所以,君子总是希望自己有所收获。

庄子也提出了"自得"说:

"夫不自见而见彼,不自得而得彼者,是得人之得而不自得其得者也,适人之适而不自适者也。"

意思为如果有一个人,眼里只照看社会状况,耳里只聆听外物的声音,嘴里只品尝别家的口味,心里只追随他人的德行,完全丧失自己的性情,岂不枉自为人,虚度一生。庄子给我们的启示是教育的真正的目的是启发孩子发现自己,发挥自己的特性。

2."自得"理论的发展

唐宋时期,禅学兴盛,强调个人顿悟。顿悟强调个人的内在感悟,反身证悟,这种

---

① 朱熹注.王华宝整理.四书集注[M].南京:凤凰出版社,2016:91.
② 朱熹.四书章句集注[M].武汉:长江出版社,2016:153.
③ 杨伯峻.孟子译注[M].北京:中华书局,1960:189.

思考方式实际上就是自得。

宋明时期,"自得"是理学家非常重视的治学方式。二程(程颢、程颐)提到:

>"'致知在格物',非由我外铄也,我固有知也。""学莫贵在于自得,得非外也,故曰自得。"

二程提倡反求诸己,通过个人对自身的反省与体悟来明事理。另外,朱熹将孟子的"自得"解释为:

>"君子务于深造而必以其道者,欲其有所持循,以俟夫默识心通,自然而得之于己也。自得于己,则所以处之者安固而不摇;处之安固,则所藉者深远而无尽;所藉者深,则日用之间取之至近,无所往而不值其所资之本也。"

也就是说,"自得"强调学问需要个人的体验,才能转化为自身的东西。总的来说,宋明理学家们,强调学问靠个体的独特领悟,而非师之传授。在教学方法上,他们反对训诂治学,强调自我体验与感悟。

其次,宋明心学家也强调"自得"。陆九渊认为,"心即理""心外无理","自得"是一种方法论,"君子无入而不自得焉,所谓自得者,得其道也"。陆九渊强调个人修身的主体能动性与创造精神。

明代心学家陈献章是上承陆九渊,下启王阳明,发展了"自得"学说。陈献章的核心观点就是"自得之学",即"具足于内者,无所待乎外"[①]。陈献章强调个体内在心体之修养,"自得"不仅仅是一种修养方法,还是一种精神境界,即"自得者不累于外物,不累于耳目,不累于造次颠沛,鸢飞鱼跃,其机在我"[②]。总的来说,学贵在自得。正如陈献章说:

>"夫学贵乎自得也,自得之然后博之以典籍,则典籍之言我之言也。否则,典籍自典籍,而我自我也。"[③]

[①] 陈献章.陈献章集[M].北京:中华书局,2012:48.
[②] 陈献章.陈献章集[M].北京:中华书局,2012:89.
[③] 黎业明.陈献章年谱[M].上海:上海古籍出版社,2015:17.

王阳明是心学的集大成者,"自得"也是其重要观点之一。

"非所以深造于道也,则亦外物而已耳,宁有所谓自得逢原者哉"①,"道非外物,故于道深造,乃为自得",即"自得"就是"深造于道"。

具体来说,"自得"就是强调主体自我体验、自我思悟、亲自参与等。通过"自得",将内在的道德与潜在的善得以展现,实现个人提升。

综上所述,"自得"强调个人的进步贵在自我体悟、用心思考、主动参与,而对教师来说,反对训诂,强调主动引导学生,激发学生的特质与主观能动性,实现真正内在的提升。重庆三十七中的"自得教育"体系正是强调以人为本,强调学生的主动参与与知识的自我体悟。

(二)建构主义理论

20世纪后期,西方兴起了建构主义思潮。建构主义是一种关于知识与学习的理论,最早明确提出建构主义概念的是认知发展领域的心理学家皮亚杰。后来,建构主义发展为多个流派,如以皮亚杰为代表的个人建构主义、以维果斯基为代表的社会建构主义等。

总的来说,建构主义者认为,世界是客观存在的,但是个人对其理解有所不同。知识是变化的,传授法是不适合的,需要学生主动积极去建构。对教师来说,教师应以学习者为中心,强调学生的主体作用,同时为学生提供指导,使学生成为知识的建构者。

1. 建构主义的知识观

从建构主义者观点可以看出,知识不是对现实的纯粹客观反映,任何一种传载知识的符号系统也不是绝对真实的表征。知识是人们对客观世界的解释、假设,会随着人们对其认识的加深而不断修正,形成新的解释或假设;另外,知识对世界进行的概括并不是绝对正确的,也不是解决所有问题的万能方法。其次,知识虽然通过语言存在,但是学习者对这些知识具有同样的理解。因此,知识的学习需要学习者不是死记硬背或囫囵吞枣,而是根据自身经验进行建构,最终获得真正的理解。

2. 建构主义的学生观

建构主义特别强调学生在学习中的主体作用。第一,学习者的学习是基于个人相

---

① 王阳明. 王阳明全集1[M]. 北京:中国画报出版社,2016:297.

关知识经验进行的,即使面对从未接触过的问题,学习者仍能依靠其认知能力,对问题形成自我解释,并提出个人假设。第二,教学不是简单对知识进行灌输,而应该重视学习者的知识经验,并以此为生长点,引导学习者借助原有经验,形成新的知识经验。教师不是知识的呈现者,而是学生学习的引导者、指导者。第三,师生、生生之间是互动的,并在学习过程中讨论、交流、沟通,利用个体间的知识经验差异,形成学习的共同体,相互促进个人知识的建构。

3. 建构主义的学习观

首先,学生的学习不仅仅是教师的简单传授,而是学生对知识进行自我建构。学生不是简单、被动地接收信息,而是主动、积极参与知识建构,而且这种建构只能通过自己进行。其次,学习是学生根据自己以往经验基础,对外部信息进行选择、加工和处理,从而获得自己的意义。有意义的学习是通过新旧知识的互动与作用而完成的。第三,在学习的过程中,学习者将会对原有的知识、经验进行调整,融入新的知识经验。同化和顺应是学习者认知发生变化的有效途径或方式。总的来说,学习不是被动的,不是简单的,而是有意义的、互动的作用过程。

建构主义强调教师应尊重学生的主体性,强调学生对知识的自我建构,教师与学生是学习的共同体。从重庆三十七中的教风与学风来看,教师践行着"摆渡人"的角色,学生也通过参与学校设计的课程与实践活动,通过相互学习,自我体悟获得智慧。

(三)"从做中学"到"教学做合一"

陶行知的"从做中学"是在杜威的"从做中学"的基础上发展而来。他们都强调学生应该在自身的活动中进行学习,将学校的获得知识与生活中的活动联系起来,促使学生自然地得到发展。

1. 杜威的"从做中学"

"从做中学"是杜威教育思想的全部内涵,是教学理论的基本原则,强调以儿童为中心、以活动为载体、以经验为基础、以思维为关键。

(1) 以儿童为中心

杜威十分强调儿童在教学过程中的地位,强调儿童本身是教育的基础,教育应以儿童为中心。他曾提出:

"教育最根本的基础在于儿童的活动能力。""唯一的真正的教育是通过对儿童能力的刺激而来的。""儿童自己的本能和能力为一切教育提供了素材。"①

杜威认为,教育的作用是促进儿童本能和欲望的发展。

  "教育不是把外面的东西强迫儿童或青年去吸收,而是需要使人类'与生俱来'的能力得以生长。"②

学校教育应该将儿童解放出来,根据儿童现实生活进行教育,激发儿童的需要与兴趣,强调儿童学习的自觉性与积极性。对于教师来说,教师应该是儿童生活、生长和经验改组与改造的启发者与指导者,而不是知识的传授者,强迫儿童死记硬背,填鸭式灌输书本知识的老师。

(2) 以活动为载体

杜威认为,儿童身上蕴藏着一种本能冲动,即生来就有活动的欲望。因此,学校应该:

  "在一定程度上把这一事实应用到教育中去,运用了学生的自然活动,也就是运用了自然发展的种种方法,作为培养判断力和正确思维能力的手段。这就是说,学生是从做中学的。"③

在杜威看来,儿童的兴趣主要就是活动。

  "儿童对通过身体的活动来使自己适应他所遇到的事情感兴趣,因为他必须控制他生活的自然环境,凡是他感兴趣的事情就是他需要去做的。"④

因此,杜威主张儿童通过活动,即通过"做"、亲身体验来代替书本知识的接受。杜威倡导,木工、金工、纺织、缝纫、烹调等手工艺活动应该进入过程,让学生学习面向社

---

① [美]约翰·杜威. 杜威教育论著选[M]. 赵祥麟,等,译. 上海:华东师范大学出版社,1981:7,1.
② 黄根东,等. 活动与发展——活动教学实验研究[M]. 北京:学苑出版社,1999:40.
③ [美]约翰·杜威. 学校与社会·明日之学校[M]. 赵祥麟,等,译. 北京:人民教育出版社,1994:380.
④ 单中惠. 现代教育的探索[M]. 北京:人民教育出版社,2002:331.

会生活和儿童个人生活所必备的技能。

（3）以经验为基础

杜威认为，"经验首先是一个经历的过程"，"经验……首先是与活动相联系的经历"。经验即人与自然、环境间的相互作用。另外，"经验包含一个主动的因素和一个被动的因素"。主动的经验即尝试，是为求得某种结果而进行的尝试行为；被动的经验即经受结果，是接受感觉或承受体验的结果。

儿童的学习应以原有经验为基础，并在活动中得到检验与改进，进而产生更好的经验。杜威认为，经验产生于活动，单纯的外部活动不能产生经验，只有当外部活动连续深入儿童的心理过程，并引起儿童自身思想行为的变化时，才能产生经验。

"从经验中学习，就在我们所做的事和结果我们所享的快乐或者所受的痛苦之间建立起前后的联系。在这种状况下，行动就变成尝试，一次寻找世界真相的试验；而经受的结果就变成教训——发现事物之间的联系。"[1]

（4）以思维为关键

杜威强调儿童的直接参与，直接经验的获得，同时也蕴含着理性的成分。如他曾说道：

"在经验中理论才有亲切的与可以证实的意义。""最简单的经验都能发生一定的理论。""经验不加以思考是不可能的。""有意义的经验都是含有思考的某种要求。"

所以，杜威的"从做中学"不仅是感性的认识过程，还是理性思考的过程。

值得注意的是，杜威强调"做"，并且重视"做"与思维之间的联系。他认为，传统教育中的学生主要是接受知识，"知""行"分离，教育应该是心智与身体结合，直接去获得经验。杜威还十分强调"反省性思维"思维方法，没有思维就不可能有意义的经验。总的来说，"从做中学"的核心是"做"，即实践，强调儿童的主动、积极参与，儿童与环境相互作用。

---

[1] ［美］约翰·杜威.杜威教育论著选[M].赵祥麟，等，译.上海：华东师范大学出版社，1981：332.

2. 陶行知的"教学做合一"

陶行知先生在批判地吸收了杜威、卢梭等教育家的思想后,结合我国旧教育存在的问题,不断探索、试验形成的符合我国教育实际的教育理论体系——生活教育理论。"教学做合一"是生活教育理论的重要组成部分,是"生活教育的核心方法论和教学法"。

(1) 以"真人"为目标

陶行知先生重视人才的培养,并对培养什么人的问题有独到的见解。陶行知先生主张培养"真人"。20世纪40年代,他明确提出"千教万教,教人求真;千学万学,学做真人"的教育理念。

"真人",即"整个的人",有真知识、真本领、真道德的人。20世纪30年代,他提出了"要做一个整个的人"的观念,而且"整个的人"需要具备三种要素:

> "一要有健康的身体;二要有独立思想,有判断是非的能力;三要有独立的职业。"[①]

为此,陶行知认为,教育应该是全面发展的教育,学生应该要有:

> "健康的体魄,农民的身手,科学的头脑,艺术的兴趣,改造社会的精神。"

关于如何培养"真人",陶行知认为应该结合生活,结合实践。学生需要将体力与脑力活动结合起来,智识与品行结合起来,思想和行为结合起来、课内与课外结合起来,培养全面发展的人。

(2) 以"做"为核心

"做"是"教学做合一"的核心,教与学都以"做"为中心。在陶行知先生看来,教育学是基于做进行的,"教学做是一件事,不是三件事。我们要在做上教,在做上学"。教师的做便是教,学生的做便是学。

"教学做合一",以"做"为中心,实际上就是以实践为中心。"做"的意义十分广泛,包含生活中一切有意义的活动。其中,发明、创造、实验、建设、生产、奋斗、探寻出路、

[①] 殷建连,孙大君. 手脑结合概论[M]. 苏州:苏州大学出版社,2017:15.

文艺等精神活动都是"做"。

值得注意的是,"教学做合一"强调理论知识与实践技能的结合,强调个人经验与间接经验的结合。陶行知认为,"行是知之始,知是行之成",即认识活动以生活、实践为基础。总的来说,陶行知先生强调以理论与实践相联系,而非只强调实践技能学习。

(3) 以"劳力上劳心"为关键

对于"教学做合一"中的"做",陶行知特别定义道:

"在劳力上劳心,单纯的劳力,只是蛮干,不能算'做';单纯的劳心,只是空想,也不能算'做',真正的'做'只是在劳力上劳心。我们做一件事便要想如何可以把这件事做好,如何运用书本,如何运用别人的经验,如何改造用得着的一切工具,使这件事做得最好。我们还要想到这事与别事的关系,想到这事和别事的相互影响。我们要从具体想到抽象,从我相想到共相,从片段想到系统。这都是在劳力上劳心的功夫,不如此,便不是在劳力上劳心,便不是'做'。"①

确切来说,陶行知先生的"在劳力上劳心"是强调理论与实际相联系,强调"手脑并用"。对于教育来说,教学合一、知行合一、教师与学生都作为主体,教育与生产劳动紧密结合。

(4) 以"创造"为宗旨

陶行知先生的"教学做合一"是一种以"手脑并用"为基础,思想与行动相统一的有新价值的创造性学习。他曾在《生活教育之特质》中说:

"行动产生理论,发展理论。行动所产生发展的理论,还是为的要指导行动,引着整个生活冲入更高的境界。为了争取生活之满足与存在,这行动必须是有理论、有组织、有计划的战斗的行动。"②

陶行知先生认为,儿童是生而具有创造力的。

"儿童的创造力是千千万万祖先,至少经过五十万年与环境适应斗争所获得

---

① 江苏省陶行知思想研究会,等.陶行知文集[M].南京:江苏教育出版社,1991:224.
② 江苏省陶行知思想研究会,等.陶行知文集[M].南京:江苏教育出版社,1991:529.

而传下来之才能之精华。发挥或阻碍,加强或削弱,培养或摧残着创造力的是环境。"①

因此,陶行知先生主张启发培养儿童的创造能力,解放儿童的创造力。

陶行知先生的"教学做合一"与杜威的"做中学"虽然具有一定的区别,但是他们都强调儿童是具有创造力的,"教""学"与"做"需要一定程度的结合,尤其强调"做"在教与学中的作用。重庆三十七中在这种理念的指引下,尤其强调学生为主体与实践参与,通过设计学校教学与课外实践活动的相互联动的课程体系,为学生"自得"精神的培养搭建良好的平台。

二、理论指导下的"自得教育"体系的特点

在"自得之学"的理念指导下,学校紧紧围绕立德树人的根本任务及"自得教育"关于育人立人的核心要求,确定"自得教育"的核心是学生,一切教育的出发点以及归宿点便是主张自我的主体性。

(一) 以学生为主体

学校调动全员力量,围绕"七维素养",践行"教育两翼",从学生主体出发,作好科学设计,分级、分类、分层将"两翼三阶七素养"落到实处,让学生有不断超越自我、全面发展的内在追求,去体验丰富多彩的生活,成就精彩人生。学校基于"七维素养"开展丰富多彩的活动,充分调动学生的积极性,体现了学生的主体性。

为了培养学生"忠"的素养,学校开展了多项活动,如举办成人礼、新生入学礼,开展高中军训、升旗仪式活动,组织参观爱国主义教育基地、重钢江南厂区等,让学生自觉做到了解国情历史,维护民族团结、社会稳定和国家统一;热爱祖国,认同国民身份,对祖国有强烈的归属感;热爱中国共产党,自觉捍卫国家尊严和利益。

在三所学校融合而成的学校里,"和"是大家共同的愿景。学校开设了国旗班、礼仪队、剪纸社、街舞社、合唱团、古筝队、棋社、朗诵社、机器人、动漫社等近50个学生社团,培养学生的沟通能力、相互合作的团队精神、全球化的国际视野,最终懂得欣赏自己,更要悦纳他人。

为了培养学生健康的体格,学校从身与心两个层面开展活动。在身方面,开展体

---

① 叶上雄.生活教育十讲[M].成都:四川教育出版社,1989:199.

育节、37公里徒步行、一小时阳光运动、心理健康节等活动;在心方面,学校设有心语吧、素质拓展、远离毒品展、青春期讲座、心理剧表演、沙盘游戏等活动。

在新时代,学生应具备强烈的法律意识,学会在必要的时候运用法律保护自身的合法权益。学校通过法治讲座、法治情景剧、"莎姐"法律社团系列活动等,帮助学生树立法治观念,养成自觉守法、遇事找法、解决问题靠法的思维习惯和行为方式,全面提高青少年法治观念和法律意识,使尊法、学法、守法、用法成为学生的共同追求和自觉行动。

(二)张扬个体创造性

课堂是学生学习、教师教学的场所。学校立足于课堂,整合碎片化的教育活动,形成完整有机的教育课程,形成基础课程、发展课程、实践课程等促进学生个性发展的"三向度"课程群,让课程建设具有系统性、反思性与发展性,使课程学习具有提升自我效能的良好作用,尽可能挖掘和培育学生的潜能与兴趣,尊重每一个学生的个性差异及创造性。为了弘扬学生的个体创造性,学校主要从以下几个方面作出探索:

第一,**整合日常活动,发掘育人因子**。学校对传统日常教学活动进行分类,将各项教育活动课程化。课程化、规范化的教育活动,有利于保持教育的连贯性和发展性,同一课程的不同阶段,也体现了发展性。学习的过程,对学生而言,是知识内化、能力增强的动态过程。学校将读书节、艺术节、科技节、体育节、运动会及入学教育、毕业教育等20多种传统教育活动进行课程化、规范化处理。如体育节课程中的徒步行活动,初一年级徒步10公里,高一年级徒步37公里。这些活动对学生而言,是对其体能和心智的双重锻炼。学校进一步发掘徒步行活动中的育人因子,结合学校育人理念,融入爱国主义教育、乡土文化教育,激发学生创造性,引导学生对周边环境进行细致观察和深入思考。

第二,**开发选修课程,融入自得理念**。学校开设近百门精品选修课。结合学科本身的特点,在知识传授过程中,融入"七维素养"等自得教育理念。再以教学班为单位,开发选修课程,为学生多样化发展提供专业化、个性化的教育课程选择。这些选修课既立足学科素养,又联系生活实际,能够很好地拓宽学生的学科视野、培养学生的创造品质。化学"衣食住行见化学"课程、数学"生活中的数学"课程、生物"魅力人生——生物学职业"课程、信息技术"智能硬件DIY"课程引导学生对自然科学真理的不懈追求,主要体现"七维素养"中的"真"素养。语文"慧心习古韵,妙手著新词"课程,重在引导学生对"美"的领悟。政治"以案说理,趣味学法"课程,在趣味性的案例中,让学生识法懂法,并在生活中尊法守法,体现"法"素养。心理学"阳光心态与潜能开发"课程,旨在关注和维护学生良好的心理健康状态,体现"健"素养。

  第三,挖掘艺体特色,成就学生未来。弗格森说:"每个人都守着一扇只能从内开启的改变之门。不论动之以情或晓之以理,我们都不能替别人打开这扇门。"①他强调人内心的成长对个体成长的重要性。"自得教育"以学生为主体,唤醒学生内心的潜能和积极情感,变学生的被动学习为生命的主动成长,成就学生的未来。艺术课程方面,学校主要以"认识艺术种类—增强审美能力—参与艺术活动—爱好一门艺术—掌握并增强艺术技能—形成有一定水平的作品"的程序来实现艺术类课程目标,为学生提供不同基础的艺术知识和技能,培养学生发现美、创造美的能力,塑造学生热爱艺术、热爱生命的情感。体育课程重在使学生充实体育技能,体验运动乐趣,增强运动能力,促进心理健康,为学生未来打好奋斗拼搏、团结合作的人生底色。"自得教育"背景下的艺体课程,不只是教授给学生艺术体育知识,更在于引导学生在艺术创造中感悟平凡生活的美丽,在体育活动中体悟生命的奋发向上,让学生从内而外改变、提升自我,从而赢得美好的未来。

(三) 强调亲身体验

  陶行知强调"生活即教育"。围绕学生生活和成长展开的教育才是好教育。如果单纯传授知识,学生如雾里看花终隔一层。因而,教育要让学生参与其中,亲身体验。

  学校积极开发、不断丰富校内外教育的"第二课堂",让学生在活动中亲身体验、在体验中学习成长,最终促进学生良好品行的养成。学生社团课程主要以学生自主实践为主,强调学生亲身体验性。社团课程以"自主管理、自我服务、自觉提升"的形式,让学生在参与中提升自主管理水平。目前学校学生社团涵盖文化娱乐、公益实践、体育运动、科技创新四大类。其中,"莎姐"法律社团借助学生熟悉的校园故事宣讲法律知识,通过情景剧等形式,让学生进行角色扮演。以这种方式让学生体验现代社会下的法律权利和义务关系,培养学生的法律意识与公民意识。此外,学校邀请校内外相关学科教师,组织开展学校所在区的商圈发展与交通因素调研活动,彩云湖生态调研活动,马桑溪古镇人文调研活动,"走进重庆钢铁企业的前世今生"的文化采风活动。这些活动,引导学生跳出课本,亲身体验并熟悉环境中的历史、文化与科学,让学生在自然风景和人文古迹中,增强民族自豪感,增强文化自信心。

---

① 庞尔成.师本之路[M].长春:吉林大学出版社,2015:69.

通过"第二课堂",学校变知识性的课堂教学为发展性的体验式学习,引导学生通过实践,增强探究能力。同时,学校也丰富了学生的评价体系,除了传统考试评价,每一学年都会进行"徒步行之星""校园实践之星"等评选,鼓励学生在实践中学习、在学习中成长。学校所提倡的亲身体验,不是简单的活动参与,而是在行动基础上渗透亲身体验、反思成长的教育实践。让学生去实践、去行动、去思考,产生新的价值观。每次实践活动之后,学校引导、鼓励学生把实践心得体验形成文字,形成文字的过程便是学生自我评价、反思提升、产生新价值观的过程。

(四)以参与为途径实现内外联动

学校教育工作应当依托于学校教育各方的密切合作,同时也依托于社会各界、各领域的密切协同配合和支持。学校教育一体化发展,实现内外联动,谋求教育过程中学生的心灵反思、内生发展,需要将学校、家庭、社区共同纳入教育体系,形成教育网格一体化。

学校通过网格一体化,发挥多方力量,为学生创造力的培养提供一个宽松的环境,将学生的智慧不断引导、引发出来。学校加强与周边社区的联动,为学生创设良好的环境。

人文领域上,学校开展"我为长辈做道菜""暑/寒假今天我当家""书写家风家谱"等活动,引导学生开动脑筋,在生活实践中创造,发掘家庭文化因子。科学活动方面,学校带领学生参观重庆仙桃数据谷、大渡口数码城,让学生亲身体验,了解最新的科创信息。学校特地成立科创服务中心,为学生创新提供实践场地。学校通过家委会和家长学校,凭借精心准备的活动,吸引各行业的家长发挥创造力,创新家校共育工作。借助家委会各行业家长资源,开发"开眼看社会,规划我生涯"家长校本课程,让学生了解各行业、各领域情况,提升社会行业认知水平,进而更有效地进行职业规划,开创学生美好的未来。借助家委会的力量,学校创新学生活动。徒步行活动中,创新家委会方阵和家长爱心车队,让家长做孩子的榜样,引发孩子对成长的思考;爱心义卖活动中,家长将义卖所得捐给学校贫困学子,为孩子成长献上属于家委会的爱心;家庭日亲子活动中,家长与孩子共同参与活动,增进亲子情感,增强学生成长的幸福感与获得感。

(五)以实践为主线构建课程、开展德育

针对以固定座位、静听讲解、死记硬背、强硬灌输等为特征的传统教育,杜威提出,教学的基本原则和最有效的方法是"从做中学",强调通过实践促进学生能力的发展。我国陶行知先生师从杜威,结合我国国情,将杜威的"从做中学"理论发展为"教学做合一"理论。重庆三十七中以两者的理论为指导,贯彻教、学、做要合一的理念,构建完善的实践课堂,促进学生自得教育的健康发展。

1. 课程构建强调实践

杜威曾说:"一个儿童要学习的最难的课程就是实践课,假如他学不好这门课程,再多的书本知识都补偿不了。"①无论是杜威所主张的"做中学",还是陶行知所主张的"教学做合一",都强调"做",即实践的重要性,都强调在"做"中去体验、去反思。

重庆三十七中"自得文化"体系所界定的育人途径——实践育德与"做中学"或"教学做合一"不谋而合。自得文化界定了学校育人的核心价值取向,而自得德育模式又提出了重庆三十七中育人的基本途径,为此,学校将实践定为育人立人的主要载体。

为了给予学生实践的课程,学校不断搭建平台,创设场景,还原生活。一是通过实践走出校园,走进生活,整合家庭、社区资源,让学生在可感、可知、可触摸的生活情境中去体验、去磨砺、去陶冶、去丰富、去争辩、去合作、去提升、去成长,真正做到自悟自成,自行自得。二是逐步推动了实践活动的生活化、主题化、序列化和品牌化,实践课程建设丰富了自得教育文化的内涵,自得教育文化又不断引领实践课程建设的方向。

2. 以实践为主线开展德育

实践出真知,陶行知先生提出"生活即教育"。教育在于唤醒,教育更在于体验。学校文化体系界定了我校育人的基本价值判断,而自得德育模式又提出了重庆三十七中育人的基本方式途径,两者都对我们具体的教育行为作出了明确的限定和引领。

学校将实践定为大德育活动的主要载体,紧扣社会主义核心价值观和"中国梦"的教育这一核心主题,从爱国主义、理想信念、行为规范、传统文化、基本素质五个维度,开展核心价值观教育、优秀传统文化教育、公民素质教育、法治精神教育、"中国梦"教育、"三爱""三节"教育、心理健康教育、班级文化建设等重点工作,逐步形成德育实践活动的主题化、序列化、生活化和品牌化。

另外,学校人人都是德育教师,处处都是育德环境。伴随学生个体评价晋级制度的完善,班主任晋级制度的建立,伴随着家、校、社区三者教育主体的不断融合碰撞,以实践为载体的大德育活动不但从根本上摒弃了以往德育施行过程中的陈旧观念,推动了师生幸福快乐地共同成长,而且还催生出了譬如春季社会实践、秋季37公里徒步行、春季艺术节科技节、秋季体育节、寒(暑)假"今周我当家"、暑假"进城下乡"变形记

---

① 邱磊."偷师"杜威 开启教育智慧的12把钥匙[M].北京:中国轻工业出版社,2014:114.

等诸多产生良好效应的实践项目。实践丰富了自得文化的内涵,自得文化又不断引领实践的方向。

(1)"四三二"实践模式

学校形成了"四三二"实践模式。"四"即走向社会的四项实践行动:走进基地,走进社区,走进工厂、农村和军营,走进大自然。"三"即学校组织的三类实践活动:校本实践活动,学生社团和选修课,专题教育实践活动。"二"即参与家庭两项实践活动:自我服务活动,为家人服务活动。

(2)实践的具体操作

一是分段设计方案,注重吸取学生建议。注意活动的主题性、价值性、实效性、可行性。二是事前开展安全、礼仪、社会公德和法治教育。三是强调项目开展的计划性。四是强调老师的指导作用。五是总结评价。扩大实践的外延,尽可能将学生课外的行为纳入评价,给每名学生记入相应的学分,载入学生发展档案。

哲学家大卫·休谟提出"人类刻苦勤勉的终点就是获得幸福"。[①] 教育在于关照学生生命的成长,在于提升学生的幸福感。学校尊重每一个学生的主体性,注重发掘学生的智慧潜能。同时,学校强调学生内省,洞察自己的内心,明白自身的需求,进而不断超越自我、全面发展,去体验多彩生活、成就精彩人生。"自得教育"期盼学生主动追求内心的自得,在生活中反思,在反思中成长。

总之,重庆三十七中始终坚守以人为本,坚持中心群落化、博物馆散落化、课程人文化,不断完善"自得教育",形成更大范围内的影响力与辐射力,学校力争让一草一木、一砖一瓦皆有文化与故事,让学校的育人空间凸显绿色、生态、人文与和谐的特点,使学校最终成为学生精神成长的乐园和教师幸福工作的家园。

经过一代代三十七中人的辛苦努力、积极探索、认真实践,学校形成了"自得教育"理念,完善了"自得教育"体系。浸润"自得"思想的教育就在于内心不断进行深入的、多层次的学习加工、反思提升,以达到精深博大、运用自如的境界。故"自得教育"坚持以人为本的教育理念,以育人为根本宗旨,主张自我的主体性,张扬个体的创造性,强调亲身的体验性,强化个人的反思性,最终达成与万物浑然一体,而又洞照其间的意向性。重庆市第三十七中学校秉持"自得其乐,幸福一生"的"自得教育"理念,逐步探索出一条独具特色、可供实践的教育之路。

[①] 徐老丫.让幸福来敲门 哈佛幸福公开课[M].武汉:长江文艺出版社,2012:194.

第二章　共性与个性：自得教育的学生成长

德育是学校教育的重要组成部分。重要到什么程度？用中山大学李延保教授的一句话就是："教育是永恒的事业，德育是这个事业的灵魂。"重庆三十七中致力于在校内营造积极的德育氛围，构建有特色的德育工作体系。从这个角度出发，学校着眼于学生主体性的凸显，利用各种校园活动营造良好的德育氛围，让学生在积极的环境之中健康成长，最终达成教育所希望达成的目标。

第一节　自得教育的德育概况

诗人但丁曾说："道德常常能填补智慧的缺陷，而智慧却永远填补不了道德的缺陷。"教育的最终目的是培养人，培养有德行的人才。中学是品德养成的关键阶段，中学生的身心特点决定了学校德育工作的重要性。无论是学校的校训，还是教学理念，重庆三十七中始终把学生的思想品德放在首位。学校研究新形势下德育工作的特点，基于学校自身发展情况，积极开创学校特色德育。

一、基于七维素养的德育活动

"自得"作为学校文化的核心，衍生出了"自得其乐，幸福一生"的文化主题、"激扬生命，得法自然"的办学理念、"同舟共济，德业自馨"的校风、"迷津问渡，启悟自行"的教风和"百炼成钢，互学自成"的学风。基于这样的理念文化，学校紧紧围绕立德树人的根本任务及"自得教育"关于育人立人的核心要求，确定"自得教育"的核心是学生，一切教育的出发点、归宿点便是主张自我的主体性。为此，学校立足重钢历史，弘扬义渡精神，传承三校血脉，提炼出了"两翼三阶七素养"的自得教育体系，以增强学生的自主学习力、自主生活力、自主管理力,逐步实现"个性绽放,乐于自得"的育人目标。

"两翼三阶七素养"即教育两翼(课堂教学为一翼,课外活动为一翼)、成长三阶(一阶自行,以体验为基石;二阶自省,以唤醒为要义;三阶自成,以成长为方向)、七维素养(从忠、善、和、真、美、健、法七个维度培养学生的素养)。学校调动全员力量,围绕"七维素养",践行"教育两翼",从学生主体出发,作好科学设计,分级、分类、分层将"两翼三阶七素养"落到实处,让学生有不断超越自我、全面发展的内在追求,去体验丰富多彩的生活,成就精彩人生。

学校基于"七维素养"开展了丰富多彩的活动。在面向教师和学生的问卷中,课题组设计了"你认为学校开展的各项活动与自得教育是否相关?"的题目。在教师中,认为"非常相关"的教师占总人数的25.62%;认为"比较相关"的教师占总人数的56.2%。

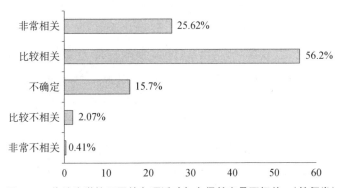

图2-1 您认为学校开展的各项活动与自得教育是否相关?(教师卷)

在学生中,认为"非常相关"的学生占39.1%;认为"比较相关"的学生占39.4%。调查结果显示,学校基本围绕自得教育的育人理念开展各类活动,充分调动学生的积极性,体现学生的主体性。

忠:学校开展了业余团校学习、成人礼、"11·27"纪念英烈、离队仪式、新生入学礼、高中军训、升旗仪式、爱国主义基地(白公馆、渣

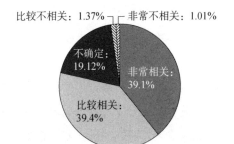

图2-2 你认为学校开展的各项活动与自得教育是否相关?(学生卷)

渣洞、邱少云纪念馆、聂荣臻纪念馆)参观、重钢江南厂区参观、大渡口(重钢档案馆、大渡口档案馆、大渡口步行街、大渡口美德公园、重庆工业博览园、义渡古镇)一日游等活动,让学生了解国情历史,维护民族团结、社会稳定和国家统一;热爱祖国,认同国民身份,对祖国有强烈的归属感,自觉捍卫国家尊严和利益等;热爱中国共产党;具有中国特色社会主义共同理想,有为实现中华民族伟大复兴中国梦而不懈奋斗的信念和行动等。

善:学校开展了清明节家谱续写、重阳节"我给长辈做道菜"、一帮一结对励志助学、校园生命日、志愿者服务、"为了母亲的微笑"母亲节系列活动、各类捐款捐物、三七关爱女生节、"我们的节日"系列活动,旨在传承美德,让学生践行社会主义核心价值观,追逐中国梦;了解中华文明,传承传统美德,弘扬优秀传统文化。

和:社团活动促进个性化发展,学校开设了国旗班、礼仪队、跆拳道社、篮球队、足球队、剪纸社、街舞社、合唱团、三叶树文学社、古筝队、棋社、朗诵社、机器人社团、"莎姐"法律社团、动漫社等近50个学生社团,培养学生人与人之间的沟通能力、相互合作的团队精神、全球化的国际视野,最终懂得欣赏自己更要悦纳他人。

真:学校开展了科技节、科技体验活动、科普报告、寒(暑)假"今周我当家"角色互换活动、暑假"进城下乡"变形记体验活动、各类研学旅行(参观华生园厂区、重庆周君记火锅食品工业体验园、南山植物园、重庆科技馆、重庆三峰环境产业集团、重庆自然博物馆、飞行学院重庆通用航空培训基地、重大、西南大学、重师、重邮、川美),鼓励和培养学生崇尚真知,勇于实践,敢于创新。

美:学校开展了艺术节、歌手赛、着装秀、班歌赛、动漫节、啦啦操、达人秀、美术摄影作品展、书法比赛、初一初二演讲、高一高二辩论、艺术素质测评、艺术欣赏等活动,使学生通过艺术的学习,学习美、感知美、欣赏美、表达美,具有健康的审美价值取向,懂得珍惜美好事物,进而提升生活品质。

健:学校开展了体育节、37公里徒步行、一小时阳光运动、"5·25"心理健康节、素质拓展、远离毒品展、青春期讲座、心理剧表演、沙盘游戏等活动,旨在培养学生健康的体魄,健全的人格,激发生命的活力与潜能。

法:学校通过法治讲座、法治情景剧、"莎姐"法律社团系列活动等,帮助学生树立法治观念,养成遵法守法、遇事找法、解决问题靠法的思维习惯和行为方式,全面提高青少年法治观念和法律意识,使遵法学法守法用法成为学生的共同追求和自觉行动。

二、基于协同育人的德育网络

学校教育工作应当依托于学校教育各方的密切合作,同时也依托于社会各界、各领域的密切协同配合和支持。学校教育一体化发展,实现内外联动,谋求教育过程中学生的心灵反思、内生发展,需要将学校、家庭、社区共同纳入教育体系,形成教育网格一体化。通过网格一体化,汇聚多方力量,为学生创造力的培养提供一个宽松的环境,将学生的智慧不断引导、引发出来。

(一) 家校共育,搭建沟通桥梁

习近平总书记关于家庭教育问题指出:要加强家庭建设,教育引导人们自觉承担家庭责任、树立良好家风。家长要尊重学校教育安排,尊重老师创造发挥,配合学校搞好孩子的学习教育,同时要培养良好家风,给孩子以示范引导。

在学生"拔节孕穗"关键期,学校需与家庭携手,协同育人,共促学生成长成才。在"家校共建,协同育人"思想的指导下,学校采取如下措施:

1. 明晰思想,形成指导思想。学校围绕"尚自得,展个性"的校训,立足于培养学生"忠""善""和""真""美""健""法"七维素养,形成"沟通桥梁""协同育人"的家校共育工作理念。在这一理念指导下,开展各级家校管理工作和各式家校共育活动。

2. 积极落实,构筑管理体系。2012年9月,学校成立教育交流中心,主要负责家校共育工作。成立各级家长委员会,以制度形式确定家长委员会宗旨,家长委员会工作职责,家委会会长、执行会长、副会长职责,形成完备的工作理念和组织架构;成立家长学校,组织家校共育讲座、沙龙等的举办,策划家校共育活动开展。

3. 守正出新,创新活动开展。"三叶节"家长爱心义卖活动、家庭日亲子活动、运动会家长方阵、徒步行家长爱心车队等吸引家长参加到各类活动中;活动推陈出新,学校通过"推门听课周""与校长有约"、家长监考等活动让家长更多参与学校管理;创新传统活动形式,在家庭亲子活动中通过"大手牵小手,一起向前走"等家校活动,让学生的小家和学校的大家,相互协作,增进家长与孩子间亲子情感;开展家校共育,创新良好家风家训传承方式,2019年5月完成《春风化雨传家风》视频拍摄制作。

4. 搭建平台,分享家庭教育理念。通过校微信平台、QQ、微信群宣传学校重大事件让家长及时了解;为家长提供分享家庭教育的平台;组织各类家庭教育家长培训会,提升家长家庭教育理念;同时创新分享家庭教育理念方式,通过系列化的"自得三十七家校故事",让家长在品读故事中,提升家庭教育知识与能力水平。

5. 抓好配合,搭建联动体系。成立家长学校、家庭教育研究学会、社区教育学院,学校与周边社区、市研究院、直属学校多边联系,展开家庭教育指导和家庭社会实践等合作,构建家庭教育联动体系。

6. 反思完善,构建课程体系。8年探索,学校针对每一次家校共育活动、每一类家校共建活动均认真反思,总结经验,编写《家长手册》,探索编写家长选修课教材、家庭教育培训等课程资料,形成多元化的家校共育课程体系,提升了家长家庭教育素养,促进家校共育有效开展,促使每一个孩子更幸福地成长。

习近平总书记在会见第一届全国文明家庭代表时指出:重言传、重身教,教知识、育品德,身体力行、耳濡目染,帮助孩子扣好人生的第一粒扣子,迈好人生的第一个台阶。家校协作,家校共育的道路上,重庆三十七中一直在奋力前行。

(二)校社联动,创设育人环境

社区在学校德育与家庭德育之间起到了很好的中介和沟通作用,学生能够在社会实践中体验公共责任。学校加强与周边社区的联动,为学生创设良好的环境。人文领域上,学校开展"我为长辈做道菜"暑(寒)假"今天我当家""书写家风家谱"等活动,引导学生开动脑筋,在生活实践中创造,发掘家庭文化因子。科学活动方面,学校带领学生参观重庆仙桃数据谷、大渡口数码城,让学生亲身体验,了解掌握最新的科创信息。学校特别成立科创服务中心,为学生创新提供实践场地。

第二节 特色育人活动:争做学校好少年

重庆三十七中一方面依照"生活即教育"的德育理念,让学生主动融入校园,融入生活,另一方面,紧扣社会主义核心价值观和"中国梦"教育主题,将德育活动主体化、系列化、生活化和品牌化,促进学生全面发展。

一、37公里徒步行:坚毅品格的造就

生活即教育,社会即学校。德育,要勇于冲破"围墙",让学生到更广阔的天地中,通过真听、真看、真实践,去开阔视野,增长见识,经历风雨,触摸彩虹,释放激情,拥抱梦想。重庆三十七中将研学活动作为德育的重要内容和形式:37公里,10个小时,5 000人,1个学校,这就是重庆三十七中的"我们在路上"37公里徒步行研学旅行活动。

"每年的金秋10月,在大渡口区的江畔山丘,总有一群人高举旗帜,挺身跋

涉。绵延的队伍里,有亲切质朴的老师,有临近毕业的高三学子,也有活力四射的初一少年,还有闻讯而来的家长和社会人士。4个馒头,一瓶矿泉水,身无余物,除了摩拳擦掌的青春豪气。从霞光初放到夜色笼罩,这群人走过废旧工厂、新兴工业园区、宁静的乡村和繁华的商业街。篮球鞋、登山鞋,谈笑声,鼓励声,和始终未曾停歇的脚步声。有不知高低的发足狂奔,也有双腿灌铅的泪流满面;有前路渺茫的萎靡不振,更有抵达终点的欢呼雀跃……"①

摘自《中国教育报》的这段文字,真实地记录了37公里徒步行的场景。2018年金秋时节,喜讯传来,《我们在路上——重庆三十七中"37公里徒步行"研学旅行活动简述》成功入选国家教育部门办公厅印发的"2018年全国中学德育工作典型经验名单",这是对学校特色德育课程的极大肯定与褒奖。如今,37公里徒步行已成为大渡口区乃至重庆市德育一张有分量的名片,受到了业内和社会各界的广泛关注与高度赞誉。

教育无小事,事事皆教育。如何安排路线行程,使活动的育人功能最大化?怎样做好保障工作,保证学生的安全有序?每次出行前,学校都会进行周密细致的安排部署,从而保证了活动的圆满成功。37公里漫漫长路,师生经历的是身体的磨砺和精神的洗礼,收获的是心灵的陶冶和道德情感的升华。

(一)精心筹划,为师生奉上励志体验"大餐"

1. 徒步里程:正视自我,挑战自我

为什么要确定37公里这样一个总里程呢?因为经过计算,以人的正常步幅行走,37公里需要花费10个小时方能走完。1/10的学生勉强能够完成,但对于绝大多数学生而言,则需要克服身体的痛苦,凭借强大的意志力,依靠他人的帮助才能够走到终点。37公里徒步行,正是青春学子对于自身的挑战与磨炼。同时,考虑到体力所限,学校将初一年级学生的总里程设为10公里。

2. 活动主题:与时俱进,凝心聚力

活动总的主题是"我们在路上",旨在告诉学生,人生始终要有一颗奋进向上的进取之心,坦途固然可喜,但坎坷也要坦然面对,路始终就在脚下。学校每年会设不同的主题,如2016年的主题是"信仰的力量——传长征精神,筑梦大渡口";2017年的主题是"学习十九大,做新时代青年人";2018年的主题是"走上善之路,做大德之人";2019

---

① 伍平伟,蒋勇,宋卉.自得教育 唤醒生命成长的力量[N].中国教育报,2018-12-24.

年的主题是"走37公里路,赞70年伟大成就"。

3. 行走路线:拓展视野,体验生活

徒步行不但是考验身心的有效方式,也是学生走进生活、了解社会、熟悉家乡、把握民风的重要途径。为此,路线专门设置了一个工业园区、两个行政区、3个公园、4个老旧厂矿和1所农村学校,还有大片城乡结合区域。乡村、城市,农业、工业、商业,宁静、喧嚣,贫困、富裕——学生在象牙塔外看到了一个多元而又精彩的世界。在重庆工业文化博览园,学生领略了丰富而震撼的中国钢铁文化;在义渡古镇,学生感受到了历史与文化的独特魅力;行至滨江路,教师结合实际景观和现象,将抽象的地理学知识具体化,帮助学生更好地学习和理解……了解家乡历史,拓展课堂知识,磨炼意志品质,一路故事一路情,一程山水一程歌,更好的教育在路上!

4. 行前准备:注重细节,力行节约

在出发之前,学校会召开全校动员会、主题班队会、学生会干部会、班干部会、行前宣誓大会,营造氛围,鼓舞士气,落实安全细节。设校旗、班旗、活动旗,以旗为号,旗在人在。各班设护送队员若干,以备护送无法自行步行的学生返回。同时,学校规定学生不能带钱、零食和饮料,仅有4个馒头和一瓶水,意在促使学生合理规划用品的使用,掌握野外生存技能。在物质充沛的时代,节约意识更要提倡。

5. 行中要求:团队互助,倡导环保

学校规定,全程匀速前进。这是要让学生明白"不进则退""欲速则不达"的道理。如小组有成员需要休息,整个小组均要陪伴左右,以此培养团队合作、相互包容的品质。每个人、每个小组都要准备垃圾袋,在保证自身垃圾不乱丢的前提下,要求行程中捡拾视野所及的垃圾,做到既是行路人,也是环保人,更是环保宣传人。

令三十七中人深受感动和鼓舞的是,37公里徒步行自开展以来,得到了家长的全力支持。报名参加的家长每年都在1 000人左右,他们通过徒步方阵、爱心车队、家长摄影录像队、彩旗队、啦啦队等创意形式,与师生一路同行。因各种原因不能亲临现场的家长,也会通过微信群、QQ群、平台直播的方式为孩子们加油助威。一位62岁的奶奶也参加了徒步行,令人既赞叹又感动。

(二)用心感受,风雨后的彩虹格外美丽

在面向教师的问卷中,课题组设计了"您认为学校开展的各项活动中最有意义的是什么?"的题目,164位教师选择了"37公里徒步行",占总人数的67.77%。

在面向学生的问卷中,课题组设计了"参加37公里徒步行最大的收获是什么"的

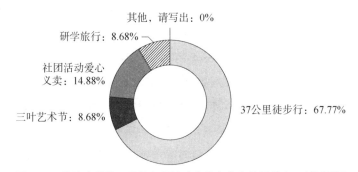

图2-3 您认为学校开展的各项活动中最有意义的是什么?（教师卷）

问题,58.77%的学生认为"增强了毅力";23.68%的学生认为"培养了团队合作能力";10.6%的学生认为"激发了自身潜力";3.19%的学生认为"增进了师生感情"。

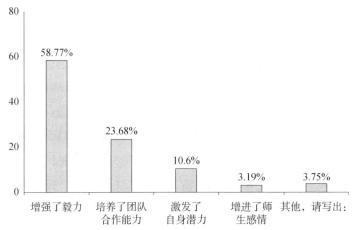

图2-4 参加37公里徒步行最大的收获是什么?（学生卷）

读万卷书,行万里路;既要仰望星空,更要脚踏实地。和团队一起经历过这非凡的旅程之后,无论是干部、教师还是学生和家长,都经受住了身体的煎熬,实现了意志的升华和心灵的成长。师生骄傲地呐喊:"我不再是我,是涅槃重生的我;我不再是我,是胸有他人的我!"且看师生及家长结束行程后,用文字记录下的切身体会吧:

1. 关键词:团结

在长达10个小时的徒步过程中,如果不是集体力量的支撑,我们不会如此圆满地走完全程。在途中,最后的一瓶水几个人分着喝,当有同学坚持不住的时候有一个坚实的肩膀。我相信这一次成功不是因为我们之中哪一个人,而只因为我们是一个团队、一个班级,每当有人疲惫不堪时,总有一个人拉着你一起前行,每当你想放弃时,总有一个声音在耳边响起——"加油"。——高2020级(6)班唐林

徒步行让我知道了这个集体真正的力量。37公里每向前迈出一步就离目的地越近一步,人生道理也如此,当36公里时,快崩溃之时,问问自己,你是来干什么的,找回目标,继续向前,37公里路就在你脚下!——初2020级(9)班黄义涵

行千里,致广大。在5万多步的路程中,一个大德之人的种种诠释得淋漓尽致:团队的友爱、团结、和谐,一个人的责任感与担当,在每一个脚印中都留下了它独特的印记。——高2021级(7)班黄子益

2. 关键词:坚持

走了这回,让我明白了只要你努力了你就是很了不起的人,因为你做了别人不敢做的事情。你不坚持就不知道自己有多优秀!——初2021级(9)班何欣雨

初一到高二,新奇到习惯,徒步行成了我一个感情深厚的"老朋友"。我知道,这次再遇后,便是永别,所以让我倍觉珍惜。一百多公里都走过了,也不差这最后一次的坚持,我必须画上一个完美的句号。——高2020级(14)班赖柯馨

37公里的漫漫长路对于我们来说的确是个不小的挑战,它磨炼着三十七中学子的心智与耐心,更是教导着我们怀着一颗不轻言放弃勇于顽强拼搏的心。37公里,徒步行,愿我能不忘拼搏,从中成长,不断汲取,收获坚持!——高2021级(12)班熊书萍

3. 关键词:感恩

我十分庆幸,这一路上有你们的陪伴,亲爱的同学们。没有你们,我不会走完这洒满汗水与热泪的37公里,一路上正因为有你们的陪伴,我创造了属于自己的奇迹!我会永远记住今天,每一张无忧无虑的脸,每一张纯洁无瑕的脸,每一张青春质朴的脸……你们是我——一个老师的依靠。——初2016级(7)班班主任陈宗奇

家长的陪伴也是支撑我们完成此次活动任务的不可缺失的一环。在过程中,

他们只是旁观者,但几句关心与提醒也会让我们的心灵感到温暖,让我们打起十二分精神,有时,不妨想一想,自己有多久忘记了父母的关心,在人来人往的世界里拼搏。——初2021级(2)班陈曦

图2-5 37公里徒步行

二、三十七中学子成人礼:基本仪式感的获取

人生礼仪是标志一个人生命历程中重要阶段的礼节仪式,从历史上来看,人的一生大致要进行四次重要的礼仪:诞生礼、成年礼、婚礼和葬礼,在古人看来,庄严的仪式是对某种事物加以肯定的重要方式。随着现代意义的成年礼在20世纪90年代初在上海的面世,十八岁成人仪式教育活动越来越受到人们的重视,今天正日益显示出其独特的意义。重庆三十七中将成人礼视作高三学子人生道路上一块重要的里程碑。

(一)成人礼的仪式流程

青春用什么来铭记,成长用什么来致礼?成人礼是少年年满18周岁时举行的象征迈向成人阶段的仪式。重庆三十七中在高三学子高考来临之际举行成人仪式,只为弘扬中华民族的传统美德,激励青年学子勇于承担家庭责任,树立奉献社会的志向,实现报效祖国的远大理想和抱负。十八而至,青春万岁,成人立志,责任在心。

华龙网报道了重庆三十七中2019级学子的成人礼仪式:

"尚自得,展个性,三有三会铸梦想;兴中华,志勿忘,我辈少年有担当……三

十七中,我们的家园,立人立家立国,天高地阔任飞翔……"

图 2-6　高三学子在老师带领下跨越成人门

　　6 日上午,重庆三十七中 2018 年秋季开学典礼暨高 2019 级成人礼在该校 A 区运动场火热举行。穿越"自得"成人门,戴上成人帽宣誓,向老师鞠躬拜谢,一批 00 后高三学子在今天礼成成人。为新年级授旗、大声呼喊新生口号,高一、初一的"小萌新们"正式入学。"激情追梦者　奋斗圆梦人",全校领导、师生以热血的青春追梦者、圆梦人身份共同开启新学年新篇章。

　　灯火通明的教室、安静的书吧、欢乐的操场,有他们的身影;文艺汇演、辩论赛、爱心义卖、徒步行、运动会展示着他们的个性,高 2019 级的 00 后"准大人"们,今天 18 岁了。

　　"高三(9)班,卧虎藏龙!""十班十班,成绩翻番!""十六十六,卓越优秀!""与时间竞速,同第一争高下!"……

　　高 2019 级的学子们在班主任、任课老师的带领,学校领导代表的迎接下,走红毯、挥着手、喊着班级口号、穿过"自得"成人门,开始了一趟不知终点,只有去程票,没有返程票的独立旅行。

　　学校领导、老师、与会嘉宾为手拿《中华人民共和国宪法》的高三学生冠戴成人帽,学生们面向站在班级前的班主任、任课老师以九十度的姿态鞠躬三次行拜谢之礼,感谢老师陪伴成长、给予知识、教育成人。

图2-7 老师为高三学子冠戴成人帽

"成人不忘本,庄严的今天是他们成人的标志,在飘扬的国旗下完成成人礼,希望他们时刻不忘国家,牢记为祖国添砖加瓦的使命与责任。"拿着小红旗、贴上五星红旗贴纸,高三五班的班主任李冰冰希望通过此次成人礼,让学生明白成人意味着责任,同时希望今后的他们勇于为家人、国家担当。

"跳得愈高,考得越好。"高三"准大人"们双腿尽力弯曲,储蓄全力,奋力一跃,抛撒成人帽,一顶顶红色帽子在空中飘摇,象征他们的成人礼毕。

图2-8 高三学子扔成人帽宣告长大成人

(二) 成人礼的教育效果

1. 成人仪式教育活动是一种"成人"教育

成人及其过程是人生的一个重要转折点,是一个人确立自我、走向社会、发展自我的关键时期,这个阶段的完成,意味着人的社会化水平得到了前所未有的提高,人们由此进入了成人的人生阶段。由于成人在人生发展中的独特意义,人们历来重视成人问题,这也就是"成年礼"自古有之的原因。因此,成人仪式是一种"成人"教育,是对即将步入成人社会的成员实施的教育活动,旨在帮助未成年人培养"成人意识",以帮助未成年人顺利地进行"角色"转换,步入成年社会。

所谓"成人意识"是指青少年能够以成人的社会角色要求、规范和发展自己,进而形成的一系列心理意识,它包括完善的自我意识、合理的价值观念、法律与道德规范意识、独立自主意识、劳动意识、合作意识、就业与婚恋意识等。现代社会的进步向人们提出了更高的要求,要想跟上时代的步伐,还需要具有积极的参与意识、竞争意识、文化科技意识和创新意识等现代人的心理意识准备。"成人意识"不仅是"青少年转变为心理健康和人格健全的成人所必需的相对成熟和稳定的心理内容",而且是成年人应具有的意识,是成人的基本标志。当代中学生大多成长于独生子女的家庭,面对富裕的生活,优越的环境,今天的80、90后常被称为"抱大的一代",他们大多依赖性强、缺乏独立性,加上某种封闭程度的学习生活,缺少生活磨炼,心理发育相对滞后,这在一定程度上影响了他们获得成人意识,以致人们对他们形成了这样的评价:人高马大像大人,但言语行动仍是孩子样。而18岁成人仪式教育活动则促使学生走向社会,积极参与社会生活,从而增加了中学生的社会实践、人生磨炼的机会,这必然有助于中学生培养成人意识,加快他们的成人进程。

2. 成人仪式教育活动是一种公民教育

公民指的是在一个国家里,具有该国国籍,并依据宪法和法律规定享有权利、履行义务的社会成员。每个人一出生就获得了法律所赋予他的公民资格,但是认识到自我拥有公民资格的意识则在成人前后,而且是学习受教育的结果。

因此,对于未成年人开展公民教育是每个社会必须进行的重要教育内容,公民教育是将青少年和社会成员培养成适应政治和社会结构并最终成为合格的社会公民的教育。

"它是把社会对公民的基本要求作为课程体系和内容,包括:崇尚自由、民主、法治,了解社会政治结构及民主运作程序,积极参与社会公共事务,有公德心、宽容、协商、谦让、诚信、理性的权利、义务、责任感等。"

在当代中学生中,不少学生缺乏公民意识,不关心国家大事,对公共事务淡漠,缺乏参加社会主义民主建设的热情;同时,也有小部分中学生往往不完全理解公民所拥有的民主权利,偏激地使用民主权利,在无知的情况下做出一些妨害公共安全的过激行为。18岁成人仪式通过在成人预备期中开展的公民意识教育、参加社会志愿者活动和素质拓展训练,以及成年时面对国旗庄严宣誓等一系列活动,使中学生学习必要的公民知识、理解公民权利和义务,并在"成人"的过程中,去感受成人的意义,从而引导中学生建立和强化自我的公民意识、法治意识、社会意识和国家意识,培养中学生维权履责、服务奉献的公民精神。18岁成人仪式教育活动从处于成人预备期的中学生着手抓成人教育,在各种成人活动中灌注公民意识和公民精神,这正是国家培养现代公民所需要的教育。

3. 成人仪式教育活动是一种责任教育

未成年人与成年人的区别在哪里?未成年人是受保护者,而成年人应当担负起自立的责任。责任是由契约的责任和道德的责任构成的。责任教育就是为使社会成员践行某种职责,而对其有组织有计划地施加影响的过程。对中学生责任意识的加强,还需要通过教育来帮助他们先认识个人职责的具体性质,而后培养其责任意志和信念,使其能够能坚定地履行责任,最后是通过教育使其养成责任习惯,真正做到尽职尽责,失职主动承担责任,这是责任教育的目的。18岁成人仪式教育活动就是要培养中学生对自己、家庭和社会的责任。

首先,培养中学生加强自我责任感。每个人必须承担责任,任何人不能逃避责任,每个社会成员既是权利主体,同时也是责任主体。在现代社会,一个有认知能力和理智行为能力的人,必须对自己的行为负责任。当代中学生在良好的家庭环境中成长,由于家长在孩子学习、生活上的过多包办代替,使孩子变得越来越依赖家长,这也是现在"啃老族"日渐增多的主要原因。通过18岁成人仪式教育活动,让孩子独立自主地参与各项社会活动,养成自理能力,培养"慎独"意识,一个连对自己都无法负责的人,如何谈他对家庭和社会负责呢?

其次,培养中学生的家庭责任感。现在的中学生往往从家庭的索取比自己对家庭的付出要多。因此,在18岁成人仪式教育活动中,注重加强对中学生家庭责任感的培养。此外成人预备期的志愿活动也可以面向家庭开展，以进一步加强亲子交流和沟通，让中学生爱父母、敬长辈、疼晚辈。重庆三十七中举行的18岁成人宣誓仪式时，会邀请家长一起来与子女共同见证这一重要时刻，在仪式中，当孩子意识到是父母给予了他生命并把他抚养成人时，对父母的感激之情、对家庭的感恩之心油然而生。

最后，培养中学生强烈的社会责任感。 社会责任感是指人们对自己所承担的社会职责的认识和自觉意识。现在的中学生，其成长过程正处在改革开放的新的历史时期，市场经济的发展，一方面增强了他们的开放意识、创新意识、独立意识，一方面由于社会上逐利思潮的泛化，也不可避免地给他们造成负面影响，利益意识的强化和责任意识的弱化就是一个突出表现。因此，注重加强对中学生社会责任感的培养，更是当务之急。18岁成人仪式教育活动将引导中学生走向社会，积极参与社会志愿活动和各类社会实践活动，了解社会，领略共和国的伟大巨变，培养他们的忧患意识，树立投身社会主义建设的伟大决心。

三、影响三十七中年度人物：榜样力量的传递

为深入贯彻党的十九大精神，学习贯彻习近平总书记系列重要讲话精神，践行社会主义核心价值观，表彰先进人物典型，推动先进文化建设，弘扬主旋律、传播正能量，激励师生奋发向上，全面开创学校改革发展新局面，重庆三十七中开展了"影响三十七中年度人物"评选活动。

（一）年度人物先进事例（2019年）

重庆三十七中涌现出一批优秀的孩子们。他们孜孜以求，诚信应考；他们互助合作，角力赛场；他们孝亲敬老，弘扬传统；他们体验生活，创新创造。他们用努力证明着自己，更为集体赢得了荣誉。

1. 校武术队

校武术队，在2018年重庆市大中学生运动会上不负众望，团结拼搏，在全市大中学72支代表队800余名武林将士的激烈竞争中，获得初中组男子团体第1名、高中组团体第8名、单项金牌7枚、银牌8枚、铜牌3枚的辉煌战绩。在2018年重庆市青少年武术套路锦标赛中获得甲、乙组单项金牌12枚，银牌10枚，铜牌7枚的优异成绩。

2. 科技创新"创智"团队

科技创新"创智"团队，浸润在学校优良的科技特色环境下，秉承着实践与创新的理念，在学习中成长，在竞赛中收获。队员有：甘钦怡、王畅、曹书瑞、蒋巧奕、曾子牧、

王声瑞、肖剑、卫龙杰、蓝欣悦、丁昶钦。

2018年5月,在重庆市电子学会主办、重庆大学承办的首届中英STEAM创新作品竞技赛(西南区)决赛中团队从120余支队伍中脱颖而出,荣获团体二等奖;2018年8月,在由四直辖市教委联合举办的中学生科技挑战赛中,团队积极准备,刻苦训练,选派出两支队伍赴京参赛,荣获创客马拉松一等奖,创智项目三等奖。

3. 三叶合唱团

三叶合唱团荣获第九届"中华文化小大使"全国合唱展示"中华文化五岳奖";重庆市第八届中学生艺术展演合唱比赛中学甲组一等奖第一名;大渡口区中学艺术展演合唱比赛一等奖第一名。入选重庆市合唱协会首批学生合唱联盟成员团队,并在联盟成立大会上表演。参加大渡口区中学艺术展演文艺汇演,大渡口区庆祝改革开放40周年文艺演出,学校第十三届"三叶"文化艺术节文艺汇演。被评选为重庆市合唱协会2018年度优秀会员团队。

4. 优秀学生代表

谭真成,高2021级(7)班学生。学校学生会主席,重庆市第五届学生代表大会代表。在学习上,努力学习,成绩优异,全面发展;在工作上,有较强的管理能力;在生活上,乐观开朗,兴趣爱好广泛。被评为区级"优秀学生干部",获区级第一届干部风采大赛的二等奖、区级合唱比赛一等奖、区级毒品论文比赛二等奖、科学论文三等奖。

李敏,高2021级(5)班学生。2017年被评为大渡口区首届孝善之星,2018年被评为大渡口区"新时代好少年",2018年被评为重庆市新时代好少年。"宝剑锋从磨砺

图2-9　2019年影响三十七中年度人物颁奖仪式

出,梅花香自苦寒来。"生活的苦难没有击倒她,反而让她更加坚强,乐观,能干。在父亲住院期间,每日奔忙于医院——学校——家庭"三点一线"的生活,她也不曾耽误学习。她用顽强的意志、勤学善思的品行、积极乐观的态度,在践行着社会主义核心价值观,向社会传递着正能量,感染着校园内外人们的同时,也收获磨砺的剑锋与奋斗的芳香。

(二)年度人物评选的意义

学生先进典型是思想政治教育的宝贵资源,他们的进取精神和先进事迹反映了当代青年学生的理想追求和价值取向。近年来,重庆三十七中以"年度人物"为代表的学生先进典型不断涌现,他们用自己的拼搏和奋斗,生动诠释了社会主义核心价值观的本质要求,充分展现了当代青年学生积极向上、勇于奉献、敢于担当的青春风采。开展年度人物评选活动,对于增强学生思想政治教育的实效性,促进学生个体的全面发展具有重要意义。

1. 有利于提升中学生思想政治教育质量

培育学生先进典型并发挥他们的影响力,用同龄人的先进事迹教育广大学生,有利于提升学生思想政治教育质量,以推动教育内涵发展。

中学生思想政治教育活动的开展,不仅需要全局性的指导,而且更加需要典型的推动。学生先进典型具有较强的辐射作用,其表现不仅仅在于促进学生个体道德人格的完善,还在于培育一个先进的群体。"学生先进典型教育的根本意义在于借助一批高素质学生的感召力,带动一代或几代学生,以学生集体的高素质带动社会青年,进而带动整个社会的发展和时代的进步。"在学生当中,先进典型毕竟是少数,而其他学生则是校园活动的主体,树立学生先进典型,发挥先进典型的示范、引领作用,发挥群体效应,能够起到"以点带面"的作用,从而起到"点燃一盏灯,照亮一大片"的效果,对于加强和改进学生思想政治教育,提升学生思想政治教育质量具有重要意义。

2. 有利于培育和践行中学生社会主义核心价值观

《关于培育和践行社会主义核心价值观的意见》指出:"坚持团结稳定鼓劲、正面宣传为主,牢牢把握正确舆论导向,把社会主义核心价值观贯穿到日常形势宣传、成就宣传、主题宣传、典型宣传、热点引导和舆论监督中,弘扬主旋律,传播正能量,不断巩固壮大积极健康向上的主流思想舆论。"先进典型作为积极践行社会主义核心价值观的优秀典范,他们的思想行为和感人事迹在某种程度上是一定社会主义核心价值观的反映。培育和践行中学生社会主义核心价值观,不仅需要教育引导、实践养成和环境熏陶,更需要先进典型的示范和引领。在当前,市场经济深入发展,各种社会思潮纷繁复杂、跌宕涌动,人们的价值取向日益多元化。在这样的时代背景下培育学生先进典型,在一定程度上可以引导价值选择迷茫的中学生用社会主义核心价值观整合多元的价值选择,帮助他们树立正确的世界观、人生观和价值观,从而引导广大同学自觉践行社会主义核心价值观、调整规范自身行为、明确奋斗目标。

学生先进典型具有较强的人格魅力,能够引起其他学生的思想共鸣。他们的精神凝聚着时代的精华,他们在校园中能够处处以身作则,无论是在学习中,还是在各种活动中,学生先进典型都能给其他同学作出表率,从而成为广大中学生学习的榜样。选树学生先进典型,宣传他们的先进事迹,能够对广大中学生产生积极的鼓舞作用,在一定程度上可以激励广大学生不甘落后、赶超先进,引导广大学生积极培育和践行社会主义核心价值观,从而坚定理想信念、明确奋斗目标,勇于肩负历史使命,脚踏实地、不断奋斗,提升人生的价值追求。

3. 有利于和谐校园文化建设

学生先进典型作为校园先进文化主旋律的领唱者,"体现了社会主义核心价值体系对当代中学生的先进性要求,在和谐校园文化的建构中发挥着引领导向作用"。学生先进典型的感召力和凝聚力通过他们在校园中的坚定性、积极性、主动性和创造性表现出来。他们在学习和校园生活中都能表现出较强的自信心和责任心,对于其他普通同学在校园中所遇到的学习、生活方面的困难,他们都能够主动热情地帮助解决;对于学生们在学习或生活中所遇到的问题,他们都能正确地给以解释或回答。培育学生先进典型,不仅可以给其他同学树立一个可以学习的"标杆",而且可以号召广大学生向他们靠拢,从而在校园当中形成崇尚先进、学习先进、争当先进的良好风气,有效引领校园社会思潮,为和谐校园建设创造了条件。

和谐校园文化建设,离不开积极健康、崇德向善的精神力量。当前,随着改革开放的不断深入和市场经济的发展,各种社会思潮纷繁复杂,意识形态领域的斗争越趋激烈,各种非主流的文化思潮或价值观念涌入校园,对和谐校园文化的建设产生了消极的影响。为了有力地应对校园内各种非主流的思想舆论或价值观念,需要一大批能够代表当今社会主流价值观,弘扬社会主旋律、传播社会正能量的先进典型。在中学生中选树和培育先进典型,充分发挥他们的示范、感召和激励作用,可以形成知荣辱、讲正气、作奉献、促和谐的良好风尚,推动和谐校园文化建设,为国家人才培养提供良好的育人环境。

4. 有利于促进学生的全面发展

美国著名的人本主义心理学家马斯洛指出,人的需求是分层次的,是由低层次向高层次发展的。人的需求由低到高分别是生理需求、安全需求、社交需求(爱和归属需求)、尊重需求和自我实现的需求。动机来源于需要,需要可以分为物质需要和精神需要,前者包括衣食住行等基本的生理需要,而后者则包括交往、尊重、情感依托和自我实现等精神需要。学习先进典型是学生成长和发展的内在需要,先进典型对学生的行为产生重要的影响。学生一旦把先进典型作为自身的学习对象时,就会努力使自身的行为与学生先进典型的行为保持一致,从而使学生先进典型的激励作用和矫正作用得以实现。由于学生的精神需求总是处于不断变化的动态之中,当一种需求得到满足之后,就会产生新的需求,随着自身的不断成长,对先进典型的需求也会不断变化,并不断地修正和完善自己。在学生群体中培育先进典型,树立起学生可以直接学习和模仿的对象,可以引导学生取长补短,从而不断促进学生个体的全面发展。

现代社会学习理论著名代表人物班杜拉认为:"大多数人类行为是通过对榜样的观察而获得的。"法国社会学家塔尔德则认为,社会就是由善于相互模仿的一群人组成的。在中学生社会化的过程中,观察和学习则成为中学生对社会主流价值观内化的第一步,用学生身边的典型事例来教育他人比其他非学生典型产生的作用更为有效。学生先进典型生动鲜明的形象,是优秀思想品德的具体体现,可以有效促使学生对行为准则、道德规范的理解和效仿,以便从中受到感染和激励。培育学生先进典型,可以为广大学习群体树立一个可以模仿的标准,帮助其他学生模仿从而获得社会所需要的行为模式以及实践技能。

两千多年前,我国著名教育家孔子曾在《论语·里仁》中指出:"见贤思齐焉,见不贤而内自省也。"由于中学生的模仿能力都比较强,学生先进典型就像一面镜子一样,学生可以对照检验自己,找出自己的不足和差距,从而尽力完善自我,切实缩小差距。因而学生先进典型教育具有矫正的作用,主要是指"通过学生先进典型教育,促使学生经常用先进人物的事迹对照自己的言行举止,检查自己的不足之处,引起自愧和内疚,从而自觉抵制外界的不良诱因,克服缺点以矫正自身的不良行为"。在学生先进典型的价值引导下,学生不断地生成新我、否定旧我,从而使学生思想品质与先进典型思想品质之间的矛盾发生变化,在自我"先进典型化"的过程中逐渐生成自觉意识、不断加强自律意识、进一步提升自身的品德修养。

第三节 主题节日活动：我的未来我做主

传承时代经典，绽放青春活力。重庆三十七中以阅读节、体育节、艺术节等校园节日活动为依托，致力于促进学生个性全面发展；将"自得其乐，幸福一生"的理念渗透于传统节日之中，继承中华传统美德，使学生完善自身，立足社会。

一、阅读节：文化底蕴的积淀

重庆三十七中将传承与发扬优秀文化作为学校教育与人才培养的一个方面，从"国学育人"视角入手，把阅读文化作为突出主题，努力建设学校的国学阅读文化特色。

阅读节活动旨在引导学生多读书、读好书，形成读书热潮，接受文化熏陶，陶冶性情，丰富人文精神，提高学生素养，营造浓厚的校园文化氛围，促进校风建设和学风建设。通过阅读节活动，引导学生树立远大理想，形成为中华民族的伟大复兴不懈奋斗的坚强信念，实现人生价值，创造人生辉煌。

为建设书香校园，重庆三十七中多管齐下，不遗余力地开展广泛深入的阅读活动。每周一节阅读课，定期组织班级阅读交流会，阅读活动如火如荼地展开。除了规定的课堂阅读时间，校园里，随时随地都能看到同学们读书的身影，课堂阅读的引领开始让同学们自然地延伸成"校园阅读"。初一(7)班的熊佳琴说，"每逢空余时间，我总喜欢待在一个安静的角落，捧上一本书，斑驳的阳光照射在书页上，一场奇妙之旅就开始了。"初二(9)班的曹怡晴则说，"如果书籍像海洋，那么阅读节活动则引导我们在大海里畅游。"这何尝不是更多学生的心声。

"最能致远是书香，书香校园是一种氛围，是一种整体风貌，是校园文化的集中显现。"学校副校长孙皖蓉表示，重庆三十七中大力推进"一馆一屋一书吧"建设，努力构建书香校园，坚持举办丰富多彩的读书活动，旨在让学生"会读书、爱读书、读好书"，激发学生的读书热情，提高学生的精神境界，让更多的同学漫步于书廊下，畅游于书海中，充实自己的人生。"我们希望通过读书活动来提升师生文化素质，在全体师生中掀起读书热潮，不断更新观念，拓展视野，努力建设师生的精神家园。"

重庆三十七中于每年的11月举办校园阅读节活动，华龙网报道了第二届阅读节的情况：

"腹有诗书气自华,最是书香能致远。"经典是滋养人生德性与才情的源头活水。阅读,让人丰富知识,陶冶情操,受益终身。11月8日下午,重庆三十七中举行了以"爱上阅读,点亮生命"为主题的"我心飞翔"第二届阅读节评比展示活动。

图 2-10　第二届阅读节评比展示活动

"'阅读节'是一个自我成长的平台,不过,它仅仅是我们书海人生中的沧海一粟,要把'爱读书、勤读书、读好书、善读书'当作我们个人、班级、学校坚持不懈的信念,这种信念让我们存志,让我们独思,让我们立行,不断积蓄燃烧的力量,点亮我们的生命!"校长伍平伟在活动中表示。

活动中,选手积极准备,同学们的演讲或真情流露,或温文尔雅,或诙谐幽默,跟大家分享了许多自己的读书趣事,到场观摩的同学安静地聆听,欣赏着每一位选手的精彩表现。

"《城南旧事》《草房子》《汤姆·索亚历险记》是大多数人四、五年级便已看过的书。前几周为了应付任务,又再读了一遍。童年又再临我心头,当初感动了我的角色与情节又一次感动了我。童年,真是一个人童心不泯、多姿多彩、值得回味的话题……"初二年级的宋洪玲借着"完成任务"的机会,又重温了童年的温馨故事,讲述了她和好友一起读书的经历。她说:"一本好书,是经得起百读不厌的,一份真情是经得起数次感动的。"

"我第一次发现,一本书居然可以带给我这么多东西,它是那么奇妙,那么美

图 2-11　学生分享读书趣事

好的东西。现在的我已经深深迷恋上阅读,因为我已经把它当作人生里珍贵的一笔财富!"冉欣悦说,"虽然这次比赛只获得了二等奖,但我并不是为了获得荣誉而读书,在读书的过程中,和老师、同学一起分享读书的体会才是我最大的收获。"

此次比赛有12名优秀选手参与角逐。选手们围绕自己的读书故事,结合读书体会和实践,以生动的语言、真挚的感情分享了读书的趣事,在现场观众中引起强烈共鸣,赢得阵阵掌声。比赛结束后,副校长孙皖蓉对演讲比赛进行了中肯、精彩的点评。

语文老师李军表示,这次阅读节,收获最多的不仅是孩子们,老师也同样借着和学生一起阅读的机会,和他们一起收获了一份美好的回忆,一个良好的习惯,这个习惯将伴随一生,这是一笔最为宝贵的精神财富。

二、体育节:运动精神的传承

为了全面展示重庆三十七中体育工作的风貌和成绩,提高广大学生的体质健康水平,树立团结合作的团队精神,激发和保持学生的运动兴趣,培养学生终身锻炼的意识,进一步促进学校体育课程的改革和发展,学校于每年12月举办体育节,注重群众性体育活动和竞技体育运动项目相结合,充分体现活动的全员性、群众性、趣味性、竞技性。

为期两天的运动会为同学们提供了竞技舞台,开幕式上的入场式则成了师生的狂欢。如第六十二届运动会以"向前冲,三十七!"为主题,61个班级方阵身着创意多彩的服装,在入场式上秀出青春,秀出创意,激情昂扬。

开幕式上,彩旗飘扬,鼓号齐鸣,各班级方阵身着创意多彩的服装,喊着嘹亮的口号,迈着稳健整齐的步伐进入会场,充分展现了三十七中人的风采。各个班级专门设计了班旗,定制了班服,准备了特色班级表演。

有的班级穿着代表着二次元的Cosplay服装,洋溢着青春的气息;有的班级同学身着古典韵味十足的汉服,展现了传统文化的魅力;有的班级同学穿着卡通人物服装,尽显搞怪之能;还有的班级同学穿着英姿飒爽的军装,体现了对军人的崇敬。同学们通过不同的表达方式展现着独特的班级文化风采。

图2-12 运动会开幕式

活动中,在全校各班级传递了10多天的火炬也再次回到了运动场。这火炬象征着三十七中人勇气、力量、坚毅、乐观以及同舟共济的精神,它将见证运动会的激情与梦想。

重庆三十七中校长伍平伟表示,一年一度的运动会是学校体育节的重头戏,是对师生身体素质的大检阅,也是展示三十七中学子真我风采的大舞台。

入场式结束后,各年级与学校体育特色项目队展示了精彩的啦啦操、集体跑操、匕首操、军体拳、武术操、足球表演等,充满活力的表演将现场氛围推向高潮。

作为"全国体育传统项目学校",体育教育一直是学校的传统特色,学校曾培养出乒乓球名将马金豹、羽毛球世界冠军李雪芮、垒球亚锦赛冠军孙莉等优秀运动员。跆拳道、羽毛球、武术、射击、散打、足球等特色项目都曾取得不俗的成绩。

值得一提的是,学校武术队的健儿们在2018年重庆市大中学生运动会上,从72支代表队800余名武林将士的激烈竞争中脱颖而出,获得初中组男子团体第一名、高中组团体第八名,单项金牌7枚、银牌8枚、铜牌3枚的辉煌战绩。

三、三叶节:艺术情操的陶冶

艺术节弘扬着时代主旋律,丰富着师生校园文化生活,是倡导高雅、健康的文化艺术生活,培养和提高青年学生的文化品位和艺术修养的最佳平台。为进一步推动学校艺术教育的健康发展,为学生提供艺术实践舞台,学校会定期举办艺术节活动,促进每位学生掌握一项艺术表现手法并具有一定的艺术表现力、创造力、鉴赏力和审美能力,促进学生德智体美劳和谐发展,全面提高学生综合素质。

在面向学生的问卷中,课题组设计了"你最喜欢学校组织的活动是什么"的题目,选择"艺术节"的学生人数最多,占31.8%。

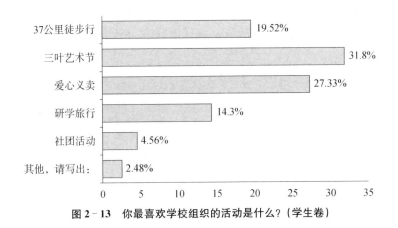

图2-13 你最喜欢学校组织的活动是什么?(学生卷)

从调查结果可以看出,艺术节在学生群体中大受欢迎。通过校园艺术节这个窗口,可以展现师生团结协作、奋发向上、至纯至正、自信自强的精神面貌,推动校园文化艺术健康发展。华龙网报道了学校第十四届三叶节的举办情况:

6月18日晚,重庆三十七中体育场一片欢腾,学校庆祝新中国成立70周年暨

第十四届三叶节文艺会演正火热上演。全校师生、家长代表欢聚一堂,观看文艺展演,尽享艺术盛宴。

1. 尚自得、显开放,近20个节目"火力全开"燃爆校园

现场,文艺会演精彩连连,高潮迭起。Cosplay＋舞蹈《青春飞扬》动感十足,"圈粉"无数;独唱"Price Tag"来自2019校园"歌王",深情演绎令观众沉醉;校园原创心理剧《情绪归处》更是赚足眼球,同学们化身"家长""老师"及不同情绪的"自己",以惟妙惟肖的演绎,传达了"学会自我心灵成长,接纳负面情绪"的观点,引发全场共鸣……无论是个人还是集体,业余还是专业,"三十七中学子"的自信与多才多艺,均在舞台上大放异彩。

精彩可不止如此,校工会老师们还助阵演出,身着一袭红裙惊艳亮相,带来舞蹈《我爱你中国》,老师们身姿曼妙、裙袂飞扬,现场掌声四起、尖叫连连,绽放出"三十七中教师"的独特魅力。

值得一提的是,艺术节会演还融入别样风采,凤鸣山中学、南坪中学、字水中学、川维中学四所兄弟学校也倾情助阵,带来精彩的啦啦操、京剧等演出,充分彰显了三十七中办学的开放性。

"很激动!很震撼!学校的老师同学太有才啦!"初2021级(3)班学生王楠表示,精彩的艺术表演激起了他对艺术的兴趣,表示以后也要积极参与学校活动,培养自己的艺术特长。

当天,刚刚毕业的高三、初三学生代表也回校参加了艺术节,并向老师们献上鲜花,感谢恩师三年来的付出。"感恩母校,是老师们的鼓励和帮助,是三十七中丰富多彩的活动,让我从一个胆怯的小女孩变得勇敢、自信。"高三毕业生唐翠莲表示,自己在校期间是朗诵社团的一员,也多次代表学校参加各类比赛,感谢学校提供的平台与机会。据了解,唐翠莲曾荣获重庆市学宪法讲宪法演讲比赛一等奖。

2. 以文化艺术活动为载体,助力学子唤醒生命自觉

据本次活动总导演、三十七中教师曾凡科介绍,本届"三叶节"历时两个多月,活动形式多样,内容丰富多彩,汇集校园歌手大赛、演讲比赛、辩论赛、班歌比赛、班级合唱比赛、校园剧讲座、师生艺术作品展、心理健康专题活动等,为师生奉上一顿丰富的文化大餐。

据了解,一直以来,"三叶节"都是重庆三十七中一项盛大的节日。学校为学

子们的青春搭建舞台,三十七中学子在这个节日里,解放心智,舒展个性,发现自身价值,唤醒自我生命自觉。

学校党委书记余位河介绍,"放飞理想,为每个学生成为他自己奠基"是三十七中矢志不渝的办学理念,这一理念面向全体学生,促使学生全面发展,也为学生创造条件,发现自身价值,在实现个体最大成长的同时成为社会需要的人。

图 2-14　第十四届三叶节

余位河书记表示,"三叶节"是学校校园文化的浓缩,是学校办学特色的呈现,是培育和践行社会主义核心价值观的重要途径,也是展示同学们全面发展和个性发展的重要平台。"学校将以文化艺术活动为载体,以培养学生人文情怀、艺术修养为出发点,帮助学生以艺术的形式抒发爱国情,展现'三十七中风采'!"

第四节　社团品牌活动:开阔眼界长本领

重庆三十七中坚持自得教育的办学理念,构建健康和谐的文化氛围,着力打造活力课堂,开设形式多样、生动活泼的文化、音乐、体育、艺术等各类社团活动,助推教师专业成长,促进学生全面发展,进一步提高教育教学效率和学校办学品位。

一、"莎姐"校园法律社团:法律意识的培养

大渡口区检察院"莎姐"法律志愿服务队成立于 2004 年,最初是 7 位检察官在博客上写文章,主要是针对未成年人预防犯罪、维权等方面,后来从网络走到现实,其中一位检察官王莎的网名"莎姐"比较亲切,大家就用"莎姐"来代称这个群体。

大渡口检察院在重庆三十七中授牌成立重庆市首个"'莎姐'校园法律社团"。"'莎姐'校园法律社团"由大渡口"莎姐"检察官指导,由学生们自愿参加。社团开展了形式丰富的活动,观摩法庭庭审现场、了解司法机关办案流程、举办法律辩论赛等,帮助社团成员学习法律、遵守法律、运用法律维护自身合法权益,并在校园传播"正能量"。

(一)社团特色活动

1. 成长路上与法同行

"莎姐"法律社团举办了"成长路上,与法同行"主题活动,并邀请了大渡口区政协副主席罗雨、大渡口区检察院检察长李荣辰、大渡口区教委主任毛勇与区政协社法专委、团区委、区妇联等部门同志莅临指导。

活动中,大渡口区检察院的"莎姐"检察官们为社团赠送了100本有关法律知识的书籍;全体社团成员面对宪法宣誓,一致表示将认真学习法律知识,成为"全民守法建设"的新生力量;活动最后,同学们和检察官以及领导们一起观看了电影《全民目击》的片段,一起探讨关于法律方面的问题。学校通过这类法制教育活动开展,希望学生能够认识违法犯罪的危害,养成遵纪守法的习惯,让学生健康成长。

2. 自编自导情景剧

社团成员不仅自己学习法律知识,还为其他同学和家长普法。重庆三十七中的"莎姐"法律社团副社长高2017级学生韩丹,在"莎姐"们的帮助下,自编自演普法情景剧《冲动的代价》,给新山村街道各社区的居民普法。

"王小帅的行为,符合故意伤害罪的构成要件,建议判处7至10年有期徒刑……"同学之间发生矛盾很常见,打架斗殴也时有发生,但冲突升级可能触犯法律底线。重庆三十七中"莎姐"法律社团的同学们想到了表演情景剧的方式,给大家上了生动的一课。

韩丹很喜欢看法律题材的电视剧,对"法"特别着迷,社团一成立她就报名参加了。这部《冲动的代价》就是她用一个月时间和13名同学一起编排的,故事讲述了一名前途光明的优等生和同学发生小矛盾,进而升级成群体斗殴,最终将同学打死入狱的故事。

此外,社团还与"莎姐"合作举办模拟法庭、法治辩论赛、案件重演、参观未管所等活动,开展法治教育。

（二）社团建设成效

学校法律社团普遍可定义为学生依据国家法律法规和学校规章制度自愿组织的，以普及法律知识、探索各项法律实践活动、参与法律社会公益活动为主要目标的学生自治组织。"莎姐"法律社团，在开展法治教育中发挥了以下优势。

1. 能够促进法治教育的针对性

学校在开展对学生进行法治教育的过程中，往往是从学校自身需求出发，比如安全教育、防止校园打架斗殴等，缺乏从学生的视角出发进行法治教育。实际上，伴随着社会的发展，学生的生活已经不再局限于学校本身，而是扩展至社会，学生接触的法律问题也在增多。学生遇到的这些法律问题虽然不大，对学生来说却是最好的法律教育契机。法律社团的设立，可以集中反馈学生遇到的法律问题，有助于提升法治教育的针对性。

2. 能够扩展法治教育的丰富性

法律本身就是严谨枯燥的，特别是涉及法条内容时，所以当课堂上讲解涉及具体的法律知识时，学生大多兴趣不足。法律社团可以在法律专业教师的指导下，将课堂中的案例、法条等内容转化为生动有趣的活动。比如"莎姐"法律社团组织法律小品表演、开展法律案例论坛、法律庭审展示、参观实践介绍等，还借助学校的官微、社团自己的公众号发起各种动态活动，丰富法治教育内容。

3. 能够提升法治教育的亲和性

法律实践活动本身的参与者就是学生，他们在老师的指导下完全有能力结合校园内外常见的如治安、劳动等典型案例，为学生讲解法律的相关规定，帮助学生提高法律知识水平。除了参与讲解，法律社团还可以将法律实例转化为各项活动，这些活动能够直观体现学生对案例的分析能力、对问题的思辨能力，以及将案例等转化为各项实际活动的文字能力、小品组织和表达能力、制作视频剪辑能力等，这些能力锻炼的最终成果会通过融入思政、专业课、新媒体等方式得到传播，使其他学生能够通过比较感受身边同学能力的发展，引起学生对参与法治实践教育活动的渴望和亲近，有利于促进学生自觉吸收法治知识，营造校园学法、遵法、守法、护法的氛围。

二、软石英语俱乐部：国际视野的开拓

英语俱乐部是以学习和使用英语为载体，寓学于乐、寓学于玩的一种社团组织。为培养学生的英语学习兴趣，提升英语水平，重庆三十七中成立了软石英语俱乐部。

（一）社团特色活动

1. 英语演讲比赛

为了丰富学校文化内容和同学们的课余生活，加强英语的学习和交流，提高同学们学习英语的积极性，给学生提供一个展现自我，提升自我的机会和舞台，软石英语俱乐部举行了英语演讲比赛。如2019年的演讲比赛主题是"我和我的祖国"：

11月15日下午4点半，重庆三十七中软石英语俱乐部"我和我的祖国"英语演讲比赛在四楼会议室举行。来自高一、高二年级的10名优秀选手，用英文讲述建国70年的沧桑与成就，传递对祖国母亲深情的赞颂。教育交流中心、英语学科中心共同协办了本次活动。

本次演讲比赛由英语实验班季可瑜、刘宇鑫两名同学担任双语主持，英语学科主任刘尧，英语老师程苑、邓梦分、张玲、闫丹等担任大赛评委。金德敏副校长、蒋勇副校长，教育交流中心主任汤小兰、副主任陈娟参与了本次活动，部分家长也来到现场为选手加油鼓劲。

参赛的10位选手历经层层选拔，站在了决赛的舞台。他们大方自如地展示自己，或激情洋溢，或温文尔雅，或端庄大气。他们以纯正的发音、流利的表达、得体的肢体语言和自信的表演，充分地展现了重庆三十七中学子较强的语言应用能力及临场应变能力，为现场观众带来了一场英语视听盛宴。

图2-15　2019—2020学年度"我和我的祖国"英语演讲比赛

接着,蒋勇副校长公布了获奖名单,表达了对选手们的祝贺,同时也表示,爱国不仅仅只是一句话,鼓励大家从小事做起,学会关注身边的小事,以小见大,最终学会关心他人,关心社会。

最后,金德敏副校长致总结辞,提出开放的中国需要国际型人才,鼓励大家学好英语,用英语发声,用英语讲好中国故事,传播好中国声音!

英语演讲比赛是俱乐部的一项特色活动,不仅能够锻炼同学们的英语表达能力,而且以比赛的形式激发了同学们对英语学习的热情,校园英语的文化气息也更加浓厚。

2. 英文诗歌朗诵大赛

为丰富同学们的课余生活,提高大家学习英语的积极性,营造良好的英语学习氛围,软石英语俱乐部举办了英文诗歌朗诵大赛。活动面向全校,吸引了众多选手的参与。

5月18日下午,软石英语俱乐部英文诗歌朗诵大赛在学术报告厅拉开了序幕。

此次朗诵大赛经过两次选拔后,有10名同学从150多名参赛者中脱颖而出,成功晋级决赛。经过两周的精心准备,10位参赛者为大家带来了一首首精彩的诗歌朗诵。

优美的音乐,丰富的情感,动人的语调,精彩的句子,让现场所有的观众都沉醉在了诗歌的魅力中。经过精彩的角逐,最终张晓满、顾颖圣洁同学获得了一等奖;陈晓晓、刘雅丹、肖剑同学获得二等奖;刘思杞、李桢妮、毛铂文、何露、周灵洁同学获得三等奖。

孔子云:"不学诗,无以言;不学礼,无以立。"通过诵读诗歌,引领我们探索诗歌之美、语言之美,从而激发心灵之美、人性之美、生命之美。通过诵读诗歌,我们可以和诗人对话,去品味百态人生,感受诗意生活,提升审美情趣和文学素养。

图2-16 英文诗歌朗诵大赛

金德敏副校长，交流中心汤小兰主任，陈娟副主任、英语学科主任刘尧老师，高一、高二年级英语教师以及特邀外籍教师 Randy 莅临现场为参赛同学加油。

此次活动秉持着弘扬优秀校园文化，激发爱国热情的宗旨。在活动过程中，参赛选手才华横溢、深情演绎的朗诵博得了评委及观众的阵阵喝彩与掌声。大赛最后在满堂彩中圆满结束。

英文诗歌朗诵比赛的开展，无形中增强了同学们参与学习的意识，让同学们能进一步感受到学习英语的魅力，比赛也为同学们今后在英语学习中提供了方法，增强了学习英语的信心。活动在全校范围内营造了一个良好的英语学习氛围，有效地促进了学校的学风建设。

（二）社团建设成效

开展英语俱乐部课外活动，主要有三个目的：一是丰富学生的英语学习资源；二是提高学生学习英语的兴趣和信心；三是为尝试新的教学策略，如情景教学、小组合作、任务型教学等提供实验园地。总体来看，俱乐部活动取得了以下成果：

第一，主题活动与学生已有知识相衔接。 英语俱乐部活动时间有限，活动最频繁时也只是每周一次，其基本形式是主题活动。主题选编力争贴近学生的生活经验和兴趣，联系当前的热点话题，并参考《英语课程标准》和教材，了解学生已学过的相关词法和句型，努力做到与教材衔接，但并不简单重复，侧重于让学生运用已学的词汇和知识表达自身的感受和观点。另外，还会根据学生程度适当扩展词汇和知识。

第二，突出情景性教学。 活动设计主要采用情景交际性教学和任务型教学的方式，即围绕主题创设一个或两个情景，使学生面对一个需要用英语去完成的展示或交流任务，在表达和交际中学习英语，还原语言的工具性和交际性。如，在绘制自己的家谱和介绍家庭成员中学习运用词汇和句型。

第三，提高学生参与性，强调教学人文性。 这是本活动最核心的原则。为了让每个学生都有表达机会，教师常常组织小组活动，并安排组间竞赛，激发学生参与和表现的欲望。而且，活动的设计还特别注重趣味性，将形式多样的游戏融入其中。另外，活动中强调激励性评价。有些学生的基础较差，表达中出现错误较多，如果逐一纠正，就会中断表达和交流，势必影响学生的兴致和参与热情，也不符合循序渐进的语言学习规律，所以，教师始终以激励学生多参与、大胆表达为原则，以培养学生的积极态度和情感为目的，把实现教学的人文性功能放在核心的位置。

第四,以音乐或短剧等多种形式作为学习英语的载体。根据已有的英语教学经验,音乐等艺术表演形式的融入对英语学习有促进作用。为此,几乎每次主题活动教师都组织学生学唱一首英文歌曲,而且学校多次组织学生排练和表演英文短剧,收到了很好的效果。

三、物理实验制作与创新社团:科学精神的孕育

为了适应国家新课程改革的要求,更好地丰富学生的课余生活,培养学生的创新意识及能力,促进学生综合实践能力的发展,提升学生的核心素养,学校在教师成长中心的牵头下,以高中物理学科教研中心为主导,于2013年在学校已有学科教学教研特色的基础上,进一步成立高中物理实验制作与创新社团,并以此为载体,开展并开发了一系列相应的特色化培训课程和校本学习教材。

(一)社团的建设与规划

首先,在社团成立与建设之初,指导教师精心讨论并制定了社团的服务宗旨、发展方向及详细的工作安排。

1. 指导思想:展学科魅力,促学生发展

物理学是一门以实验为基础的学科,学生在实验中学习知识。因此,指导教师按照新课程改革标准要求,根据学生年龄特点,设计出丰富的实验探究课程,并通过教师的组织和引导开展实践探究活动,使学生更加深入地去了解科学常识,增强对科学研究的兴趣,促进学生全面发展。

2. 工作中心:培养学生的科学精神与实践创新能力

社团所设计的各项课外教学实践活动,均是以教师指导下的学生活动为主,通过观察、实验和自己动手操作,以及在实验中的相互协作中来完成,以希望通过这种方式,培养学生的科学实验能力、观察能力和乐于与人合作的能力,从而形成科学的认知方式和科学的自然观,并丰富他们的课余生活,发展个性,开发创造潜能。

(二)社团的工作与活动

为更好地落实与有效地开展活动,社团制定了两个目标:促进学生综合素质的发展、增强教师教学科研的能力。主要培训课程分为三条主线进行:

1. 物理实验教具的维护与制作

高中物理实验制作与创新社团以高中物理实验为基础,在实验仪器的制作、设计及创新中,进一步深入学习高中物理实验的有关理论、方法和技能,以提高学生的实验

素养,激发学生实验设计、制作的兴趣和热情,增强学生的创新意识,培养学生实事求是、严谨认真的科学态度,发挥学生的学习实践能力。

学校将每周二下午第四节课定为社团活动课,在该项活动中,同学们在社团老师的带领与指导下,完成了如"动量守恒仪""打点计时器"等多个实验器材的维修工作,在为实验老师减轻工作负担的同时,也很好地锻炼了学生的动手动脑能力,并通过大家的努力,让学校的这些废旧物品重新摆上了讲台。

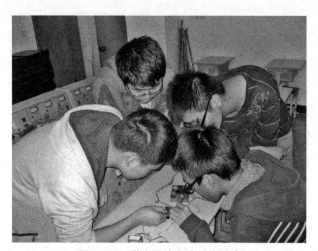

图 2-17　学生课外实验制作活动

同时,学生在具体的实践活动中,也进一步激发了自己的创新能力,并在老师的指导下完成了相关实验教具的设计与创新。表 2-1 为近几年来社团学员所设计、创新并制作完成的主要作品:

表 2-1　社团学员作品表

作品名称	发明者	指导教师
磁悬浮振动仪	夏瑶	夏国祥
防溅拆装式鞋跟	张愚	夏国祥
公交车到站提醒系统	简东　张渝强	叶千
简谐运动记录仪	夏国祥　王亚萍	
随时随地除脚臭	简东　张渝强	
一体化反冲装置演示仪	谢思屹	蒲皖岳　杨天才
一体化气垫导轨	瞿于超	

图 2-18 一体化气垫导轨

2. 科学实验创新意识培训与技能指导

在该项活动的设计中,指导教师基于高中学生的基础,对学员进行了创新方法、创新意识及相关知识的培训。学生在社团老师的带领下,积极参加各项竞赛活动,在这一过程中应用知识,锻炼能力,体会收获的喜悦。

图 2-19 航空模型的制作

通过系统的课程培训以及社团团队的指导,学员参加了如中学科技模型竞赛,中学信息技术与创新活动、青少年科技创新大赛、3D创意设计大赛等丰富多彩的科技竞赛活动,并在活动中取得了优异的成绩。

3. 科技小论文的学习与写作

"科技小论文的学习与写作"是结合学科教育特点,为喜欢研究科学的孩子们所开设的一个课外学习科学知识、提高科学研究能力的空间。教师结合课本教学内容,为学员介绍了丰富的课外知识,借此培养学生热爱科学的兴趣,开拓了学生的视野。在教师的指导下学员完成对科技学习与实践的科技小论文的习作,并对其中有价值的科技小论文加以拓展研究,形成小的研究课题或申报对应的专利。

(三) 社团的收获与发展

在面向教师的问卷中,课题组设计了"您认为学生在参加学校开展的各项活动之后,学习成绩是否有所提高?"的题目,17.77%的教师认为"提升较大";41.74%的教师认为"有所提升"。

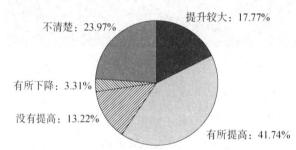

图 2-20 您认为学生在参加学校开展的各项活动之后,成绩是否有所提高?(教师卷)

高中物理实验制作与创新社团通过活动使学生了解物理知识在日常生活、国民经济和高科技中的重要地位与作用,既使学生能发挥特长、开发智力、开拓视野、启迪思维,又大大增强了学生对科学研究的兴趣,丰富了他们的科学知识,培养了学生的科学实验能力、观察能力,以及分析问题、解决问题的能力,为以后的物理学习打下了良好的基础。

同时,社团学员也在各级比赛中收获颇丰。2014 年 05 月,学生荣获大渡口区科技模型比赛(木结构模型)竞赛一等奖;2014 年 12 月,学生荣获大渡口区科技模型比赛(投石机模型)竞赛一等奖;2015 年 05 月,学生参加重庆市第 13 届"中学信息技术创新与实践活动"大赛分别荣获一、二等奖;2015 年 07 月,学生参加全国第 13 届"中学信息技术创新与实践活动"大赛再次荣获一、二等奖;2016 年 05 月,学生参加重庆市第 14 届"中学信息技术创新与实践活动"大赛荣获一等奖;2016 年 07 月,学生参加全国第 14 届"中学信息技术创新与实践活动"大赛再次荣获二等奖;2017 年 10 月,学生参加全国第 15 届"中学信息技术创新与实践活动"大赛再次荣获一等奖。自社团课程活动开展以来,社团学生参加全国竞赛获一等奖 6 人,二等奖 8 人,区市级竞赛获奖近

100人次,指导国家实用新型专利100余项。

在学科社团课程建设的同时,社团的每一位老师积极参与其中,也促进了自身的发展,无论是在教学专业素质,还是在科研实践水平等各个方面都取得了明显的进步。近几年里:杨天才老师被重庆市人民政府授予重庆市"先进工作者"荣誉称号,并被破格评为正高级教师。刘复禄、曹小旺、李昱老师被评为重庆市骨干教师,崔勇、李昱、甘地润老师被评为大渡口区骨干教师。杨天才老师参加重庆市基础教育高层次人才高级研修班;崔勇老师参加重庆市大渡口区高级教育人才及后备人选研修班;李昱老师被聘为区高2014级高中物理学科指导老师,并获区年度考核优秀;社团老师参加市级优质课比赛,有三人获重庆市一等奖,两人获重庆市二等奖。其中熊建波老师在工作第二年参加重庆市青年教师优质课大赛获一等奖。

第五节 制度保障与实际成效

重庆三十七中以"自得"为核心的学校文化,引领自得教育体系,坚持在尊重学生个体差异的基础上,以科学的方式评价学生,培养学生不断超越自我、全面发展的内在追求,体验多彩生活,成就精彩人生。

一、立足多元评价,激励学生成长

德育评价是评价者依据一定的评价标准,运用科学的方法和手段,系统地收集信息,对德育活动及其效果所进行的在事实基础上的价值判断的过程。德育评价是学校德育管理工作的重要环节,也是实现学校德育目标的基本保证。任何学校要实现办学特色和达成学生培养目标,都要运用评价这一不可缺少而又十分重要的导航标。

重庆三十七中依据学校自身的办学特色与学生培养目标,建立了完善的校本化学生评价。学校充分尊重学生的差异,立足多元评价,积极探索出了发展性德育评价机制,激励学生发现自己的潜能,看到自己的进步,证明自己的进步。

(一)勇于改革创新,完善评价模式

学生评价就是对学生的综合素质,或某一个方面作出价值判断的过程。就评价目的而言,评价旨在从学生的层面上,使他们了解自己的发展现状,发掘自己的潜能,促进自己的发展;从学校的层面上,学校在评价学生的过程中反思办学的传统、特色、理念、策略与方法等,从而为学生提供更好的教育。如何对学生进行评价,一直是学校发

展和教育改革的核心问题之一。

学校注重评价主体多元化、评价方法多样化,以及评价过程全程化,实施全方位的评价体系,完善了学生评价机制。

1. 原有的评价体系中存有不足

素质教育要求学校改变传统的教育观念和评价方法,树立以学生发展为本的理念,运用评价,积极创造适应中学生的教育,并根据学校条件,重视发挥办学特色、学生培养目标在学校评价过程中的改进、导向与激励功能。总之,办学特色和培养目标决定了学生评价的模式、内容和方法,评价又是发展特色、实现目标的重要手段。也就是说,学校的特色和学生培养目标要有相匹配的学生评价体系。

为了实现"自得教育"的特色教育,学校必须设计相应的评价体系。重庆三十七中对当前德育评价存在的不足进行了深刻的总结与反思,概括出三方面的问题:

(1) 德育评价内容偏失。这主要表现在两个方面,一方面是传统的德育评价注重道德知识的灌输和行为的训练,忽视学生的真实感受和体验,不注重培养学生的道德推理和思辨能力,无法建立起统一的道德认知、情感和行为,也无法深化并巩固德育效果,因此造成思想与行为的游离,知行脱节。另一方面是偏重对学生道德结果的评估,忽视了对于德育过程的评估。只有为学生提供全方位的、科学化的、有针对性的、有实效的德育活动,才有可能获得良好的教育效果。

(2) 德育评价方法简单化。传统的中学德育评价通常使用操行评定和考试相结合的方法,还有的学校对学生品德评价采用积分制,罗列一系列具体的行为,学生出现了相应的行为或达到要求,就能予以加分。这种等级评定或者记分的评价方式使复杂的、动态的道德发展过程简化为一种终结性判断,并且成为了评优的重要依据。但实际上,德育本身的特殊性使其并不适应于这些评价形式,这种简化的评价方式为评价工作乃至学生的品德培养与发展带来了更多的问题。

(3) 德育评价主体单一。当前中学德育低效的一个重要原因是,在道德教育实践中有很多方面忽视了学生的主体性。在学生德育评价中,教师扮演的是绝对权威,学生属于被动接受者的角色,根据评价者的指令被动行事,学生的人格尊严和主体性得不到应有的尊重。为了获得一个好的等级或者分数,学生甚至产生伪善行为,带来更大的负面影响。

以上评价中出现的这三个问题,究其原因,主要是学校对评价的目的与功能认识不足,眼光比较狭隘,关注更多的是可量化的学业成绩,缺少对学生思想品德、个性特长等方面的评价。这种单方面的评价实施得越久,对学生造成的影响越大,因为教师会以这样的评价指标来对学生作出判断。学习好的学生会把更多的时间投入到学习中,以保证获得优秀的学业评价,这样势必会减少时间来培养自己的其他兴趣;而不爱学习或者是学习成绩较差但有其他特长的学生会因为缺少鼓励与教师的关爱而自尊心受伤,不仅会产生厌学心理,而且不利于其健全人格的养成。

2. 制定评价实施的原则

(1)可行性。可行性原则具体表现在德育评价体系的可操作性上,是指构建的德育评价体系必须在使用的过程中具有可行性,能够为德育评价工作者实际应用,并且能客观公正地反映德育工作的实际效果。因此,在构建德育评价指标体系时首先要考虑到的是评价体系尽量精简,尽可能地优化,从简评价指标的数量。虽然指标越多越细一定程度上代表着对评价对象的认识就能更具体,但也并不真的越多越好,有时繁杂的指标降低了可操作性,而失去了操作性也就难以真实客观准确地反馈德育工作的进程和效果。但评价指标也不能过少,一旦过少了,又不能真实客观地反映被评价对象的整体和实质,进而导致评价结果缺乏客观科学性。因此,若能够保证评价体系的指标数量已经全面客观反映德育评价对象的整体,就可以尽量减少其余可有可无的评价指标的数量;二是构建德育评价指标要从评价对象的实际出发,借以提高德育评价指标的区分力;三是评价体系的标准要避免抽象空泛的概念化条文,应该具有实际的可操作性,评价的方式也要在充分考虑到学生个体发展水平,以及学生间发展差异性的前提下,不仅能够使用便捷,而且更为大多数学生和教育工作者所认可和接受。总之要能更为准确、客观、公正地反馈德育工作的进程和实效。

(2)综合性。综合性原则就是指评价不仅仅是关注结果也应该关注过程。例如在构建评价体系时注重质的评价和量的评价相统一,结论性评价与过程性评价相结合。质的评价关键在于"质",强调的是对被评价的事物的本质属性从客观、整体、系统的角度上进行抽象的分析和总结,对评价的对象一般不作出具体、量化的分析,只在事物的性质、本质等方面作出总结和评价。德育评价中倡导的质的评价是指在评价的过程及结果中,对被评价的对象的德育效果方面,进行定性的分析。量的评价则关注于对被评价者的实际发展水平用精准的数字表现出被评价者在数量上的发展情况,一般都是采用一定的数学方法对被评价者进行考核、估量和鉴定,以数量的形式将评价结果展现出来。这种评价方式得出的结论一般来说能够比较客观地展现事物,有一定的科学性和说服力,但运用到对德育评价的测量上还是有不足和局限的,因为并不是所有的客观存在的事物都能用具体的数字来进行测量的,包括学生的思想道德,它本身就具有不可触摸的性质,并且学生的思想道德整个过程都呈现出一个动态变化发展的形式,仅仅用数学的方式确实难以对其进行科学客观的考核和分析。构建德育评价体系必须做到在量化的基础上作定性的描述,坚持"质""量"相结合的评价原则,以质的评价分析为主,辅以量的评价分析,才能给出更科学客观全面的评价结论。

(3)层次性。首先,层次性原则旨在强调人的心理、生理等各方面的生长有其自身的特殊性,在构建德育评价体系的过程中,要落实层次性原则,就必须做到:德育评价以德育目标为指导和标准,全面评价、尊重评价对象。学生在不同的年龄层次、学龄阶段,生理和心理各方面的发展状况都有所不同,如果用一个固定的德育评价体系去对各个年龄阶段、不同发展水平的学生进行无差别的评价,极其容易造成评价结果的不科学、不公正,容易过高或者过低反馈德育工作的效果,也会导致学校、社会甚至是学生自己对自身心理、思想、行为素质等方面的错误判断,过分高估自己或者低估自己,产生各种负面心态和行为。此外,正因为层次性这一重要的原则,要求在构建德育评价体系时还要注重各年级互相衔接的德育评价体系,保证各学年、各学段之间的德育评价体系不会出现断层、衔接不上的问题。

(4)动态性。动态发展性评价,是把评价对象放到其整个发展过程中来进行考察,通过一定的时空背景和环境背景了解对象过去的、当前的发展状况,借以分析其未来的发展趋势,从动态发展中对其作出符合实际的评判结论。动态发展性评价能够更全面、更深刻地反映对象的真实,但很难把握。所以,德育评价中运用静态性德育评价的同时也应该要更注重与动态性德育评价相结合,保证德育评价的科学客观。坚持动态发展性原则就是为了能更好地通过评价环节全面了解学生在行为习惯、情感认知、理想信念等方面的现状和水平,以更好地帮助学生促进德育各方面的全面发展。当然,动态与静态是相对而言的。德育评价不单是为了判断、甄别、选拔,关键在于了解学生哪些德育目标已经达到,哪些德育目标尚未达到,哪些方面还存在问题、需要改进等信息,及时掌握学生的德育动态,发现德育过程中存在的问题与不足,了解学生德育发展的需求,从而改进德育活动,帮助学生认识自我、端正态度、树立信心,使学生达到应该达到的德育发展水平,促进学生全面均衡的发展。

3. 设计评价方案与实施

(1)倡导多元化的德育评价方式

一是学生自评展现个性。注重评价中学生主体意识的培养和发挥,提倡自我评价与自我欣赏,使学生认识自己、发展个性、展示才能,让学生正确评价自己、约束自己。评价内容涉及全面,不仅有学科知识,还涉及文体、实践等多种因素,让学生结合自己的日常行为习惯,对自己作出中肯评价,发现优点,查找问题,改正不足。

二是学生之间的互评重视团结合作。同学之间的关系很微妙,不仅可以是学习中的伙伴,更是生活中的朋友,积极培养学生的团队意识、合作意识,鼓励学生之间相互了解、相互交流、相互评价,既能帮助教师客观公正地对学生进行德育评价,同时更有利于加深学生之间的团体意识,形成团体合作观念。

三是教师评价彰显德育魅力。教师对学生的德育评价不再仅仅以学习成绩为主依据,而是根据相关德育工作的目标及要求,对不同学段学生的行为习惯、道德品质、心理素质等进行综合评价,挖掘学生潜能,让学生从教师的评价语中感受到老师的期望,达到教师与学生情感上的真诚交流。

四是学校评价创造良好的德育环境。对处在学生时期的青少年而言,学校可以说是除了家以外的第二个港湾。学校评价的好坏、客观和公正与否直接影响学生日常生活和学习环境,进而影响学生校园生活的心态。让学生在学校和班级能够真正找到归属感,是学校德育评价的责任之一。

五是家长以及其他相关人员评价鼓励学生的成长。作为孩子的人生启蒙师,父母对孩子的了解也最为深刻,孩子所获得的教育是否有效,是否令人欣喜,家长也最有发言权。家长评价重视学生的自理能力、自立能力及立足社会的能力,恳切的评语会贯穿着孩子成长的历程,对孩子具有极大的鼓舞作用。

(2)着力构建德育评价体系网

由学校、家庭和社会三方面构成的德育评价整体能给学生身心健康的发展提供一个强有力的保障,而只有不断地更新教育理念,整合协调各教育资源,改革教育管理体制才能真正构建以这三方面为基点的德育评价体系网。当前我国德育评价体系构建所面临的困境,更加突显出构建一个学校、家庭和社区三结合的德育评价网络体系十分必要。

重庆三十七中在德育评价体系中着力构建"三结合"的评价体系网,用以下三种模式进行分层分工构建:一是"以校为本",以学校为德育评价的引领者;二是"以社为本",以社区为德育评价的引领者;三是"以家为本",以家长、学生家庭等为德育评价的引领者,设立家长委员制以更好地促进学生德育评价活动的开展。各个家庭、教育机构、学校和有关社会人员共同结合构成一个有机整体德育评价网络,其中家长委员在其中起主导作用,努力构建一个"学校德育为主体,家庭德育为基础,社会德育为依托"的德育工作新格局。其次,充分整合学校、家庭、社会的德育资源,形成强有力的教育合力。在构建"三结合"德育评价体系网的实践中,努力保证全面和协调性,各种模式要互为补充、同时并用,保证学校、家庭、社会的德育评价方向的一致性,促使德育效果达到平衡和统一,着力帮助学生得到更好、更长远的持续发展。

(3) 使用灵活多样的德育评价方法

学校在德育评价中遵循"五个坚持":坚持评价中实行以定性分析为主,综合运用定性与定量评价相结合的方式;坚持动态与静态相结合的评价方式,从横向和纵向进行全面的比较、分析,以达到评价的可持续性发展;坚持终结性评价与形成性评价相结合,以形成性评价为主;坚持校内与校外评价相结合,做到既有学校各教育工作者以及学生个体的评价,又有学生家长甚至是其他社会各界人士的评价,努力实现评价方式的开放性、完整性;坚持诊断性与鉴定性评价相结合,力争形成全方位、科学的评价体系,真正落实全面评价的要求。

(4) 做到知行合一的德育评价方式

德育实践评价的重要地位不能忽视。当前中学德育评定方式大多仍沿用应试教育的科目考试方式,如果一味注重德育教学成绩的量化型指标,容易导致德育教育偏离其"一切以学生全面发展为首"的根本目标,无法全面客观反映学生的道德品行。为此,学校纠正以往那种以考试分数定学生德育好坏的唯一标准,更多地重视推进学生的德育实践,将课堂教学评价与实践活动评价、过程性评价与结果性评价结合起来,综合全面客观地评价学生的德育实效。

重庆三十七中尝试通过鼓励学生参加各种道德实践活动,观察学生的积极性、主动性,客观地评价学生的品德发展水平,或者通过有意识地对学生的日常行为进行记录和监督,对学生所获得的奖励、所受到的批评加以记录,建立品德成长档案袋,为学生的日后进行德育评价提供依据。

二、科学评价有效,硕果成就彰显

重庆三十七中根据自身的办学特色与精神文明,集全体师生的智慧与创意,践行"自得教育"的校本德育理念,配套开发了发展性德育评价机制。学校立足多元评价,不仅评价主体多元,而且评价方法多样,兼顾学生共性又照顾学生个性,激励学生全面成长。

（一）学生德育的制度保障

1. 保证培养目标的落实度。办学特色和学校培养目标对学校整个德育活动起着导向与控制的作用,学校通过评价把德育要求具体化、条理化,使学生能够学习有榜样、行为有规范、发展有方向、自我检查有依据,从而促进办学特色和学生培养目标的实现。

2. 保证评价主体的多元化。通过各科教师、家长这些最了解学生的关系人进行评价,保证学生评价的真实性和权威性,增强了教育评价过程中评价者之间,以及评价者与评价对象之间的互动。

3. 保证评价内容的全方位。年度人物评选活动,从内容上涵盖了做人、学习、生活、创新四个维度,保证了评价的广泛性。它采用的是综合性评价,就学习方面而言,不但看成绩、看结果,还要看实践运用、科学探究,还包括强身健体、艺术欣赏等多个方面,即不再只重智育而忽视其他方面,更关注个体的进步,重视培养多方面的兴趣爱好,有效地促进学生的全面发展。

（二）学生德育的满意度较高

在对学校开设的各项活动进行满意度调查时,参与调查的学生中有1 025人选择了"满意",占总人数的51.98%;有890人选择了"比较满意",占总人数的45.13%。说明学校开设的德育活动基本符合学生的需求,学生对活动开展的满意度较高。

在评价学校开设的德育活动的效果时,参与调查的教师中有133人认为"效果明显",占总人数的54.96%。

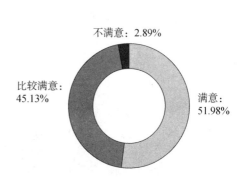

图2-21 你对学校开展的各项活动是否满意?（学生卷）

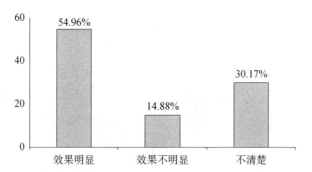

图2-22 对于学校开设的德育活动,您认为效果怎么样?（教师卷）

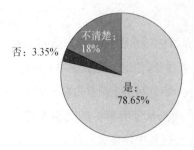

图 2‑23　您认为学校开展的各项德育活动是否有利于全面发展？（学生卷）

在"您认为学校开展的各项德育活动是否有利于全面发展？"这一问题中，认为"是"的学生有1 551人，占78.65%。调查结果显示，多数学生对学校德育活动的育人效果表示肯定，并且认为德育活动的开展有利于自身的健康成长和全面发展。

课题组进一步设计了"您认为自得教育对学生哪方面影响最大？"的题目，37.91%的教师选择了"增强自信"；31.4%的教师选择了"学会合作"；28.93%的教师选择了"开阔视野"。

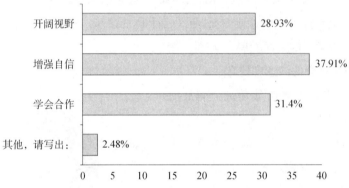

图 2‑24　您认为自得教育对学生哪方面影响最大？（教师卷）

学生在评价自己"与其他同级学校的学生相比，你认为自己最大的优势在于什么"时，给出了他们的答案。如图 2‑25 所示，29.31%的学生认为我校的学生跟其他同级学校学生相比最大的特色在于"基础扎实"；其次是 26.06%的学生认为是"全面发展"；认为"视野开阔"与"特长明显"的各占 27.54%与 10.45%；仅有 6.64%的学生选择了"其他"。

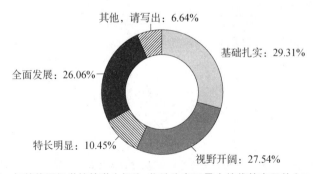

图 2‑25　与其他同级学校的学生相比，你认为自己最大的优势在于什么？（学生卷）

从调查结果可以看出，在学生眼中，重庆三十七中相比其他学校最大的特色主要集中在"基础扎实""视野开阔"与"全面发展"三项。这恰好证明了学校不仅注重学生的学业成绩，而且关注学生除学习以外的其他表现，如思想品质、个性特长等。如果只有共性的教育，最后的结局只能是单一与死板，而关注差异的评价，才能保护学生的个性，才能"和而不同""求同存异"，最终实现学生的全面发展。

（三）学生德育的硕果累累

用脚步丈量青春，以"自得"助力成长，借改革推动发展。得益于"自得文化"引领下的"自得德育"办学特色的积极探索与有效实践，三十七中的德育工作更加专业化、规范化、实效化。

教师的育人能力、课程开发能力和教科研能力显著增强，参与多个市级课题研究，多篇论文公开发表获国家、市级一等奖。学校拥有5个大渡口区"三名"工程工作室：伍平伟名校长工作室、唐家龙、曾凡科、甘露名师工作室、莫能芳名班主任工作室。莫能芳名班主任工作室被评为重庆市班主任工作室。2018年，学校在各类优质课大赛中获得全国一等奖1人，市级一等奖4人，基础教育论文比赛一等奖11人，"一师一优"课部级优课3节，市级优课10节。

学生的七维素养得以养成，获得了全国"最美中学生"称号、重庆市青少年科技创新市长奖提名奖、第二届"学宪法讲宪法"重庆赛区决赛一等奖、大渡口区首届"孝善之星"、2018年重庆市新时代好少年、宋庆龄奖学金等荣誉。学生的个性特长得以发展，在第15届全国中学信息技术创新与实践活动中，学校参赛作品"读书伴侣"，荣获全国一等奖；初中女足队员参加2018年"谁是球王"新时代杯全国青少年校园足球大赛勇夺全国总冠军；武术队在2018年重庆市大中学学生武术比赛中，勇夺初中组男子团体之冠，收获单项金牌7枚、银牌8枚、铜牌3枚的辉煌战绩，另获中学组武术体操集体项目之冠。学校三叶合唱团获重庆市中学合唱艺术展评活动一等奖；在"快乐阳光"重庆市第十二届高中生才艺大赛中，学生获声乐类民族唱法一等奖和器乐类一等奖。学生在学习成长中更加快乐和自信，进入高一级学校后表现出了极大的发展潜力。学校在区域内形成了辐射效果，区域影响力和美誉度不断提升。

德育是素质教育的灵魂，德育工作是学校永恒的主题。今后，三十七中将继续深入推进德育校本课程体系建设，建立并健全德育实践和研究机制，不断提升德育课程理论研究水平，着力培养德育特色，打造德育品牌学校，塑造具有责任意识、自信意识、合作意识的自主发展型人格的一代新人，从而推动素质教育的整体发展，不断提升办学品位,办好人民满意的教育。

教育在于激励、唤醒和鼓舞。贴近学生、贴近生活、贴近时代将是立德树人不变的途径。唯有如此,方能育文明的人、创新的人、高尚的人、大写的人。无奋斗,不三十七。无论是37公里徒步行,还是自得德育体系的探索,抑或是教育改革创新的实践,重庆三十七中将永远在路上,也定当不负"自得"。

第三章　体验与成长：自得教育的课程建设

课堂是学生学习、教师教学的场所。学校必须尊重每一个学生的个性差异及创造性，立足于课堂，不断丰富完善课程体系，因材施教。在多年的办学实践中，重庆三十七中致力于自得教育体系的建设，在课程方面作出了探索和改革，建立了自己的自得教育课程体系。

第一节　自觉与和谐：自得教育的课程概况

重庆三十七中课程体系的建设，有其深刻的理论基础和实践基础。学校在自得教育理念的引导下，构建了"三向七维"的自得课程。

一、237：自得教育课程建设的思想基础

"237"是重庆三十七中建立自得课程的思想基础，目标指向德行的养成，符合21世纪教育改革趋势，以"教""育"人。

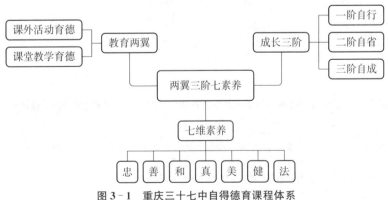

图 3-1　重庆三十七中自得德育课程体系

"237"内涵丰富,接下来将进行详细的介绍。

(一) 阵地:"2"——教育两翼

2019年6月19日,国务院办公厅发布《关于新时代推进普通高中育人方式改革的指导意见》,提出"统筹推进普通高中新课程改革和高考综合改革,全面提高普通高中教育质量","突出德育时代性,坚持把立德树人融入思想道德教育、文化知识教育、社会实践教育各环节","强化综合素质培养,改进科学文化教育,统筹课堂学习和课外实践"。① 根据新时期普通高中育人方式改革的号召,三十七中不断进行探索和改革,建立了突出课堂内外教育的育人课程体系。

"2"即两翼,是重庆三十七中自得育人的主要阵地,包括课堂教学和课外活动。课堂教学,必修课杜绝情感态度和价值观的模糊与弱化;选修课注重满足学生兴趣,发展一至两项某一方面的才能。课外活动,以实践为主线的德育活动,施行全面德育、全员德育。将家庭、学校、社会中的德育进行有机结合,自然渗透,发挥最佳的整体功能。

将"活动"纳入课程计划,解决了活动课的地位问题,为全面实施活动课程提供了保证。提高活动课的地位,标志着新的现代课程观的树立。这不仅是课程观念的突破,而且是向素质教育转轨的重要举措。总体上得到改善和优化的课程设置,体现了贯彻党的教育方针、落实培养目标的全面性。这一举措还发展和丰富了基础教育的内涵,反映了我国对提高国民素质的全面要求。②

在调查中当问及教师"您认为自得教育与学校开展的各项活动之间的关系是怎样的?"得到如下统计结果:

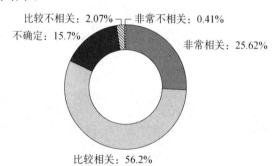

图3-2 您认为自得教育与学校开展的各项活动之间的关系是怎样的?(教师卷)

---

① 国务院办公厅.关于新时代推进普通高中育人方式改革的指导意见.http://www.gov.cn/zhengce/content/2019-06/19/content_5401568.htm.
② 严淡如,金卫雄.新型活动课程指导[M].南京:南京大学出版社,2000:22.

数据显示,56.2%的教师认为是"比较相关的",25.62%的教师认为是"非常相关的",剩下的教师持"不确定"或"否定态度"。也就是说,重庆三十七中将近82%的教师已经认识到学校的各种活动在培养学生和促进学校自得教育建设方面的重要作用。

另一方面,学校积极倡导家校合作,实施全员育人。教育的目的是让孩子更好地发展,孩子的发展必须建立在一个良好的学习环境氛围之中。在决定孩子成长道路不同的诸多因素中,家庭和学校是最重要的,教师与家长之间的和谐相处起着重要作用。苏联教育家苏霍姆林斯基说:"只有学校教育而无家庭教育,或只有家庭教育而无学校教育,都不能完成培养人这一极其细致、复杂的任务。最完备的教育是学校与家庭的结合。"朴素的语言告诫我们,如何将两者更好地结合,发挥家校的教育合力,对孩子的健康发展具有重要的意义。家校合作能更好地促进青少年的健康成长。家校合作的目的是孩子的健康成长,让孩子充分享受来自老师和家长的关怀,以及教育给孩子带来的欢乐。苏霍姆林斯基曾把学校和家庭比作两个"教育者",认为这两者"不仅要一致行动,要向儿童提出同样的要求,而且要志同道合,抱着一致的信念"。由于家庭的千差万别,家长对教育子女的目标、成才的观念各不相同,因此家长对子女的教育理念也不相同,所以家庭教育必须在学校教育的配合下,正确引导和支持鼓励孩子成才,让孩子健康成长,成为有用之才。①

(二) 途径:"3"——成长三阶

成长三阶的设立与区分深深植根于自得文化,包括自行、自省和自成。从哲学的角度,"自得"所呈现的意义主要有这样几点:一是拆除名言概念之障蔽的亲身体验性;二是"鸢飞鱼跃,其机在我",高扬自我的主体性;三是"文章自得方为贵",张扬个性,出之于自我的创造性;四是"反身而诚"的反思性;五是"与万物浑然一体"而又洞照其间的意向性。我们于自得文化中提炼出符合学生身心规律的三个成长阶段,以求学生循序渐进、不急不躁、自然而然地成长。

一阶自行,以体验为基石。生活即教育。教育者不断搭建平台,创设场景,还原生活;邀请、鼓励学生走出校园,走进城市乡村,走进鲜活而真实的生命状态;教育更要整合家庭、社区资源,让学生在可感、可知、可触摸的生活情境中去体验、去磨砺、去陶冶、去丰富、去思考、去争辩、去合作、去成长。

---

① 张坤霞.家校合作教育研究[M].徐州:中国矿业大学出版社,2009:2.

二阶自省,以唤醒为要义。教育的本质是唤醒。教育,意味着一棵树摇动另一棵树,一朵云追逐另一朵云,一个灵魂唤醒另一个灵魂。不要期望十五六岁的孩子能够如成人一般每日三省,所以借助外力完成自我反思、自我提升是中学生思想进步、品质锤炼、心理成熟的重要途径。以制度执行、榜样引领、奖惩结合为主要载体,培养学生的行为规范、道德观念和价值取向。

三阶自成,以成长为方向。成长包括身与心的成长,世界观、人生观、价值观的成长,理想信念的成长,民族精神与时代精神的成长,传统美德的成长。成长是一个点,是自行自省的必然结果;成长更是一个过程,伴随着自行自省的全过程。

(三) 目标:"7"——七维素养

两翼三阶是育人立人的方法,七维素养则是育人立人的目标。结合《国家中长期教育改革和发展规划纲要(2010—2020年)》和教育部关于中学生核心素养的讨论稿,围绕自得文化关于育人立人的核心要求,联系重庆三十七中的历史传统与地域特征,着力培养学生七个维度的素养,分别是:忠、善、和、真、美、健、法。七维素养,是对学生的普遍要求,但不否定学生在其中某一个方面的个性化发展。

素养一,"忠"。古人谓:忠者,德之正也。惟正己可以化人,故正心所以修身乃至于齐家、治国、平天下。而尽忠者,必能发挥出最大的智慧和才干,因为公生明,偏则暗。重庆三十七中开创之初,便是为了要办成"全市第一所为工农子弟开门的学校",具有浓浓的家国情怀。我们的学子大多来自重钢,长江之滨的重钢,在见证中华民族由弱到强、钢铁工业由小到大悲壮历史的同时,也锻造了攻坚克难的钢筋铁骨,谱写了浴火重生的壮美诗篇。为此,我们把"忠"定义为七维素养的第一素养。忠就是精忠爱国,旨在让学生了解国情历史,维护民族团结、社会稳定和国家统一;热爱祖国,认同国民身份,对祖国有强烈的归属感,自觉捍卫国家尊严和利益等;热爱中国共产党,具有中国特色社会主义共同理想,有为实现中华民族伟大复兴中国梦而不懈奋斗的信念和行动等。

素养二,"善"。"上善若水,水善利万物而不争,处众人之所恶,故几于道。居善地,心善渊,与善仁,言善信,正善治,事善能,动善时。夫唯不争,故无尤。"在道家学说里,水为至善至柔;水性绵绵密密,微则无声,巨则汹涌;与人无争却又容纳万物。水有滋养万物的德行,它使万物得到它的利益,而不与万物发生矛盾、冲突,人生之道,莫过于此。在清朝道光年间,大渡口设有义渡,无偿为百姓摆渡,其乐善好施、扶危济困、重情重义的义渡精神,也由此扎根,代代相传。重庆三十七中视义渡精神为宝贵财富,将义渡精神凝练为中华美德中的"善",讲善学善传善,让义渡精神永久传承。传承美德,旨在践行社会主义核心价值观,追逐中国梦;了解中华文明,传承传统美德,弘扬优秀传统文化。

素养三,"和"。"君子和而不同,小人同而不和。"孔子的这句名言指在为人处世方面,正确的方法应该是拒绝苟同,在相互争论辩解中达成共识。在中国古代,"和而不同"也是处理不同学术思想派别、不同文化之间关系的重要原则,是学术文化发展的动力、途径和基本规律。重庆三十七中分别于2000年、2005年先后整合重庆经管学校、重钢一子中而成现在的重庆三十七中。由分歧,而碰撞、包容、和美,重庆三十七中走过了一段非常曲折的办学之路,因此格外珍惜这来之不易的局面。我们将"和"确定为学生的素养,旨在培养学生良好的人际关系和相互合作的团队精神,懂得欣赏自己更要悦纳他人。

素养四,"真"。"谨守而勿失,是谓反其真。"旨在鼓励和培养学生崇尚真知,理性思维,敢于探究与创新。

素养五,"美"。"各美其美,美人之美,美美与共,天下大同。"费孝通老先生在80寿辰聚会上,曾经意味深长地讲了这句16字箴言,旨在通过艺术的学习,学习美,感知美,欣赏美,表达美。学生要具有健康的审美价值取向,懂得珍惜美好事物,进而提升生活品质。

素养六,"健"。健,伉也。旨在身心双健,培养学生健康的体魄,健全的人格。珍爱生命,激发生命的活力与潜能。

素养七,"法"。"法不阿贵,绳不绕曲。"旨在帮助学生树立法治观念,养成自觉守法、遇事找法、解决问题靠法的思维习惯和行为方式,全面提高青少年法治观念和法律意识,使尊法、学法、守法、用法成为学生的共同追求和自觉行动。

根据这一系列素养设置的课程旨在帮助学生在"自行"中亲近自然、了解社会、认识自我,获得对客观世界和精神世界的体验;引导学生在"自省"中,形成对自然、社会、自我的整体认识,突破书本德育、课堂德育和知识德育的局限性;最终实现"自成"的自得教育。

二、三向七维:自得教育的课程体系概况

调查中当问及学生们"你了解学校'三向七维'自得教育课程体系吗?"时,得到如图3-3统计结果。

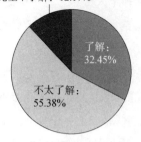

图3-3 你了解学校"三向七维"自得教育课程体系吗？（学生卷）

调查结果显示，12.17%的学生表示"完全不了解"，32.45%的学生表示"了解"，而"不太了解"的占到55.38%。这显示出学生对学校所设置的宏观课程没有一个清晰的认识。如若不能对学校课程清晰认识，就无法充分利用学校所提供的各种课程资源提升自己。因而，此次调查中所暴露出的问题，需要学校引起高度重视。必须向学生普及课程体系，才能使学生充分利用学校资源提升自己。

"三向度"是基于学术，培育个性发展特色的课程群，其中"三向度"是指：

基础课程。是学科必修课程（国家课程），按课程标准分为四个学业水平，强调基础性，以培育学生的文化基础（人文底蕴和科学精神）为目标。课程有：高中阶段必修和选修课程，初中阶段的国家课程。

发展课程。是学科选修课程（国家课程和校本课程），以丰富的课程内容助力学生实现人生方向，强调选择性，以培育学生的自主发展（学会学习和健康生活）为目标。课程有：高中阶段的选修，"小升初学法指导""初升高学法指导"等。

实践课程。分为校内实践和校外实践，有纯学科情境，也有依托社会生活的情境（参与或模拟），强调体验性，以培育学生的社会参与（责任担当和实践创新）为目标。课程有："生活中的数学""以案说理趣味学法""衣食住行见化学""区域地理考察与研究"等。

"七维度"是基于价值观，培育全人的基本素养的课程群，其中"七维度"即指第一部分所讲的"忠、善、和、真、美、健、法"七维素养。重庆三十七中根据每一素养的基本内涵，设置了对应的德育课程。具体如下：

素养一，"忠"。具体项目包括业余党团校学习、成人礼、"11·27"纪念英烈、退队仪式、新生入学礼、高中军训、升旗仪式、爱国主义基地参观（白公馆、渣滓洞、邱少云纪念馆、聂荣臻纪念馆）、重钢江南厂区参观、大渡口一日游（重钢档案馆、大渡口档案馆、大渡口步行街、大渡口美德公园）。

素养二，"善"。具体项目包括清明节家谱续写、重阳节"我给长辈做道菜"、一帮一结对励志助学、校园生命日、志愿者服务、"为了母亲的微笑"母亲节系列活动、各类捐款捐物、关爱女生节、"我们的节日"系列活动。

素养三,"和"。具体项目包括国旗班、礼仪队、跆拳道、篮球、足球、剪纸社、街舞社、合唱团、三叶树文学社、古筝队、棋社、朗诵社、机器人社团、"莎姐"法律社团、动漫社等近50个学生社团。学校与年级两级学生会建设。

素养四,"真"。具体项目包括科技节、科技体验活动、科普报告、寒假"今周我当家"角色互换活动、暑假"进城下乡"变形记体验活动、各类参观(华生园厂区、重庆周君记火锅食品工业体验园、南山植物园、重庆科技馆、重庆三峰环境产业集团、重大、重师、重邮、川美)活动。

素养五,"美"。具体项目包括艺术节、歌手赛、着装秀、班歌赛、动漫节、啦啦操、达人秀、美术摄影作品展、书法比赛、初一初二演讲、高一高二辩论、艺术素质测评、艺术欣赏等。

素养六,"健"。具体项目包括体育节、37公里徒步行、一小时阳光运动、525心理健康节、心语吧、素质拓展、远离毒品展、青春期讲座、心理剧表演、沙盘游戏等。

素养七,"法"。具体项目注重知行统一,坚持落细落小落实;要更多采取实践式、体验式、参与式等,加强政府部门、学校、社会、家庭之间的协调配合,形成校内校外、课内课外、网上网下相结合的教育合力,如法治讲座、法治情景剧、"莎姐"法律社团系列活动等。

由此可见,重庆三十七中的课程体系,尤其注重"做",强调学生实践的重要性,强调了学生在"做"中去体验、去反思,彰显学校"自得文化"的育人途径——实践育德。

将实践定为学校育人立人的主要载体。由此,学校不断搭建平台,创设场景,还原生活。通过实践走出校园,走进生活,整合家庭、社区资源,让学生在可感、可知、可触摸的生活情境中去体验、去磨砺、去陶冶、去丰富、去争辩、去合作、去提升、去成长,真正做到自悟自成,自行自得。逐步推动了实践活动的生活化、主题化、序列化和品牌化,实践课程建设丰富了自得文化的内涵,自得文化又不断引领实践课程建设的方向。

当问及教师和学生们"在'七维度'课程中,您认为最有特色的课程/你最喜欢的课程类型是?"时,得到如图3-4和3-5的统计结果:

调查结果显示,27.27%的教师认为是"善"所对应的课程;15.7%的教师认为是

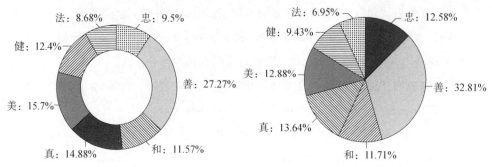

图 3-4 在"七维度"课程中,您认为最有特色的课程是?(教师卷)

图 3-5 在"七维度"课程中,你最喜欢的课程类型是?(学生卷)

"美"所对应的课程;14.88%的教师认为是"真"所对应的课程;12.4%的教师认为是"健"所对应的课程;11.57%的教师认为是"和"所对应的课程;9.5%的教师认为是"忠"所对应的课程。

对学生而言,32.81%认为"善"所对应的课程是最喜欢的;其他的选项相差没有太大,次之的是"真"所对应的课程;接下来12.58%最喜欢的是"忠"所对应的课程;11.71%的学生认为"和"是最喜欢的;9.43%的学生认为"健"所对应的课程是最喜欢的;6.95%的学生认为"法"所对应的课程是最喜欢的。

也就是说,"善"所对应的课程类型是师生所公认的比较有特色且最喜欢的课程类型。"忠"和"法"所对应的课程类型,在师生中受欢迎程度不高。因此,学校应该积极采取措施,去吸引学生对这些活动的兴趣和热情,以达到相应的教化的目的。

经过多年积极探索,"三向七维"的自得教育课程体系已经基本完成,涵盖学科课程和活动课程。其中,学科课程包含国家课程和校本课程。目前,在课程建设方面,重庆三十七中已成功申报2个创新基地、8门精品课程、7个市级课题。

第二节 区域与特色:自得教育的精品选修课程

学校从2016年春季开始在初高中起始年级全面开展选修课,2018年共设36门,选修课的建设有力地保障了精品选修课的申报,为2020年申报特色示范高中提供有力保障。到2019年6月为止,重庆三十七中一共申报了9门精品选修课。

一、精品选修课程的基本概况

近年来,校本课程发展迅速,学校形成了较为成熟的课程开发机制与模式,通过校本课程开发,促进了学生和教师的发展,形成了学校特色。而当问及学生们,"你喜欢学校开设的精品选修课吗?",得到如图3-6的统计结果:

图3-6 你喜欢学校开设的精品选修课吗?(学生卷)

很显然,89.1%的学生都喜欢学校开设的精品选修课。这为学校精品选修课的顺利开展提供了良好的学生基础。

校本课程开发的意义,在于使学校课程能够从多个层面满足学生发展核心素养的需求。校本课程和国家课程、地方课程的关联,在于它们都以培育学生发展核心素养为出发点和归宿。如果脱离了学生发展核心素养体系,简单地认为校本课程就是校本课程开发成果的一部分,从而忽视了其对于学生发展核心素养的承载功能,校本课程极有可能成为国家和地方课程内容的延伸,丧失其存在的大部分价值。现行课程标准涵盖的课程,还不能够承担起培育学生发展核心素养的全部任务,学校需要不断挖掘学科资源,努力开发校本课程以供学生进行个性化选择。[①]

重庆三十七中结合学科本身的特点,在知识传授过程中,融入"七维素养"等自得教育理念。在以教学班为单位的教育主阵地上,开发选修课程,为学生多样化发展提供专业化、个性化的教育课程选择。这些选修课既立足学科素养,又联系生活实践,拓宽学生学科视野,培养学生创造品质。重庆三十七中的9门选修课具体如下:

化学"衣食住行见化学"课程、数学"生活中的数学"课程、生物"魅力人生——生物学职业"课程、信息技术"智能硬件DIY"课程,引导学生对自然人文科学真理的不懈追求,主要体现了七维素养中的"真"素养。语文"慧心习古韵,妙手著新词"课程,重在引导学生对"美"的领悟。地理"区域地理考察与研究"课程,引导学生知识习得和积累,成于实践,忠于真理,重在体现"忠"素养。政治"以案说理,趣味学法"课程,在趣味性案例中,让学生识"法"懂"法",并在生活中尊"法"守"法"。心理学"阳光心态与潜能开发"课程旨在关注和维护学生良好的心理健康状态,体现"健"素养。

二、精品选修课程的个案分析

重庆三十七中的9门精品选修课中,结合学校和地域特色,将特别介绍地理、化

---

① 刘向东. 基于初中生核心素养的校本课程开发与实施[M]. 石家庄:河北美术出版社,2018:10.

学、政治、语文这几门精品选修课的情况。

(一)地理:"显山露水,又遇家乡"

校本课程开发的原则之一,就是"从学校的课程资源出发"。① 课程资源也称教学资源,是指一切对课程和教学有用的物质和能力。从课程资源的本质来看,首先,课程资源必须能够保证课程的顺利实施;其次,课程资源必须具有教育性,能够促进教育目标的实现。校本课程要依据学校的资源设施等客观条件而设,否则,拟规划设置的校本课程不能实施落实,反而会对学校课程建设起一定的负面作用。

当然,还必须充分发挥学校领导、教师的主观能动性,多渠道挖掘和开发课程资源并合理利用,因地制宜,主动创造条件,如学校社区课程资源、地方人文特色资源、学生家长特长资源、与学校共建单位资源等,拓宽课程资源利用的视角,使课程资源的开发成为教师和学生共同成长的助推器。另外,有关校本课程的教材资料也是很多教师开发课程会考虑到的问题,"学校要提高校本课程质量,校本课程原则上不编写教材。"校本课程开发也很难找到适合本校、本学段的教材,这就更需要教师发挥主动性与创造性,充分掌握并提炼所开发课程主题的相关资料,并精心做好课程内容编排和教学设计,才能确保课程开设的质量。②

根据重庆具有特色化的地理环境特色,重庆三十七中学校地理教师团队成立了甘露名师工作室,开发了地理精品选修课程。至今,他们已经带领学生进行过多种地理学科方面的探究。如,约会操场明晰地理活动。

> 每当听到操场这个词,每个人都会联想到充满青春朝气的校园,脑海中总会不自觉地浮现出在操场上奔跑的画面。我们习惯将操场理解为运动的场所,其实操场也可以放飞思维,成为探究知识的地方。2018年4月17日的上午,大渡口区甘露名师工作室的主持人甘露老师就带领大家走出了教室,与操场来了一次亲密接触,用地理之眼,打造了一堂高水平的地理课。

如此综合实践性质的教学活动的开展并不是绝对自由且无序的。学生们会先学相关的理论知识,找到自己感兴趣及要研究的问题,使课外活动的展开建立在坚实的知识基础之上。在如今仍然以静坐体悟为主要学习方式的时代,如此类型的活动课程

---

① 高志东.从校情出发:校本课程规划设置的基本原则[J].教书育人,2020(20):48—49.
② 同上注。

图 3-7　自我展示(左)和教师讲解(右)

为学生的学习带去了些许清凉。即便是在烈日炎炎的户外,也难以抵挡学生们好学之心。学生们对此种类型的课程非常感兴趣。接下来,在户外的实践探索课程就开始了。学生们结合理论知识,开展了"在活动中测方位""探究操场地形""观察植被,分析操场树种的合理性"等相关实践活动。除了探索环节,还有展示环节。学生们会将自己的探究结果进行交流展示,学生之间对这些问题进行交流,颇有一番"百花齐放,互相争鸣"的气势。学生们在一问一答中,不断深化对这一问题的认知。当然,学生们会根据自己在实践活动中遇到的问题,向相关的专业老师请教,扫除认知障碍。

所以,重庆三十七中的地理精品选修课程是非常具有特色的。如上种类型的活动重庆三十七中经常开展,师生结合本地区周围环境和周边社会资源进行地理学科的探索学习活动。如"印象彩云湖,探访湿地间"的探究湿地公园对城市地理环境影响的活动,"大渡口九宫庙商业步行街的区域商业环境考察活动",以及与研学相结合的"行走滨江片区,规划家乡未来"的研学活动……此类活动不一而足。

由此可以看出,地理学科精品选修课的实施是具有探究性和很强的理论与实际联系的性质的。并且,在实践开展过程中,已经形成自己的教学程式。首先,会学习相关的地理知识。然后,在周围环境中进行实践和探索,将所学知识应用到实际中。第三,根据在实践探索中所遇到的问题,邀请专家,有针对性地进行讲解,解答学生的疑惑。第四,再次返回到实践,进行修正探索。第五,合影留念,分享感悟。这充分显示了以理论为指导,从实践中来再到实践中去的教育理念,与学校倡导的自得教育理论不谋而合,强调学生的反思性获得,强调学生的创造性。

地理源于生活,又融入生活。这既是地理核心素养的基本理念,又是国内外教育家所提倡的"教育即生活""生活即教育"的教学追求。校本课程从生活化、热点化、兴趣化三方面捕捉地理素材,创设教学情境,从生活中发现、分析和解决地理问题,认真地践行工作室的"四美",即发现美、感受美、探究美、传承美的教学思想。

(二)化学:"回归日常,再看生活"

校本课程建设是当前课程改革的重点和亮点,它以促进学生全面发展为目标指向,是必修课程的延伸和补充,是促进教师和学校发展的强大动力。教研组结合化学学科特点、重庆文化和特点,在新课程理念指导下对校本课程的实践进行尝试。化学学科的校本课程主要通过课程改编、课程新编和整体构思,校本课程系列化来进行。

首先,进行课程改编。校本课程开发中的课程改编指的是教师通过增加、删减和改变顺序等方式对指令性课程加以修改,从而更好地适应学校和班级的具体情况,更好地促进学生的健康发展。[①] 重庆三十七中的教师总结出两个改编教材的方式。

方式一:创造性地拓展教材

例如,教师对"卤素"一节改编的一个亮点:采用研究性学习方式,首先将学生分为氟、氯、溴、碘四个"卤素"小组,通过调查、询问、查阅等方式对有关卤素的性质、用途,以及在生活中的应用进行汇总,然后以小组为单位在全班进行交流和分享完成教学任务。例如,氟小组学生调查到重庆巫溪、巫山县等因水质中含氟过多引起当地人氟中毒——氟斑牙,并介绍了当地政府的防治工作(拨专款对水质进行处理,去除水中氟质和移民搬迁);碘小组学生介绍自己身边因缺碘患甲状腺肿的情况,展示了他们所拍摄的照片,并介绍了重庆百年难遇的干旱时,进行人工降雨发射碘化银炮弹的过程和图片。通过这种方式,学生对卤素了解得更全面、更具体,并更有兴趣。

方式二:优化整合教材

例如,将已学的漂白粉、氯气、过氧化氢、苯酚知识,联系 2003 年抗"非典"所用医用消毒知识和日常所用消毒剂(如碘酒、高锰酸钾、过氧乙酸、84 消毒液等),整合为"消毒剂的安全合理使用"课题,作为高三的专题复习使用,让学生轻松地在熟悉的生活情景中感知消毒剂的系统知识。又如,从教材中提供的"亚硝酸盐的用途及人体的危害""铁与动植物"等资料,以及"自制豆腐"等家庭小实验,优化出"厨房中的化学"课题作为选修课来激发学生学习化学的兴趣,使知识与生活有效地衔接起来。——陈斌:《新课程理念下开发高中化学校本课程的实践与思考》

---

① 高志东. 从校情出发:校本课程规划设置的基本原则[J]. 教书育人,2020(20):48—49.

由此可见，重庆三十七中教师将教材中的相关知识与学生周围的实际生活结合在一起。激发了学生对问题的探究性兴趣和对知识的渴求，提高了学生对学习的兴趣，促进了对知识的有效学习。

其次，进行课程新编。课程新编是指全新的课程单元的开发，例如，突出学校特点的"特色课程"、地方性专题以及时事专题等。学校一位青年教师在校本课程建设中上的"洋快餐"一课就属于时事专题。该教师抓住社会关注的热点——2006 年 3 月 CCTV10 播出了全国政协委员、民建中央秘书长张皎的关于洋快餐提案，决定确立"洋快餐"主题，将化学知识和学生的亲身经历结合起来，以纠正学生不良的饮食习惯。又如，一位教师新编的"放错地方的财富——垃圾"课题属于地方性专题。他通过对各国垃圾分类的剖析，分析当地垃圾处理方法、垃圾桶的人性化设置等内容，以此来教育学生养成良好的卫生习惯。

第三，整体构思，促进校本课程系列化。校本课程是一项系统的复杂工程，为防止课程开发的随意性，体现课程建设的"化学味"，校本课程开发应在国家课程计划框架下，从围绕学生的生存环境、健康饮食、家居和穿用材料、安全使用化学品、新闻信息等蕴含的化学问题来开发课程，并按照一系列主题或课题组织课程内容。目前，已初步形成"饮食文化"校本课程系列，如"饮食中的营养平衡""风靡世界的三大饮料""重庆火锅""厨房中的化学""饮食与文化"等。确立以"生活中的化学"作为校本课程开发的切入点，不仅可以深化化学知识内容，提高化学教学质量，而且可以改变学生学习化学的态度。

通过两年的探索，我们认识到开发校本课程既要注意发挥本组教师优势，挖掘本校课程资源，还要考虑绝大多数学生的兴趣爱好和实际需要，为全体学生的素质发展服务，不要把校本课程作为只有少数学生参加的花瓶。校本课程开发作为一项全新的、复杂的、富有挑战性的任务，需要我们不断加强理论学习、加深理解，需要在实践中不断完善改进提高，需要在深度、广度上再加思考和实践。[1]

（三）政治：培养理性，"法"认社会

高中政治课程相比较其他课程来说，距离学生生活比较远，因而显得比较枯燥难以理解。有些内容讲解得比较深刻，尤其是哲学部分。[2] 因此，促进政治选修课教学

---

[1] 伍平伟. 领悟集——重庆市第三十七中学校教师教育教学论文集[M]. 北京：北京理工大学出版社，2015：246—249.
[2] 姚韵. 关于高中政治课堂教学生活化的理性思考[J]. 科学咨询（科技管理），2020(07)：148.

的生活化是一大重点和难点。

高中思想政治课程是一门实效性很强的课程,必须考虑理论与实际的联系。这需要教师具备敏锐的政治观和时事感,不断对自己的教学资源、教学内容进行更新和调整。作为政治教师,必须时刻关注新闻、关注时事,利用网络、报纸、广播、电视等多种渠道获取最新消息,注重积累,并适时将这些与教材的相关章节结合起来,有选择地纳入课堂讲解,从而达到弥补教材资源不足和激发学生学习兴趣的双重目的。

另一方面,重庆三十七中政治教师打破原来以教师讲授为主的教学方式,强调通过情景设置法、调查研究法、自主探究法让学生参与到活动中。

> 比如在进行"我国的分配制度"这一课题的教学时,老师可以设置这样一个情境:20世纪80年代中期,我国某冰箱生产企业在生产过程中长期吃"大锅饭",职工生产积极性不高,产品滞销,工人认为厂长无能,于是进行了一场厂长竞选。然后,老师将学生分成几个小组,每个小组推选出一位候选人上台发表竞选演讲。——姚丹:《论新课改下高中思想政治教师对课程资源的开发和利用》

通过这样的形式,可以让枯燥、单一的课堂教学生动且活泼,以活动为载体,让学生加深对"按劳分配"的理解。这一做法又回归到重庆三十七中自得教育的"实践主线"。

此外,重庆三十七中教师充分挖掘学校内外部相关课程资源。首先,学校内部蕴藏着丰富的政治课教学资源。学校的图书室、实验室、计算机中心、各种文化设施甚至教室的墙壁都可以成为政治教师挖掘课程资源的来源。比如,充分利用教室内的墙壁资源,结合当前时事热点开辟新闻专栏,增长学生见识,培养学生的政治敏锐性和社会责任感。同时,校内资源还包括形式多样、丰富多彩的文化活动,教师可以有目的、有计划、有组织地开展各种活动,并将教学内容融入其中,既达到开发课程资源的目的,又能完成教学目标。2019年的"学术节",三十七中开发了政治学科特色活动,包括"画看天下"校园时政、"漫画征集大赛"等漫画作品。学生在寻找主题、创作作品的过程中,不仅锻炼了自己的绘画能力,更重要的是对细节的处理加深了学生们对相关时事政治和相关政治体制的学习和了解,使得原来抽象的知识变得具体而容易理解。

其次,重庆三十七中的政治教师不仅关注到了学校各种资源活动,还不断挖掘校外资源致力于学生政治的学习。一方面,家庭中包含着许多学校和社会不可替代的教学资源,比如家庭中的人际关系、家庭生活氛围、家长的行为意志,以及家长的生活经验等,这些资源能够发挥出不同于其他资源的优势。另一方面,社会中蕴藏的课程资源可谓最丰富,学校可以聘请与课程相关的专业人士或社会人士开办时事讲座、科普宣传,还可以邀请思想政治教育专家与教师开展课程资源开发研讨会、学术报告,等等。学生还可以走出校门,从社会中存在的历史文物古迹、爱国主义教育基地、群众生活和民风民俗中主动获取教学资源。①

图3-8 "莎姐"法律社团活动在中央电视台播出

2015年3月2日,"莎姐"校园法律社团在重庆三十七中成立,是重庆市第一个"莎姐"法律社团。该社团希望通过一系列的法制教育,提高学生分辨是非的水平,认识违法犯罪的危害,养成遵纪守法的习惯,让学生与法同行,健康成长。2016年学校"莎姐"法律社团的活动在央视一套《焦点访谈》中播出。

图3-9 大渡口区领导参加学校"莎姐"社团主题活动

---

① 伍平伟,领悟集 重庆市第三十七中学校教师教育教学论文集[M].北京:北京理工大学出版社,2015:130—132.

截至目前,"莎姐"法律社团得到省内各个领导的支持和鼓励,获得山东等省外学校同行的参观学习。学校聘请"莎姐"检察官担任社团的老师,指导同学们开展丰富多彩的社团活动。社团成立一年来,已经开展了多次法学专家、法制工作者专题报告,参观重庆市未管所、大渡口区检察院,自编自导了法制情景剧,观看法制电影等多项社团活动,让同学们在生活与学习中更好地学习法律。2019年5月16日,在重庆三十七中取景、学校师生参演的电影《莎姐日记》上映。

图3-10 "莎姐"送法进校园启动仪式

通过政治校本课程的"生活化",政治知识与实践密切联系。多种多样的联合校内外资源的政治化和法律化的活动,有利于学生在真实情境中更好地理解政治课程的相关内容,增强学生的政治认同感,提高学生的学科素养。学生通过联系事件思考政治时事的内涵,强化运用知识的能力,树立求真务实的信念,自觉参加社会主义法治国家建设。

(四)语文:"有位佳人,在水一方"

语文作为母语课程,在传统的课堂教学中存在许多弊端。诸如片面强调教师的教,形成了以教师为本位的教学关系,将学生定位在依赖性层面上,低估、甚至漠视学生的独立学习能力,忽视、压制了学生的独立要求。新课程改革要求教师及时更新育人观念,丰富自己的知识,用专业能力武装自己,吸引学生的学习兴趣,引导学生爱语文。

一方面,重庆三十七中在高中设置了"高中语文文化常识趣谈"的选修课程,改变以往的教育内容和枯燥的教学方式,不仅开阔了学生的视野,而且吸引了学生的学习兴趣。为了进一步激发学生学习的动力,学校每年的学术节还设置了"三国知识班级争霸赛"之类的游戏。

另一方面,从语文素质教育角度来看,阅读在学生的语文学习中无疑占有重要地位。新课程理念告诉我们:学生通过阅读要能够把握文本自身蕴涵的语言的丰韵魅力和浓郁的感情色彩,实现对文本客观理性的分析;要能够完成与文本之间动态的作用和完善构建,达到主观感情的强烈投入。把艺术体肢解是愚蠢的,然而,正像对人体进行解剖一样,对人体的把握又是必不可少的,问题是阅读开始和持续的动力。重庆三十七中顺应教育信息化的趋势,开设了"三叶风"初中阅读微信公众号。

"三叶风"微信公众号作为重庆三十七中初中阅读的一扇窗,即将打开三七初中自得阅读课程的一方新天地,把师生们一次次与经典的深情邂逅在您面前款款铺陈开来。

阅读之旅已然启程,书韵飘香的精彩画卷正徐徐展开！——摘自发刊词

图3-11 "三叶风"公众号订阅封面

"三叶风"的标志是由三叶树的枝叶和翻开的书组成的图标;栏目包括书道、书韵和书品。发布的内容是学生的阅读成果、优秀习作,以及老师定期推送的美文。"三叶风"公众平台成为学生和教师们展示自己和表达自己情感的重要平台。

初一年级的同学们正在读老师推荐的书目——《红岩》,初二年级的同学正在阅读《带着文化游名城——老重庆记忆》。这个阅读活动是为积极响应重庆市委宣传部推广"全民阅读活动"的号召而开展的,目的是让同学们对自己的家乡——重庆,有更深入的了解,了解本土文化、红色文化,从而增进爱家乡的情感。

接下来,初一的孩子们将通过家庭剧视频、手抄报照片、诵读视频、写推荐语和读书感悟的形式对《红岩》的阅读成果进行解读和分享。初二的孩子们将通过发抖音、展图片、拍视频、写导游词等形式对《带着文化游名城——老重庆记忆》的美食特产、民风民俗、地名街桥、重庆言子、山水园林、红色记忆等内容进行解读和分享,同时还会分享《钢铁是怎样炼成的》——"保尔的朋友圈"的阅读成果小视频。

——摘自重庆三十七中学校微信公众号《我校初中阅读微信公众号"三叶风"发刊啦!》

由此可见,重庆三十七中的语文精品选修课程积极运用了周边资源。学生借此学习和了解了当地文化特色,增加对家乡的热爱,培养了乡土情结;学校积极实施德育,维护国家核心价值体系,弘扬中国传统文化;学生还能够扩展视野,吸收国内外优秀经典。同时,为了充分调动学生的阅读积极性,深化学生对阅读内容的消化吸收,学校提倡多样化和现代化的学习方式,结合当下最新的抖音、视频制作、图片制作等形式来吸引学生,有利于提高学生学习的积极主动性,增强学习的趣味性。教研组的教师也纷纷表示会通过微信公众号平台让学生进行交流,展示各个学生的才华,最大限度地激发学生们学习语文的兴趣。

自此,语文的学习再也不是简单粗暴的文字背诵和一些应试技巧的学习,真正发挥和运用了语文的语言文化素养功能。学生们在语文学习中发现了自我,深化了对自我和对自己所处周边环境的认识,学会了表达,找到了自由。这大概就是教育的真正价值,实现了人的自由和全面发展。

三、精品选修课程的实践成效

当问及学校师生"在学校精品选修课程中,您认为最有特色的科目类型是?""在精品选修课程中,你最喜欢的科目是?",得到如图3-12、图3-13的统计结果:

调查结果显示,50.41%的教师认为"地理类"课程是学校最有特色的精品选修课,22.31%认为"语文类"是学校最有特色的精品选修课,10.33%的教师认为"化学类"是

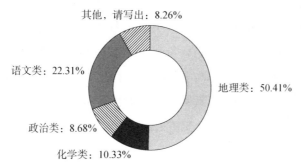

图 3-12　在学校精品选修课程中,您认为最有特色的科目类型是？（教师卷）

学校最有特色的,还有少数部分选择了"其他"。

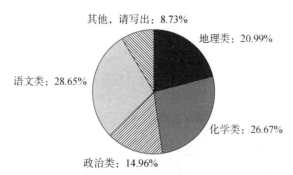

图 3-13　在精品选修课程中,你最喜欢的科目是？（学生卷）

而对于学生而言,各个选项没有相差太大,"语文类"是选择人数最多的,有28.65%,接着是26.67%的"化学类",之后是20.99%的"地理类",还有14.96%的"政治类"。仍有少数选择了"其他"。

　　两者进行比较,可以发现：对于学生而言,作为选修课程的使用者,较少从开发者的角度去考虑精品选修课程,而仅考虑个人的兴趣爱好；而教师作为开发者,可能更多地会从开发者的角度去考虑问题。但是,每门精品选修课程都是饱含了教师们的智慧和心血,以及学生们对教师的肯定的。

　　教育的本质,不是把篮子装满,而是把灯点亮。自得教育始终把培养学生核心素养放在首位,为此,三十七中努力深化课程改革,通过打造自主化的学科选修课程、特色化的艺体课程、实践化的社团课程、生活化的综合实践课程,逐步构建和完善自得课程体系,丰富而多元的课程为学生成长提供了一个又一个广阔的舞台。在重庆市普通高中发展促进计划项目申报中,取得了"二基地八课程七课题"的显著成果。

重庆三十七中已经形成了 2 个课程创新基地,包括综合实践课程创新基地和初中语文课程创新基地;2 个市级重点课题,"中学生法律素养培养的校本教材开发与实施的研究""高中物理社团活动课程设计与开发研究";6 个市级课题,"高中生语言训练途径之班级活动优化设计研究""高中艺体班学生语文兴趣培养实践研究""基于能力培养的中学地理实验教学研究""新课程中初高中数学学习平稳过渡的研究""新高考改革背景下学生提取和解读历史信息能力的探索与探究""以《论语》为核心的整本书阅读实践研究"。

重庆三十七中秉持"自得其乐,幸福一生"的"自得教育"理念,以学生为主体,以课堂为阵地,以实践为主线,以参与为途径,逐渐走出一条多维立体、特色鲜明的五育并举之路,逐步构建起"237"自得德育课程体系,自得德育成为重庆三十七中一张响亮的名片。

第三节 综合与创新:自得教育的综合实践活动

综合活动不受学科限制,它与学校生活、学生发展的节点和韵律紧密联系。我们不只是把学生作为生命体,而且也把学校作为生命体,在其中可以最大限度绽放师生的生命活力,师生在各种活动中实现生命成长。在某种意义上,综合活动更具有全局性。[①]

一、学校综合实践活动建设的理论基础

综合实践活动课程既适应了世界课程改革的整体走势,又体现了我国课程改革的现实需要。20 世纪 90 年代以来,世界各国、各地区都推出旨在适应新世纪挑战的课程改革举措,呈现出的共同趋势是倡导课程向儿童经验和生活回归,追求课程的综合化。

在新的基础教育课程体系中,综合实践活动课程是综合程度最高的课程形态。它不是其他课程的辅助或附庸,而是具有自己的独特功能和价值的相对独立的课程形态,它与其他课程领域具有等价性与互补性。该课程领域具有如下特点:

---

① 伍平伟. 领悟集:重庆市第三十七中学校教师教育教学论文集[M]. 北京:北京理工大学出版社,2015:130—132.

（一）这是一个学习者自主选择和主动探究的领域

综合实践活动课程是以学习者的直接经验或体验为基础而开发和实施的，它是以学习者的直接经验为基础而对学科知识的综合运用，是对学科逻辑体系的超越。综合实践活动课程的开发和实施过程鼓励学习者自主选择，将学习者的需要、动机和兴趣置于核心地位，教师的指导作用体现在帮助学习者完善其自主选择意识和能力方面，而不是代替学习者选择。与综合实践活动课程相适应的基本学习方式是探究学习。综合实践活动的开发与实施要体现学生活动的自主性、探究性，引导学生开展丰富多彩的探究性学习活动，帮助学生学会发现、学会探究，培养其发现问题和解决问题的能力。

（二）这是一个面向生活世界和社会实践的领域

综合实践活动课程的开发和实施要克服当前基础教育课程脱离学生自身生活与社会生活的倾向，要帮助学生从生活世界中选择其感兴趣的主题和内容，要注重学生对生活的感受和体验，引导学生热爱生活，并学会健康而愉悦地、自由而负责任地、智慧而富有创意地生活。因为综合实践活动是融于生活之中的，所以它是整体的、开放的。综合实践活动课程还具有实践取向，即该课程的开发与实施要着眼于学生实践意识的养成，强调学生的动手操作和亲身体验，指向于学生综合实践能力的培养。综合实践活动的实践取向对超越我国注重"坐而论道"、忽视技术文化和操作能力的教育传统具有重要意义。如果把人的心灵比作花朵，那么生活经验与社会实践则是心灵之花赖以存在的阳光雨露，综合实践活动课程为学生生活经验的获得和社会实践能力的培养开辟了重要渠道。

（三）这是一个基于整体论视野而开发和实施的领域

人类认识世界有两种典型方式：一种是还原论（Reductionism），再一种是整体论（Holism）。尽管现代还原论和现代整体论开始呈现一种融合的趋势，但两者的区别还是显而易见的：还原论用分析的眼光对待世界，认为整体等于部分之和，可以把整体分解为部分分别加以研究；整体论则用综合的、整体的眼光对待世界，认为整体不等于部分之和，整体具有不可还原性。[①]

综合实践活动课程秉持整体论。在整体论看来，世界具有整体性，世界的不同构成个人、社会、自然是彼此交融的有机整体。文化作为世界的一部分也具有整体性，人

---

① 方舟子.还原主义和整体主义述评[J].自然辩证法研究，2000(11)：1—3+22.

的个性（Personality）具有整体性，个性发展不是不同学科知识杂汇的结果，而是通过对知识的综合运用而不断探究世界与自我的结果。综合实践活动主题的选择范围应包括学习者本人社会生活、文化生活和自然世界。对任何主题的探究都必须体现个人、社会、自然的内在整合。整体论视野是综合实践活动与其他课程领域区别的关键。①

二、学校综合实践活动的实现形式

综合实践活动的具体内容因地域差异、学校差异，以及学习者个性差异而不同，但是表现形式是多种多样的。有研究性学习活动、社区服务与社会实践还有劳动与技术教育。而且，这一部分还会列举重庆三十七中的"航空航天"类实践活动，详细探析重庆三十七中的实践活动特色。

（一）研究性学习活动

研究性学习活动是学习者基于自身兴趣，在教师指导下，从自然、社会、文化或学习者自身生活中选取有意义的主题，进行跨学科探究的过程。学生通过研究性学习活动，形成一种积极的、主动的、自主合作探究的学习方式。各种富有时代感的主题（如环境保护教育、国际理解教育、价值观教育等）都可以渗透于研究性学习活动之中。通过研究性学习活动，不仅可以发展探究欲望和创新精神，还可以深刻理解自然、社会、文化、自我之间的内在联系。

（二）社区服务与社会实践

社区服务与社会实践是学生在教师指导下，通过学生感兴趣的各种社会体验学习和问题解决学习等活动，进而参与社会、服务社区、理解社会的过程。这不仅是一个培养学生社会归属感和责任感的过程，而且还是学生精神境界、道德意识和各种能力不断增强的过程，是学生人格完善的过程。社区服务和社会实践内容的选择与组织要尊重学习者的需求，从不同地区和学校的特点出发，要避免形式主义，加强活动的实效性。

（三）劳动与技术教育

劳动与技术教育是学生在教师指导下，综合运用已有的知识和经验，通过动手操作、自主探究等过程，以获得积极劳动体验并形成良好技术素养的过程。这是一个开

---

① 邱晓婷.综合实践活动课程的思考与探究——指向学生素养的实践研究[M].苏州：苏州大学出版社，2018：4—5.

放性的学习领域,它强调学生通过人与物的作用、人与人的互动来从事体验性学习、操作性学习、研究性学习,强调学生动手与动脑相结合,并倡导以项目(Projects)为载体从事学习活动。

(四) 独具特色的航空航天社会实践活动

自我国低空开放和国家"十九"大召开以来,被确定为国家战略性产业的"航空业"迎来了飞速发展的时代。在未来3年时间,我国将建成通用航空机场500座,需要飞行员10万人,而目前全国通航在册飞行员不足4000人。随着我国航空产业的蓬勃发展,全民航空已是社会发展趋势。因此,培养青少年航空兴趣爱好,普及航空科技知识,掌握航空技能显得迫在眉睫。传承航空精神,点燃航空梦想,三十七中学子"我的航空梦"社会实践活动,正式拉开序幕。

三十七中七维核心素养,其中第一个素养是"忠"。古人谓:忠者,德之正也。三十七中开创之初,便是为了要办成"全市第一所为工农子弟开门办学的学校",具有浓浓的家国情怀。为此,本课程以"忠"为主题,积极响应习近平总书记要把我国建设成为航空强国的号召,为国家培养航空航天方面的人才。

此类活动课程实施基地在飞行学院重庆通用航空社会实践基地(渝北区龙兴镇两江大道9号)展开。飞行学院重庆通用航空培训有限公司(简称:飞培)是重庆通用航空产业集团公司携手中国民用航空飞行学院共同组建的通航技术培训基地,具备直升机私、商照培训,直升机夜航等级培训,飞行教员等级培训,军转民执照训练,国外执照转照训练,恩斯特龙机务维修人员机型培训等七大培训业务资质和能力。该公司致力于打造中国通航技术培训基地,支持通用航空产业发展,为更广阔的航空市场服务。2018年,重庆市教委为推进中小学生航空科普教育,授牌飞培为"重庆中小学航空实践教育基地"。基地位于两江航空产业园,现占地300余亩,有标准运动场、停车库、机库机场、飞行模拟器等配套教学设施,有专业从事航空科普教育的飞行教员(持多种机型飞行执照、飞行教员执照),有同时可容纳800人的教学楼、学生宿舍、食堂,基地为青少年精心营造了一个自由翱翔、圆梦蓝天的航空舞台。

课程是培养学生探求知识的兴趣、解决问题的能力和创造性思维的主要阵地。[①] 重庆三十七中将此类课程设置了三维目标体系。知识性目标通过航空知识大

---

① 胡建芳.以航天精神引领学校文化建设的实践研究[A].中国航空学会、杭州市科学技术协会.2011全国航空特色学校发展论坛交流材料[C].中国航空学会、杭州市科学技术协会:浙江省科学技术协会,2011:7.

课堂来完成,飞行员讲授祖国航天航空事业坎坷而辉煌的发展历程,并勉励学生积极探索航天航空科学知识,长大后投身到建设航天航空强国的伟大事业中来。通过直升机模拟器飞行教学,模仿操作直升机的增速、增高、转弯和进近,结合物理学科知识,用实践掌握牛顿第三定律与伯努利定律。能力性目标通过航模制作的过程,掌握工具的使用方法和完成成品的工艺过程来实现,锻炼学生使用工具和技术的能力,培养学生动手操作的能力。情感、态度价值观领域的目标通过航模飞行秀表演来实现,激发学生想要更深入了解航空、走进航空,精忠报国的欲望;通过直升机机库现场讲解直升机空中救援的应用,使学生们强烈感受到中国航空人舍家为国、无私奉献、自力更生、艰苦奋斗的崇高精神;在构思班级创意航拍造型图案中,培养学生互相尊重意见,也敢于提出不同见解,乐于与伙伴合作与交流的价值观。

图 3-14 动手组装航模(左)和模拟飞行体验(右)

学生走进飞行学院重庆通用航空社会实践基地,进行动手组装航模和模拟飞行体验等综合实践活动。通过科技性、知识性、趣味性、竞技性、实践性的课程方式,使三十七中学子了解我国航空的发展情况,激发学生对航空知识的兴趣,使一些具备条件的青少年在未来走上献身祖国航空事业的道路,精忠报国,维护民族团结、社会稳定和国家统一。

从重庆三十七中所实践的其中一个活动可见,首先,重庆三十七中的综合实践活动具有完整的活动方案,包括课程背景、课程意义、课程目标、课程实施场地、课程实施学段、课程板块、课程时间轮换表、课程实施过程(行前、行中和行后),以及主要教职人员简介这九个部分。这使得整个综合实践活动可操作性非常强,有利于教师按照方案内容有序展开,提高了活动课程的效率。第二,课程设置紧跟时代潮流。学校能够根据社会需要设置相关实践课程,为学生的生涯和人生发展指引方向。第三,课程目标具有三维性。这也是综合活动课程区别于学科分科课程的一大特色。综合实践活动课程关注学生知识与技能、过程与方法,以及情感、态度价值观三维目标,体现了当今综合素质育人的指向。第四,强调社会合作。重庆三十七中此次在"飞行学院重庆通用航空社会实践基地",充分

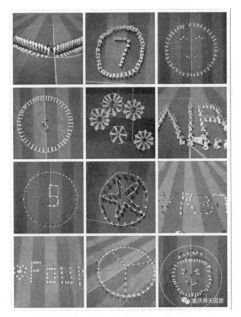

图 3-15 创意航拍

调动社会力量和社会支持,实施全员育人。第五,综合实践活动配有专业人员的指导,效果事半功倍。主要教职人员都是经过航空专业学校的学习和训练的,拥有丰富的航空专业知识和技能。学生们近距离接触这些专业人员,感受航空领域的专业魅力,将会更加激起学生们对这一领域的向往和兴趣。

三、学校综合实践活动的评价体系

综合实践活动课程是教师和学生合作开发与实施的。教师和学生既是活动方案的开发者,又是活动方案的实施者。尤其需要强调学生在综合实践活动中所扮演的课程开发角色,这是综合实践活动开放性的集中体现。教师在综合实践活动中的指导作用重在激发学生的探究兴趣,采取有利于促进学生交往与合作的组织形式,引导学生改善学习方式,丰富学生的学习经验,增进学校与生活的密切联系。从实施过程讲,综合实践活动课程特别强调生成性目标与生成性主题的核心地位。由于综合实践活动课程是过程取向,它强调学习者与具体情境的交互作用,因此,尽管要对活动内容进行预先规划与设计,但更强调随着活动过程的展开和活动情境的需要不断生成新的目标、新的主题。从实施空间讲,综合实践活动要打破学校、教室的框架,根据课程生态学的理念,把校内课程

与校外课程整合起来。① 表 3-1 为重庆三十七中综合实践活动成果展示评价表。

表 3-1 综合实践活动成果展示评价表

评价项目	初中组	高中组
优秀项目		
过程严谨		
成果实用		
展示精彩		

说明：根据表中的四个分类(过程严谨、成果实用、展示精彩和优秀项目)从初中组和高中组课题中各选择两个你最认可的项目成果。最后进行得票汇总，评选出优秀过程奖、优秀成果奖、精彩展示奖和优秀项目奖(各个分类选择的项目名称不要重复，优秀项目奖最厉害，把你最认可的放在优秀项目里。)

由上表可知，综合实践活动课程要求新的评价理念与评价方式。从评价性质来看，综合实践活动课程的评价主要是形成性评价，其评价重点不在于成果的形式和水平，而在于学生在活动过程中是否取得情感态度、探究欲望、创新能力、合作能力等方面的进步。从评价主体来看，综合实践活动课程的评价主要是"校本评价"(School-Based Assessment)，即在学校内部进行的，由教师与学生共同参与的评价。在综合实践活动的评价中要特别重视学生的声音，因为评价是教师与学生通过合作而进行意义建构的过程。② 因此，应强调学生自评、同学互评等丰富多彩的评价方式。从评价方法来看，综合实践活动的主要评价方法是质性评价，它着重对学生的个性化的表现进行评定和鉴赏。③

第四节 反思与联动：自得教育的研学课程

重庆三十七中，是首批"重庆市重点中学"。近年来，围绕"立德树人"的历史使命，

---

① 邱晓婷.综合实践活动课程的思考与探究:指向学生素养的实践研究[M].苏州：苏州大学出版社，2018：6.
② 邱晓婷.综合实践活动课程的思考与探究:指向学生素养的实践研究[M].苏州：苏州大学出版社，2018：7.
③ 李雁冰."研究性学习"可资借鉴的两种评价方式[J].教育发展研究，2000(11)：22—24.

紧扣"自得教育"文化体系,细化了"忠、善、和、真、美、健、法"七大核心素养,提出了"自得其乐,幸福一生"的"自得学子"培养目标,逐步完善了"两翼三阶七素养"(简称"237")自得研学旅行课程体系,努力将社会主义核心价值观融入学校生活的每一天,落小落细落实到教育教学的每个环节。

一、课程目标:问渠哪得清如许,为有源头活水来

对于研学旅行,课程开发是最核心也是最困难的问题。结合学校的实践历程,课程开发是保证研学旅行质量和健康可持续推进的核心环节。这其中,一个明晰的、系统的课程目标才能保证整个课程的有效落实。碎片式的目标设计缺乏科学性和系统性,或许会有暂时效果,但是长时间的盲目会严重制约研学旅行的品质和走向。

有学者认为,研学课程开设的价值有:第一,研学旅行融生活世界中,有利于促进学生身心和谐发展。第二,研学旅行融学习于活态文化中,有助于落实立德树人的根本任务。第三,研学旅行融学习于"在场"体验中,有利于提升学生发展核心素养。[①]

重庆三十七中基于研学课程的实用价值设计了四个方面的课程目标。首先是知识性目标,了解区情市情国情、开阔个人眼界、验证所学增长知识;第二是能力性目标,学会动手动脑,学会生存生活,学会做人做事;第三是价值观目标,促进学生形成正确的世界观、人生观、价值观;第四是核心素养目标,关系着培养德体美劳全面发展的社会主义建设者和接班人的问题。核心素养目标,这是最为重要的目标,既是我们的出发点,也是我们的归宿点。

但是,如何让国家层面提出的核心素养落地生根、枝繁叶茂并开花结果,如何找到一个最佳的切入点,将核心素养的培养层层落实于学校的立德树人实际工作之中去,包括研学旅行的课程设计,这是德育必然面临和解决的课题。学校的做法是围绕学校独特文化,提炼出具有鲜明学校特色的核心素养。

文化是一所学校的灵魂,既是一所学校赖以生存、发展的重要根基和血脉,又是学校存在价值和个性特征的体现。近年来,重庆三十七中紧扣"尚自得,展个性"的校训,梳理学校文化,提炼出了重庆三十七中文化的核心价值观——"自得"。围绕自得文化体系,提出"两翼三阶七素养"的自得德育模式。就重庆三十七中而言,基于学校文化提炼出的七维素养,是核心素养校本化的结果,同时也是所有立德树人活动(包括研学

[①] 殷世东,杨斯钫.中小学研学旅行课程设置价值与理论基础[J].宁波大学学报(教育科学版),2020,42(04):26—34.

旅行）必须紧密围绕的核心点。

二、课程架构：一素养一基地一课程

根据《教育部等11部门关于推进中小学生研学旅行的意见》，我们的研学旅行主要放在初中一到二年级、高中一到二年级。初中阶段以区情域情为主，高中阶段以市情国情为主。① 在众多自然和文化遗产资源、红色教育资源和综合实践基地、大型公共设施、知名院校、工矿企业、科研机构等之中，如何才能遴选出一批安全适宜的研学旅行基地和精品线路呢？学校的做法是围绕学校七维素养，深入挖掘特色资源。

特色资源是具有一定地域和历史人文特色，或与地方的政治、经济和文化发展密切相关的资源。特色资源生活气息浓郁，不仅易得、易用、实用，而且为学生所喜闻乐见。特色资源必然是研学旅行课程开发的重要素材。学校把特色资源分为两大类：基地资源和地方资源。

基地资源：基地特色资源不仅为学生提供了开放安全的活动场所，还提供了优质的课程指导力量。

对于基地资源的建设，学校以为，职能部门要有担当，积极推进以基地资源为主体的研学旅行，一是解决课程开发不平衡、不规范的问题，二是解决课程实施的专业引领的问题，三是可以统筹区域内课程资源的开发和建设。

地方资源：每个地方都有各自的特产与风光，都有着丰厚的历史、文化、建筑、民俗风情等资源。它们需要有意识地被开发，为学生构建开放、轻松、活跃的学习环境，提供自主、合作、探究的渠道，构建课内知识运用于社会实践的平台。

无论是基地资源，还是地方资源，都不能直接作为研学旅行课程的内容，需要按照学校文化的内涵以及七维素养目标的达成，进行统筹协调，合理规划与筛选，充分发掘特色建设中丰富的物质、文化、人力等资源，整合设计出适合师生的活动主题。学校的做法是，围绕课程开发，购买第三方服务，共同开发自然类、历史类、地理类、科技类、人文类、体验类等多种类型的活动课程。

研学旅行终归是旅行，研学旅行课程既是教学课程，同时也是旅行产品。学校一定要和专业团队高度融合，才能从前期看看地、制作合理线路，到后期课程协调规划都经过缜密而精心策划。重庆三十七中正在与各个公司通力合作，按照"一素养一基地

---

① 教育部等11部门.教育部等11部门关于推进中小学生研学旅行的意见.http://www.moe.gov.cn/srcsite/A06/s3325/201612/t20161219_292354.html.

一课程"的思路,继续挖掘学校文化内涵,设计各个学段的研学旅行课程。

三、课程管理:统筹三方,渡己渡人

《教育部等11部门关于推进中小学研学旅行的意见》规定:"规范研学旅行组织管理。各地教育行政部门和中小学要探索制定中小学生研学旅行工作规程,做到'活动有方案,行前有备案,应急有预案'。学校组织开展研学旅行可采取自行开展或委托开展的形式,提前拟定活动计划并按管理权限报教育行政部门备案,通过家长委员会、致家长的一封信或召开家长会等形式告知家长活动意义、时间安排、出行线路、费用收支、注意事项等信息,加强学生和教师的研学旅行事前培训和事后考核。学校自行开展研学旅行,要根据需要配备一定比例的学校领导、教师和安全员,也可吸收少数家长作为志愿者,负责学生活动管理和安全保障,与家长签订协议书,明确学校、家长、学生的责任权利。学校委托开展研学旅行,要与有资质、信誉好的委托企业或机构签订协议书,明确委托企业或机构承担学生研学旅行安全责任。"[①]

重庆三十七中根据教育部意见,学校统筹协调,确立了本校特色的研学管理体系。

首先,在师资培训方面。在与第三方机构共同开发课程的过程中,学校本身的师资也进行历练、提升和成长。

其次,考核评价。重视效果,设立三级评价体系。包括教育行政部门对学校研学旅行工作的评价、学校和学生中心对课程执行者的评价、课程执行者对学生个体的评价。评价强调学生和教师在其中的成长,强调成果的形成,还强调大数据在评价中的作用。

第三,实施保障。设立三级家委会,社区和家长参与课程开发,确保学生到位;设立研学旅行及课程开发的专项经费,并将经费使用情况列为重点考核指标。

从研学课程的管理体系中,还可以发现一些学校的特色。首先,学校注重对师资的培训。重庆三十七中深知,研学课程与传统课程不一样。因此,有针对性地对教师进行培训,以适应研学旅行所需要的导师的专业性并达到研学课程所需要的目标。第二,强调大数据在评价中的作用。互联网和信息技术在政治、经济、文化、社会等领域

---

① 教育部等11部门. 教育部等11部门关于推进中小学生研学旅行的意见. http://www.moe.gov.cn/srcsite/A06/s3325/201612/t20161219_292354.html.

的广泛应用,产生海量数据,人类社会步入"大数据时代"。当前大数据已在各个领域产生深远影响,彻底改变了人们的生产与生活方式。教育领域也是如此,大数据深刻作用于教育研究与实践,推动教育研究从"假设驱动"走向"数据驱动",教育实证研究愈发受到学界重视。新的分析工具与技术,如社会网络分析、数据可视化、聚类分析等的普遍应用,加深了人们对教育大数据的理解与应用;教育建模、学习分析和教育大数据治理等相关研究主题的大量出现,彰显了大数据教育应用推广的价值。① 因此,以大数据为基础进行评价顺应了教育研究趋势。第三,设立三级家委会。实现社会、家庭和学校联动促进学生成长。重庆三十七中伍平伟校长说:"市民在学校教育层面丰富精彩的活动中参与孩子的学习生活。通过学校教育渠道,有效激发市民积极响应、热心参与社区教育的意识。"②第四,设立专项研学经费。该举措有力地保障了重庆三十七中研学课程的实施。

四、课程愿景:忽如一夜春风来,千树万树梨花开

到目前为止,重庆三十七中的课程成果包括三个:第一,形成一个体系。逐步形成具有学校特色的"237"自得研学旅行课程体系,编写相关课程方案。第二,收获一份成长。教师的专业成长,学生的个性发展,都有较大提升,促成学校德育工作更加专业化、规范化、实效化。第三,带动一些学校。在区域内形成辐射效果,带动社会主义核心价值观培育的系统研究。

重庆三十七中的课程愿景是:"莫春者,春服既成,冠者五六人,童子六七人,浴乎沂,风乎舞雩,咏而归。"这是孔子与其弟子们坐而论道时,弟子曾皙提出的美好的游学愿景,孔子非常赞同。其实,这一画面用以描绘研学旅行,也是极为适合。美丽的时节,穿着美丽的衣衫,与志同道合的人一起,在美丽的地方,沐浴、舞蹈、歌唱,何其快乐。这份快乐,是研学旅行所追求的,更是自得教育所追求的。为了这份快乐,研学旅行课程建设必须负重前行。

---

① 赵佳丽,罗生全,孙菊.教育大数据研究范式的内涵、特征及应用限度[J/OL].现代远程教育研究,1—9[2020-07-31]. http://kns.cnki.net/kcms/detail/51.1580.G4.20200717.1706.006.html.
② 伍平伟.学校与社区携手,促进社区教育新发展[J].师资建设,2018,031(009):66—67.

第四章 主动与收获：自得教育的教学改革

伍平伟校长说："课堂是学生自得成长的主阵地，同时也是我们三十七中人引以为豪的地方，因为它体现的是我们三十七中人一直坚守课改的那份执着。""主动"是重庆三十七中各方主体实施教学的基调，"收获"是实施教学各方主体的不懈追求。本章将对重庆三十七中的教学进行详细介绍。

第一节 探索与突破：自得课堂教学模式的改革历程

重庆三十七中的教学发展，紧跟新时代教育改革的趋势。针对以往教育的问题，在借鉴其他学校教学改革经验的基础上，不断进行自得教学改革的探索和创新。

一、改革基石：新时代教育改革的号召

现行的高中教育并不具有真正的精神独立性，而是深陷于升学序列中尴尬的一环。在实际教育过程中，对学科知识和结果的重视往往超过对生命体成长过程的关注。我国进入了普及高中阶段教育的发展新阶段，如何高水平、高质量地普及高中教育，实现高中教育的特色化发展，是新时代高中教育改革的基本方向。重庆三十七中在历史与现实的探索中确立了"自得"的特色教育。

《教育部〈普通高中课程方案（实验）〉和语文等十五个学科课程标准（实验）的通知》也指出，教师在教学活动中，必须更新观念，以学生为主体，聚焦课堂，强化教学环节、精心设计和组织教学活动，变革学习方式，重视启发式、讨论式教学，启迪学生智

慧，提高教学质量。这为学校教学改革指明了方向。[①]

学校确立了以实践为主线的教学模式。《重庆市义务教育"卓越课堂"五年行动计划》明确"卓越课堂"是指按照新课程改革的要求，坚持德育为先、全面发展、能力为重、以人为本、与时俱进，突出"一切为了每一位学生的发展"的核心理念，转变教师教学方式和学生学习方式，建立师生学习共同体，彰显多元、开放、包容的课堂教学文化，最大限度地优化教学环境、教学内容、教学方法与手段，形成最优化的课堂形态，全面提高课堂教学效率和育人质量。"卓越课堂"突出学生实践和创新能力的培养，需要教育观念、教育思想、教育模式及教师角色的转变。

就学校发展目标来说，学校制定的《重庆市第三十七中学校"十三五"发展规划》明确提出，到2020年，把学校建设成重庆市治理科学、教育优质、科研领先、特色鲜明、条件先进的特色示范普通高中和百姓身边好学校。以课堂改革为载体，构建自得教育范式、开展自得教育研究、打造自得教育品牌、提升自得教育效果。

在此背景和前提下，学校确立以小组合作学习为主要路径，以班级文化建设和导学案的使用为两大抓手，以课堂为圆心，以自主探究为半径，打造学生终身学习大圆的"自得课堂"，开始了轰轰烈烈的教学改革运动。

二、习性建模：构建自得课堂雏形

2012年学校决定以课堂为抓手，走出校门、走进名校，学习先进的教学理念、教学范式。组织学科骨干编写了此阶段符合校情的自得课堂范式：一是建立小组合作模型。4—6人为一组，便于小组交流学习，教师的教学方式更加开放；二是学案与导学理念的贯通。多次研讨并编写导学案，发挥其助学性、导学性、诱学性、辅教性，大幅压缩了教的内容与时间，以学生学习活动的自主化为目标。三是师生角色的转变。教师从传统的"讲者"转变为"教者"，从"教者"转变为"学者"，和学生一起学习；课堂给学生提供了充分参与的平台，小组讨论、展示点评成为课堂必不可少的环节；学与教时间的重新配置，自主学习活动在教学中的比重占了70%以上。

2013年4月，学校开展教师全员践行高效课堂过关课活动。将每月第二周定为课堂开放周，通过推门听课和课程改革交流会等活动加强课改。建立听课制度，互帮互学。建立转课制度，加大对教学过程的检查与监督。

[①] 教育部.教育部关于印发《普通高中课程方案（实验）》和语文等十五个学科课程标准（实验）的通知. http://www.moe.gov.cn/srcsite/A26/s8001/200303/t20030331_167349.html.

三、共性塑模:形成"四主五环"课堂

2013年底,学校要求老师在原有自得课堂流程基础上进一步贯彻"以学生为主体,尊重学生个体发展"的课改精神,启动了自我塑形的课堂改革新阶段。本着尊重学校价值内核和办学哲学的原则,因循系统性、逻辑性、前瞻性的法则,聚焦历史性、地域性、特色性的方向,对学校课堂改革提档升级。从挖掘学校历史,梳理学校文化的层面提出了"四主五环"自得课堂。

2014年5月,学校组织开展"四主五环"优质课展示暨评课大赛,分为青春风采展示课(工作5年以下教师)、学科魅力展示课、40岁以上教师展示课、干部展示课四种赛课类型。9月,组织干部"四主五环"课堂展示课,11月开展学科魅力展,用典型示范的方式推动着"四主五环"自主课堂的深入实施。

当问及师生"学校进行'四主五环'教学改革给学生带来的影响是什么?"的时候,得到如图4-1、图4-2统计结果:

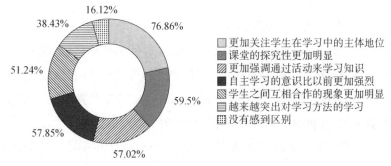

图4-1 学校进行"四主五环"教学改革给学生带来的影响是?(教师卷)

调查结果显示,76.86%的教师认为会"更加关注学生在学习中的主体地位",59.5%的教师认为"课堂的探究性更加明显",57.85%的教师认为"学生自主学习的意识比以前更加强烈",57.02%的教师认为"更加注重通过活动体验来学习知识",51.24%的教师认为"学生之间的互相合作更加明显",38.43%的教师认为"越来越突出对学习方法的学习",仅有少数教师表示"没有区别"。

对于学生而言,各选项没有那么大的差距。49.9%的学生认为"更加关注学生在学习中的主体地位",43.26%的学生认为"更加强调通过活动来学习知识",45.49%的学生认为"自主学习的意识比以前更加强烈",41.48%的学生认为"学生之间互相合作

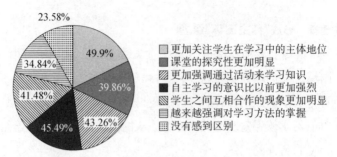

图 4-2 学校进行"四主五环"教学改革给学生带来的影响是？（学生卷）

的现象更加明显",39.86%的学生认为"课堂的探究性更加明显",34.84%的学生认为"越来越强调对学习方法的掌握",还有 23.58%的学生认为"没有感到区别"。

对比教师和学生的调查结果可以发现，学生们对"自主五环"的态度要比教师消极。因此，教师应该思考，教学改革是否落到实处，是否真正让学生受益，或者学生不适应"四主五环"自得课堂，抑或教师对学生关注不够等。

四、个性突破：催生"1+X"特色课堂

面对越来越个性化的教育环境与教学对象，多样的学科特点，如何在最大化地发挥课堂范式对全校教学改革水平的示范引领、整体抬升功能的同时，又不影响高效课堂拔尖型、创新型、旗帜教育人才的脱颖而出，成了新时期学校课堂改革面临的难题。为此，学校在 2015 年提出把学校的特色课堂发展为教师的特色课堂，让学校更多元，让课堂更多元，鼓励教师依据班情、教情、学情自主创新设计，让师生在课堂上得到更大的成长，"1+X"特色课堂便应运而生。

"1+X"特色课堂以"四主五环"自得课堂为"1"，学科特色、教师个性特点为"X"。它是指在保持"四主五环"自得课堂精神内核的基础上，各学科可以根据自身特点及同一学科教学内容的不同而呈现出不同教学特色的多元辐射型课堂。

第二节 思想与方法："四主五环"教学模式的要素架构

"四主五环"教学模式是重庆三十七中根据教育趋势，以及在借鉴其他学校改革的基础上发展起来的具有重庆三十七中特色的教学模式。本节将对其内涵、要素以及经验进行总结。

一、"四主五环"自得课堂的内涵分析

要了解重庆三十七中教学活动特征,首先需要了解一下重庆三十七中经过很长时间探索形成的"四主五环"教学模式。下图是重庆三十七中的"四主五环"自得课堂模式图。

"四主五环"自得课堂是在学校自得教育思想的观照下,围绕"有理想、有个性、有教养、会做人、会做事、会生活"的培养目标,践行"激扬生命,得法自然"办学理念与"尚自得,展个性"校训,遵循"教师主导、学生主体、课堂主攻、活动主线"教学原则,按照"目标导向——预习奠基——合作解疑——展示提质——测评达标"五步教学环节组织课堂教学,实现"学业自为"进行建构的一种开放性教学。

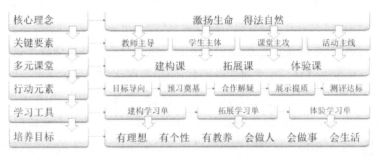

图4-3 "四主五环"自得课堂模式图

"四主五环"的关键要素是"教师主导、学生主体、课堂主攻、活动主线",以此来塑造"建构课、拓展课和体验课"等多元课堂。重庆三十七中的"四主五环"教学模式不仅体现本校特色和办学水平,更是在认真践行学生主体的教育改革理念。

接下来将对"四主五环"的基本要素进行详细解读。

二、"四主五环"自得课堂的基本要素

"四主五环"自得课堂的基本要素包括两个部分:思想导引和方法变革。而每一部分又包含丰富的内容,接下来将对其进行详细介绍。

(一) 思想导引

教师主导。明确教师的主导作用体现在学习目标的设计、学习内容的选择、学习环境的营造、学习活动的策划、学习进程的把握、学习节奏的调控、学习效果的评价等各个方面。在学生自学、互学、展学过程中,教师要创设学习情境,激发学习兴趣,进行现场观察,巧妙地穿针引线,适时为学生提供有效的指导、反馈、矫正和激励等,把学生的学习从表层引向深层,从低谷推向高潮,从低效引向高效。

学生主体。教学是"教师和学生"的"教与学"的过程,教学目标又重在"学",即通过教学让"学生获得学问与学习的能力"。因此教学方法中要以学生为主体、调动学生的积极性。[1]

确立学生主体的发挥是把精神生命发展的主动性还给学生的理念,教师要实现"五还",还学生主动学习的"时间""空间""工具""提问权"和"评议权",并以此来激发学生学习的兴趣,改变学生的学习方式,让学生真正成为课堂的主人。

课堂主攻。学生作为一个生命个体,生活和学习构成了其生命活动的主体部分,每天必然充斥着各种生活体验和学习体验,不论是有意识的还是无意识的。同时,学生作为一个社会群体,家庭、学校、社会构成了其所有活动的场域,在这些场域中也必然充斥着各种各样的体验。课堂是学校教育教学实施的最重要场域,课堂教学也是学校教育教学发挥功效的最主要方式。作为学生,大部分时间是在学校度过的,而在学校,大部分时间又是在课堂中度过的。因此,学生的课堂体验很大程度上影响了学生的整个教育教学体验,而学生的教育教学体验又很大程度上影响着学生的生命生活体验。[2]把课堂教学定位为课程改革的主攻方向,以课堂教学改革为突破口,带动学校教育的整体变革。把促进从教师知识传授型课堂向学生自主探究型课堂转变作为课堂变革的基本思路,激活思维,诱导自学,先学后教,不教而教,让课堂回归学生的世界,让课堂变成阳光灿烂、灵性生长、青春飞扬的舞台。

活动主线。把课堂学习过程设计成指向问题解决的一连串活动,组织学生以自学、合作、展示等方式,参与到问题解决的系列活动之中,让外在的动口、动手、互助交往与内在的思维活动和情感体验协同配合。通过解决一个个有内在联系的问题,达到对新知的理解和内化,不断丰富学习经验,实现知识与技能、过程与方法、情感态度与价值观的协调发展。

(二) 方法变革

目标导向。明确学习是一个具有明确目标的行为趋向,遵循从目标导向行为到目标行为的目标达成路径,交替运用目标导向行为和目标行为。引导学生保持一种积极的学习状态,不断进入新的目标导向,以实现新的更高的目标。

---

[1] 李小方.突出以学生为主体彰显生命本质的教育价值理念[J].教书育人,2012(12):126—128.
[2] 李启峰.学生课堂体验与学习成效研究[D].上海:华东师范大学,2015:1.

预学奠基。贯彻先学后教原则,将学生对新知识的预备性尝试学习作为教学起点,让学生养成面对新问题首先进行自主探索、尝试解决的习惯,体验自主学习、解决问题的乐趣,带着明确的问题和强烈的求知欲走进学习共同体,分享学习经验,探究学习问题。

合作解疑。不断加强学生学习小组建设,持续增进小组成员间的积极互赖。建立健全小组互学机制,通过小组成员间的有效沟通,取长补短,解决学生在预学中产生的疑问。教师见机参与,顺势点拨引导,促进资源生成,帮助解决疑难。

展示提质。通过学生独立预学、同伴助学,使学生对新知达到一定程度的理解。通过学习对成果的表达促进认识清晰化、条理化、结构化;通过全班性生生互动与师生互动解决难点问题,实现深度学习,提高学习品质。

测评达标。课堂教学是有明确目标任务的行为,因此在一堂课即将告一段落之际,有必要组织学生对照学习目标进行总结、评价,或以形成性练习的方式检验学习效果,审视学习目标的达成度,长善救失,及时巩固。

(三)"四主五环"自得课堂的特征

教师研导与学生研学的统一。"四主五环"自得课堂要求教师要突破课堂教学的狭小空间,走向更为广阔的研究天地,研究包括课前的分析记录学生学习中的状态、思维过程和活动组织等方面存在的典型问题,评估搜集整理的信息,确定需要采取的引导策略和行动。课堂上,鼓励学生运用发散性思维、逆向思维、批判性思维等多种思维方式,形成个性化的思考,表达个性化的想法。在课外活动中,鼓励学生通过丰富的社团活动和研究性学习,拓宽知识视野,交流独特思想,提高综合素养。

问题导学与深度思维的互动。"问题"可以导引学生深度思考、探究,引发学生深度学习。启发性问题有助于学生理解,支架性问题有助于学生建构,探究性问题有助于学生发现,开放性问题有助于学生创新。问题导学,能让学生的学习走向深度,从而能增强学生学习能力。[1] 问题导学、深度思维是"四主五环"自得课堂的重要特征。问题导学与深度思维相互促进,表现在学中问、问中思、思中动的深度学习过程。问题导学可以发挥问题情境的优势,有效唤醒学生的内部动机,最大限度地发挥学生的学习积极性和主动性;深度思维则能挖掘问题的本质,不断激发内部的潜力。

教学规程与课例引领的融合。形成了学生"自我驱动、小组组员带动、教师点拨推

---

[1] 祝恒.走向深度学习的问题导学课堂教学范式[J].数学教学通讯小学版,2020(16):45—46.

动"的学习轨道和教师"以学定教、以学促教、自我发展"的教学轨道,促进师生的终身成长。以学科、课型为前提,克服"重学有余,而轻教失度"的现象;合作以解疑、展示以提质,改进讨论、展示中存在的形式主义、流程化、两极分化现象;肯定了课堂中教师讲解点拨的必要性,增大了课堂容量,让课堂高效实用;加强对学生的管理,让更多的学生参与到展示、点评中来。

(四)"四主五环"自得课堂的操作模式

为落实办学理念,学校确立以"四主五环"为关键导学要素,并以此为基础,根据学科的特点和学生的认知方式,确立"四主五环"自得课堂的三种基本课型,分别为"四主五环"建构课、"四主五环"拓展课和"四主五环"体验课。每种课型都建立了基本导学模式,形成操作的基本流程,并在四种基本模式的基础上,分别构建导学模式的各学科变式和教师个人变式,以突出学科专业特点,发挥个人专业特长,让"四主五环"自得课堂更灵动、更有效。

三、自得教育教学改革的经验总结

凡是变革都需要总结,这不仅是对自己学校负责,也是对其他学校乃至整个教育系统负责。在探索教学改革过程中,重庆三十七中总结了以下教学改革经验。

(一)操作指南:促成课堂愿景与实际操作的有机统一

"四主五环"自得课堂兼顾了教学思想和教学方法两个维度。"四主"是从教学思想的层面引导老师改变教学观、课堂观、学习观,把课堂教学定位为课程改革的主攻方向,把学生真正作为课堂的主体,以此来激发学生学习的主动性,改变学生的学习方式。"五环"从教学方法的角度指导老师的具体课堂行为,以路线图的形式创设课堂流程,让学习和教学融为一体,成为师生共同的课堂,实现教学思想与方法的统一。

(二)文化浸润:促成自得体验与个性成长的共同提升

与看不见、摸不着的"虚"的学校文化相比,学校课程和教学"实"了很多,它会很明确地告诉世人学校可以教给学生些什么东西,准备把学生培养成为什么样的人。虽然虚实不同,但两者在培养学生发展过程中的作用,却是难分伯仲。而且很多时候,学生在接受学校课程的过程中,有意无意地就会受到学校文化的影响。因为,我们经常可以发现,在忆及自己求学生涯的时候,很多人首先想到的并不是自己学到了什么样的知识,而是学校氛围、学校师生点点滴滴的生活细节、行为方式带给自己一生的影响。为此,我们不得不思考学校文化与学校课程和教学的关系,力求使两者形成教育合力,共同促进学生的健康发展。①

学校在自得文化的浸润下,形成"同舟共济,德业自馨"校风、"迷津问渡,启悟自行"教风和"百炼成钢,互学自成"学风,为"四主五环"自得课堂的实践与探索提供文化支撑。

在学生层面,"四主五环"自得课堂在学习目标导向下,帮助学生维持较高的学习动机和兴趣,培养学生自主学习的习惯,允许学生有差异化的学习过程,帮助学生锻炼对成果和问题的表达,帮助学生学会倾听、学会交流、学会尊重、学会学习。

在教师层面,"四主五环"自得课堂帮助老师实现新的教育形势下普适性与个性化相结合的课堂要求。关照全体学生的不同需求,努力形成"1+X"特色课堂,使不同的学科不同的老师都可以根据各自学科特点,以及同一学科教学内容的不同而呈现出不同的课堂教学特色,促进教师特色发展。

(三) 内容开拓:促成学科基础与兴趣增长的有效结合

在"四主五环"自得课堂实施过程中,特别是在编制适应学校学生学业水平导学案的过程中,学校教师最大限度地了解学生的学习过程、学习兴趣和关键增长点,积累和培养了校本课程开发能力。学校陆续开发了系列校本选修课程和学生社团活动课程,现有校本选修课程50余门,已实现学生自主选课选修。校本课程的开发和实施提升了教师的专业内涵,培养了学生核心素养,从而共同推动了学校持续改进和特色发展。

第三节 发展与成长:"1+X"自得课堂教学模式的建立

随着"四主五环"教学模式的不断成熟,重庆三十七中的教师们继续探索,根据各学科特点及不同教学内容进行改革。形成"1+X"的特色课堂,每个课堂在统一规定下又彰显着每个教师的个性特征。

一、建立基础:"1+X"自得课堂的由来

20世纪90年代以来,世界上很多国家和地区进行了新的课程改革。日本的新课程留给学生更多自由发展的空间;英国的新课程标准强调关注自我成长;我国台湾的新课程标准强调个体的身心发展;瑞士、芬兰等国家也在高中课程改革中强调个体、个

---

① 杨全印,赵中建.学校文化:课程开发[M].合肥:安徽教育出版社,2008:24.

性发展的重要性。由此看来，关注每一个学生个性的充分、全面发展，已成为教育改革的趋势。

钟启泉教授在其《现代课程论》一书的跋中写道："教学，是教授借助课程、教材，引导学生按照明确的目的，循序渐进地掌握一定的知识、技能、态度的一种教育活动过程。从学校全部工作的比重看，教学工作所占的时间最多，涉及面最广，对学生发展的影响最全面，对学校教育质量的影响最大。"①由此可见，教学是教育活动的核心。从知识的发展来看，由于知识的快速增长，我们能够推测的知识正越来越快地过时。今天人们认为"正确"的知识，明天就可能成为"错误"的东西。因此，如果我们要学习的所有东西都必须不断地重新发明和日益更新，那么教学就变成了教育，而且就越来越变成了学习。

既然教学是教育的核心，教学是素质教育的主阵地，我们就必须建构与之相应的新的教学理论，必须与我国面向21世纪的人才素质培养相一致。这种教学理论就是个性化的教学理论。

个性化教学模式是反映注重个体发展的个性化教学理论的逻辑轮廓，是为保证达成个体个性发展教学任务的相对稳定而具体的教学活动结构。"个性化"（Individuation）这一概念，使教学担负着三重使命。从目的上说，这样的教学是培养个性化的主体，培养独特的、独立的个体，身心和谐统一的个体——这是目的意义上的个性化。从过程上说，个性化教学是这样一个过程，即在教学的帮助下，个体逐渐变成在心理上、生理上"不可分的"（Individual），亦即一个独立的、不可分的统一体或和谐整体。教学必须尊重个体发展的时间特性，服从个体身心变化发展的规律，这是过程意义上的个性化。从结构上说，个性化教学是一个系统工程。促进个性发展，培养每个儿童的"平民化自由人格"，必然需要相应的教学模式，即需要相对稳定的教学活动的基本结构，这种结构就是教学的个别化（Instructional individualization），即为了统一，教学必须进行必要的分化，即个别化。Individual 表明个体或个人（Individual）在结构上既是统一的又是分化的。

基于这些"个性化"的理解。不同学科、不同类型、不同背景的教师在实践中所进行的教学个性化创生也是不一样的。从而形成不同学科的不同类型教师的独特风格，即"1+X"。"1+X"特色课堂以"四主五环"自得课堂为"1"，学科特色、教师个性特点

---

① 钟启泉.现代课程论[M].上海：上海教育出版社，1989：748.

为"X",是指在保持"四主五环"自得课堂精神内核的基础上,各学科可以根据各自学科特点及同一学科教学内容的不同,而呈现出不同教学特色的多元辐射型课堂,让课堂进一步升华与提质。重庆三十七中一直坚信,真正的教育一定是致力于引领学生用眼睛去观察,用心灵去感悟,用头脑去判别,用语言去表达的。这是重庆三十七中的教育真谛,也是重庆三十七中"自得"教育的使命所在。

二、风采展示:个性化自得课堂教学比赛

参加各种教学比赛是教师成长过程中必须经历的磨炼,组织教师参赛并取得好成绩,是所有学校都高度重视的一件大事。在教学比赛过程中,"以赛促教"几乎成为教师、学校及教育主管部门的共识。[①] "以赛促教"只是教师参加教学比赛的目的之一,"以赛促学"和"以赛促研"也成为教师参加比赛的宗旨。

2017年11月22日下午,大渡口区2017年优质课大赛之高中地理专场如期而至。参赛课题统一为:高中地理必修一"锋面系统"。参与本次赛课的选手分别是来自重庆第三十七中学校的熊强老师、肖杰老师,以及来自重庆茄子溪中学的周静老师、蔡鹏老师。赛课选手中有青年教师也有中年教师,青年教师是教育事业中冉冉升起的"新星",中年教师则为课堂经验丰富的"教学大咖"。

图4-4 肖杰老师比赛现场

---

① 高行亮.教学比赛的宗旨是"以赛促学"[J].教学与管理,2020(13):31—32.

肖杰老师巧借动画，理清脉络，与学生平等对话，开篇以描述天气的视频作为导入，期间加入亲自录制的短视频为大家诠释"生活中处处是地理"，整个课堂分为"开路先锋——针锋相对——锋芒毕露"三个环节展开。整节课思路清晰流畅，结合现代化教具，使得整个课堂教学方式丰富多样，生动有趣，将枯燥又艰苦的学习生活变得生动有趣，为学生们留下很好的学习体验。

熊强老师精巧新颖的教学设计让同学们、评委们、观摩教师们赞不绝口，更是将本次地理优质课大赛推向高潮。以"辋川烟雨"的形成为背景，演绎了一段穿越千年的地理饕餮盛宴，理论结合实践，注重运用，课堂一气呵成，结尾处师生共同吟诵《山居秋暝》，中华诗词中的地理韵味绵绵不绝。虽然是地理课，但是熊老师却巧妙地结合了中华诗词的相关内容和意境。整个教学过程不仅体现了地理学的"学科味"，更是融合了不同学科的知识。整个过程也是一个把"五育"融合得很好的案例。

图 4-5　熊强老师比赛现场

当今教育在普遍追求学生兴趣的时候，似乎忘记了关注教育者们自己的个性。但是重庆三十七中却没有忘记这群默默奉献的教师们。在此方面，学校树立"以人为本"，这个"人"不仅是学生，也包括教师。学校允许教师在完成自己任务的基础上，充分发挥自己的主观能动性实施创新性教学，并给予充分支持，不断挖掘教师们的潜能。此"支持"成为教师们实现自我的一个重要平台。"1+X"在这种体系下不断走向成熟。

重庆三十七中的教师是一个非常注重合作而有爱的团队。对于优质课比赛，离不开教研组教师们的合作与精心准备。"兼听则明"，个人的想法有时可能是不太成熟

图4-6 优质课比赛前地理教研组成员磨课现场

的。因而,这次比赛也是学校地理教研组老师们精心设计教案,地理教研组成员群策群力,各自贡献自己想法的结果。

最终,学校教师在这次比赛中都获得了不错的成绩,熊强老师和肖杰老师都以其个人教学的独特风格分别获得第二和第三名。他们打造出了具有个人特色的教学课堂,学生们沉浸在各具色彩的美妙的课堂氛围中,收获满满。

由此可见,即便是"1+X"的教学特色模式,也离不开集体智慧。通过同伴教师之间的互相指导,互相比较和学习,指点迷津,才能让每个教师发现自己的特色,并致力于把自己的教学特色发挥到极致,最终呈现出"1+1>2"的集体效果。

三、全面成长:"1+X"自得课堂的实践成果

"1+X"特色教学模式在教育教学实践过程中获得了许多成果,包括学生、教师以及学校三方面的成果。具体如下:

(一) 学生——内涵式发展

学生内涵式发展,即"学生全面发展""学生核心素养的发展"。钟启泉教授说,核心素养不是直接由教师教出来的,而是需要学生在具体的问题情境中借助问题解决的实践而逐步培养并发展起来的。[①] 教师在教学活动安排上,为学生提供掌握知识与发

---

① 钟启泉.基于核心素养的课程发展:挑战与课题[J].全球教育展望,2016(01):3—25.

展思维的机会,为学生创造真实的情境,提供真实的问题,保证学生有足够的学习时间,提供学生实践学习、动手学习获得直接经验和间接经验的机会,从而方便学生结合实际经验在解决问题(包括实际问题的解决和自身学习问题的解决)的过程中建构知识、发展思维。①

从显性升学层面来讲,2014年,重本升学率17.0%,2015年(课堂改革后毕业的第一个年级)为25.2%,2016年又上升至27.45%。近1200名学生会成员参与学校的各项活动及管理工作;学生志愿者开展了各种服务活动等;足球、射击、篮球等校队多次获国家及市级冠军;在市级艺术大赛中,获得多个一等奖;陈艳霞同学被评为"全国最美中学生"(重庆市仅两名);"莎姐"法律社团活动在中央电视台《焦点访谈》栏目中播出(2016年)。学校在老百姓中的口碑不断提升,优质生源也不断回流,回流率每年以15%的比例递增。

(二) 教师——专业化提升

成果实施以来,学校教师专业成长迅速,在所参加的重庆市现场课竞赛中有10人次获一等奖。教师在各项专业论文评比中,获一等奖篇目大幅增加,每年以约35%的比例上升。许多教师论文在学科核心刊物上发表。学校拥有研究员级教师3人,特级教师1人,市名师1人,市骨干教师15人,区学科带头人3人,区骨干31人。

(三) 学校——辐射式影响

首先,促进学校特色化发展。 在重庆市普通高中发展计划中,学校已成功申报一个课程创新实践基地(综合实践活动课程创新基地)、六门精品校本选修课程("衣食住行见化学""区域地理考察与研究""阳光心态与潜能开发""慧心习琴韵妙手著文章""生活中的数学""发案说理 趣味说法")和四项课程改革课题。2014年,学校成功承办"影响中国·全国十大课改典型名校高效课堂精彩展示活动暨重庆市十大初中、高中课改名校卓越课堂大型展示活动"。2015年,出版教师论文集《领悟集》。2015年12月,课程改革经验材料《体验·创造·生成》上报重庆市教育学会和重庆市教育科学研究院联合举办的2015年学术年会,并成功入选《基础教育课程改革经验交流材料》。

其次,促成同行交流。 自得课堂的实践与探索在同行中逐渐赢得口碑,市内外兄弟学校纷纷到校听课、交流,其中不乏来自浙江、广东、湖南、四川、甘肃、西藏的学校。他们对学校的自得课堂给予了极高评价,纷纷在自己校内推行自得课堂实践,并取得

---

① 唐丽,张一春.学生核心素养的发展:知识与思维关系的视角[J].现代教育技术,2020(06):33—38.

良好的成效。

当问及教师们和学生们,"学校实施'四主五环'教学改革以来,来校参观学习的人变多吗?"的时候,得到如下统计结果:

统计结果显示,61.16%的教师给出了"肯定"答复,35.12%的教师"不清楚",还有3.72%的教师给出了"否定"答复。

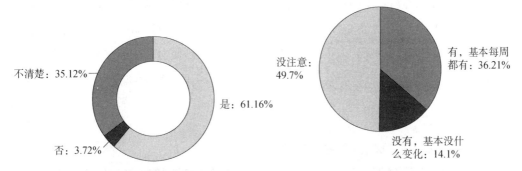

图4-7 学校实施"四主五环"教学改革以来,来校参观学习的人变多吗?(教师卷)

图4-8 学校实施"四主五环"教学改革以来,来校参观学习的人变多吗?(学生卷)

对于学生而言,36.21%的学生,察觉到了"有,基本每周都有";但是更大一部分49.7%的学生表示"没注意"和14.1%的学生表示"没什么变化"。

以上统计结果表明,"四主五环"自得课堂所形成的社会影响,已经为学校的教师所察觉并认可。这为学校继续推进"四主五环"的教学改革提供了良好基础。另一方面,对学生来讲,给予的否定性的回复更多一些。学校对学生在"四主五环"方面的态度应给予重视。

第三,获得媒体高频报道。《重庆日报》、重庆卫视、华龙网、重庆移动电视、《重庆时报》、腾讯大渝网、《新家长报》等主流媒体多视角、全方位地报道了自得课堂的推进和特色。2015年底,"重庆市第三十七中学新形势下课程建设高峰论坛暨重庆三十七中自得教育心动课堂行动"成功举办,华东师范大学第二附属中学戴立益校长、华东师范大学课程与教学研究所胡惠闵教授,重庆市教育科学研究院李常明副院长等出席了论坛,来自九十五中、茄子溪中学等大渡口区中小学的教师300余人参与了本次论坛活动。与会专家对学校自得课堂的建构体系给予很高的评价,人民网、新华网和华龙网对现场进行直播报道。

第四节 变革与重塑：疫情背景下的自得教育的创新

2020年春天，一场突如其来的疫情影响了人们的正常生活。据联合国教科文组织统计，截至2020年4月17日，新冠肺炎疫情已导致191个国家和地区的15.8亿学生停课，占全部在校学生的91.3%。新形势下的自得教育不得不根据这突如其来的灾难进行变革。这次变革是挑战？还是机遇？在经历疫情防控期间教育领域信息技术与在线教学融合实践的"大考"后，我们有必要也有基础，对在线教学从不同角度进行总结，并思考在人工智能时代如何借现代技术之力有效促进学生能力和素养提高。[①]

一、背景：NCP倒逼下的在线教学现状

我国教育部门为阻断疫情向校园蔓延，开启线上与线下教学的"转换器"。疫情防控期间，教师、学生和家长积极做好各自的工作，保障在线教学顺利开展。以下是重庆三十七中在线教育的基本情况。

（一）政策保障与引导

自延期开学通知发布以来，从中央到地方甚至部分学校都陆续出台了相应的"停课不停学"工作实施方案。2020年1月29日，疫情重灾区湖北省教育厅发布《省教育厅关于全省中小学校在疫情防控期间开展网络教学的指导意见》，从工作任务、组织原则、教学模式、教学组织、教学资源等方面，针对网络教学提出了全方位的指导性意见。[②] 2月12日，《教育部办公厅、工业和信息化部办公厅关于中小学延期开学期间"停课不停学"有关工作安排的通知》发布，进一步规范了学生学习内容、组织协调、课内外衔接等工作。[③] 3月9日，大渡口区教育系统疫情防控暨"停课不停学"工作推进会在重庆三十七中召开。

与会领导，从前期调研的组织和成效呈现出5大特点等四个方面进行了回顾和布

---

① 曹一鸣.疫情时期在线教学实践引发的思考与启示[J].中小学数字化教学，2020(06)：24—27.
② 湖北省教育厅.省教育厅关于全省中小学校在疫情防控期间开展网络教学的指导意见. http://www.hubei.gov.cn/zhuanti/2020/xgfyyqfkzszq/fwzq/zclxx/msbz/202003/t20200305_2173063.shtml.
③ 教育部办公厅,工业和信息化部办公厅.教育部办公厅,工业和信息化部办公厅关于中小学延期开学期间"停课不停学"有关工作安排的通知. http://www.moe.gov.cn/srcsite/A06/s3321/202002/t20200212_420435.html.

图4-9 大渡口区"停课不停学"工作推进会在重庆三十七中召开

置。要求全区各学校要把握"以学生身心健康为核心,把握好线上教育指导的出发原点和价值取向"的后期推进总基调;落实"三松绑、三关注、五指导、一底线"四个方面的工作重点;把住"线上教学指导"的底线原则。继续把疫情防控和"停课不停学"工作做好做扎实。

全国各地完成在线教学相关配套文件的制定,为参与在线教学的教师、学生提供了保障和便利,为家校沟通、协同教学提供了政策性依据。

(二)在线教学平台模式

新型冠状病毒疫情形势严峻,为全面落实党中央、国务院关于做好新型冠状病毒感染的肺炎疫情防控工作决策部署,切实加强校园疫情防控,根据《教育部关于2020年春季学期延期开学的通知》和市委、市府统一部署和《重庆市教育委员会关于进一步做好延迟春季开学工作的通知》(渝教发〔2020〕5号)要求,实现延迟开学期间"停课不停学",学校高度重视,在充分调研的基础上,召集学校骨干教师,为三十七中学子开设网络直播课。

网络直播课在学校并非新生事物,自2019年暑期开始,学校集中教师骨干力量,在假期和周末为学生提供直播互动课堂。课程内容多是对所学知识重难点进行总结和查漏补缺,加强学法指导、技巧讲解,易错点练习,重难点总结巩固等,在很大程度上解决了学生课后缺乏名师指导、复习不系统,课后、周末遇到问题不能及时答疑等实际困难,真正在实际中给学生减负,提高了学习效率。

如今,为了抗击疫情,学校积极发挥勇于担当的三十七中教师精神,成立了网络直播指导小组。他们制定了工作预案,统筹安排全校初高中学生延期开学的各项工作。通过重庆三十七中课后网空中课堂教学平台(cq37.kehou.com),各学科积极开展网络教研,形成教学共案。聚集全校优质师资,提供网上上课服务,开设初高中网络新课学习,满足学生学习需要,在线解决学生疑难点。重庆三十七中全校学生可在家独立完成线上新课程的学习,还可以观看回放,有效降低疫情传播,确保学生切身安全。真正做到教育教学不放松,学生在家学习不放松。

(三)系统性服务支撑

在线教学不是简单的"课堂搬家",既需要教师、教学设计等人员建设前端的课程资源,也需要后端强大的服务团队提供技术、服务等支持。[①]

各级教育主管部门和学校积极加强指导与监管,根据在线教学实践,及时统一思想认识、调整实施路径;国内相关互联网服务机构、云服务提供商等企业主动响应,为在线教学云平台的稳定运行提供服务支持,保障网络通畅与大规模用户在线使用的稳定性;各教育机构应做好软硬件设施、基础网络、师资配备、专业辅导等各类资源的调配工作,优化人员部署,全面保障"停课不停学"的顺利实施。

为了空中课堂的顺利开通,老师们放弃了寒假的休息,为实施线上教学做了大量准备工作。首先,班主任及时了解并帮助学生及家长做好线上学习的准备工作,指导学生学习和反馈的操作方法。其次,学科教师利用各类工作群按时进行网上集体备课,确定教学进度、授课内容、课后作业等教学资料。再次,在线教学结束后,本班各学科任课教师会对学生上传的作业及时检查、批改并在线答疑。

疫情防控期间家长们也没有闲着,真正实现了家校共育。全员网络在线授课对于同学们来说是一种全新的学习方式,家长朋友们能和老师一起,做孩子的守护者、示范者、引领者,确保学生能学有所获、学有所乐。首先,要求家长们保持通信畅通,密切关注学校微信公众号和班级微信群、QQ群,主动配合班主任做好疫情反馈工作。其次,督促孩子认真参与在线课堂的学习,按时完成课后作业,确保"延期不延学"落到实处。再次,督促孩子合理使用手机,有问题及时与班主任及任教教师沟通。最后,给孩子做一个健康、积极向上的榜样,营造良好的学习、生活环境。

---

① 王冬冬,王怀波,张伟,王海荣,沈晓萍.“停课不停学”时期的在线教学研究——基于全国范围内的33 240份网络问卷调研[J].现代教育技术,2020(03):12—18.

这对学生们也提出了要求,因为全新的学习形式既是机遇也是挑战。疫情下的在线教育可能会使学生们感受到一种新的学习趣味,提高学生的自主学习水平。首先,要求学生致力于积极做好居家防疫工作。保持良好的卫生习惯和健康生活方式,增强自身免疫力;保持乐观向上的心态,坚定必胜信念。其次,遵照课程表积极参加线上学习活动,及时提交作业,完成相关学习任务。若有疑问联系老师请教,做到学习要有计划,作息要有规律。表4-1是一张初三年级的网络授课课程表。

表4-1 初三年级网络授课表

	星期一	星期二	星期三	星期四	星期五
第一节 (8:30—9:10)	英语	语文	英语	语文	英语
第二节 (9:20—10:00)	英语	语文	英语	语文	英语
大课间 (10:00—10:30)	体育锻炼				
第三节 (10:30—11:10)	物理	数学	物理	数学	物理
第四节 (11:20—12:00)	物理	数学	物理	数学	物理
午休					
第五节 (15:00—15:40)	化学	政治	化学	政治	化学
第六节 (15:50—16:30)	化学	历史	化学	历史	化学
第七节 (16:40—17:20)	自主阅读				

注:大课间,体育老师温馨提示:活动活动吧!
  1. 热身部分:原地小跑步5分钟
  2. 男生:俯卧撑20—30个,3组
    女生:跪姿俯卧撑15—20个,3组
  3. 高抬腿20—30秒,3组
  4. 平板支撑1分钟,3组
  5. 放松拉伸2分钟

由此可见,重庆三十七中为了有效开展线上教学,联合学校教师、家长等一起对学生进行管理,以促进学生的高效学习。与家长监督和交流学生们的学习状况,力争做到"疫情在家学习常态化"。为学生制定了课程表,具体到每分钟应该做什么,甚至锻炼身体应该怎么锻炼,做多长时间,具有很强的可操作性。在家学习注重劳逸结合,关注学生的身体健康。学校尽力去弥补疫情所带来的不利影响。

疫情的到来,让"停学"的"危机"转化为"转机",真正实现学校引导、社会支持、家庭鼓励配合的全员育人改革。

虽然网络授课解决了学校停课的问题,但是似乎又退回到了教学改革前的教学水平。首先,进一步分析学校课表的话,可以发现,学校课表安排的课程基本上是以要考试的内容为主。教师和学生分别处于网络两端,彼此无法感知到对方的情绪状态。教师想表达的东西,可能学生无法及时感知到;学生因为脱离了学校学习和同学教师的场域环境,时常会感觉到无聊、乏味甚至困倦。整体而言,面对突如其来的调整和改变,双方都不适应,效率相对低下。其次,教师在家授课,这也就意味着教师无法随手拿到自己想要的教具,在设计教学内容的时候,也只能以传统的"讲授法"作为主要的教学方法,这也是此次疫情带来的一些弊病。

二、突破:自得教育改革的革命性进展

疫情推动了重庆三十七中自得教育的再次改革。自得教育的情景发生了显著变化,主要包括以下一些方面:

(一) 自主化的学习空间

随着疫情而来的"线上教学"的开展,同时促进了"居家学习"的兴起。一方面,展现出居家学习与在校学习的本质区别:"由群体性的学习组织变成个体为主或有家长陪伴的家庭学习,由教师督促、同伴互助的激励学习方式变成独立坚持、独自面对的学习,由程式化、规范化和仪式化的学习环境变成相对惬意轻松的、自我营造的学习环境,由规律的学习时长变成随意的、自我调节的学习时间安排,由相对统一固化的学习内容变成自主选择、自由安排的学习内容。"①

在线学习,有助于培养学生的"学习自觉"和"自主学习"的能力,学会在"在校学习"和"居家学习"之间自如地穿梭转换,而且能够推动整个教育的变革,为传统的学校教育改革带来新方向、新常态和新趋势。同时,学校教育可以从在家学习那里获得让学生选择课程、让学生选择教师、让学生自学等改革的灵感。②

(二) 拓展化的教育内容

让学生选择课程。除了学习语文、数学、外语、音乐、体育、美育、劳动、科技、道德

---

① 苏忧.重视居家学习的价值[N].中国教师报,2020-04-01(03).
② 刘良华.在家学习与在校学习的互动与边界[N].教师报,2020-03-01(01).

与法治等国家课程,学生可以利用在家学习的优势,选择自己感兴趣的选修课程。把选择课程的权利还给学生。教师和家长可鼓励学生自由选择多样化的课程专题,比如名著阅读(尤其是四大名著阅读)、社会热点问题(尤其是疫情问题)、教育电影、游戏与手工、运动专题、艺术专题、劳动与生涯教育,等等。如在社会热点问题方面,教师和家长可根据当前疫情问题,选择观看相关的电影或视频,比如《传染病》《血疫》《流感》《大流感》(也称"杀死5000万人的大流感")、《揭秘1910哈尔滨大瘟疫》,等等。也可以阅读相关的书籍,比如法国文学家加缪的小说《鼠疫》、美国历史学家麦克尼尔史学著作《瘟疫与人》,等等。观看《传染病》《血疫》《大流感》等电影或电视剧,不仅有利于学生了解由病毒引起的瘟疫或流行病,提高学生对公共卫生与健康的理解与防范意识,也可以让学生附带学习英语。在劳动与生涯教育方面,可以引导学生承担必要的家务劳动。通过对各种职业的了解,体验各种职业的艰难与欢乐,培养孩子的职业生涯意识。①

居家学习是对孩子自制力的一种极大考验。如何根据不同年龄段的学生,注重规则、自律、慎独等意志品质的熏陶引导,进行良好习惯的培养,这是一项艰巨复杂的任务,但又是每个孩子居家学习有成效的根本条件与保证措施。② 总之,家长和教师要抓住特殊事件,合力给孩子全方位的教育引导,特别要给予正确的价值观引导,进行责任担当和大爱教育。

(三) 合作化的教学设计

疫情防控期间的在线教学是以"全年级大课"的形式来进行的,实行的是更广泛的集体化教学设计。疫情防控期间,为了更好地落实网课教学,提高教学质量,备课组磨砺责任担当之勇、科学备课之智、统筹分工之谋、组织实施之能。考虑到网络上课的特殊性,加上采用的全年级大课的形式,内容的安排和设计就非常重要。为了上好一节课,全组老师全员参与。

首先,课前一起准备。课前大家一起认真准备上课的内容和形式,认真准备附有详尽答案解析的习题,分工合作,有的美化课件,有的修改教案,相互审核、相互提醒,大家不分彼此,是一个作战整体。

其次,课中一起观摩。各备课组在网课中,每节课一位老师讲、其余老师听,相互学习的同时担负起课堂观察的作用,作为课后交流和后续课程调整改正的重要依据。

---

① 刘良华.在家学习与在校学习的互动与边界[N].教师报,2020-03-01(01).
② 苏忱.重视居家学习的价值[N].中国教师报,2020-04-01(03).

图4-10 年级课后集备缩影(地理组)

年级也强化了年级管委会成员的责任意识,每个人进入几个备课组,做到每个备课组都有年级管委会成员参与,参与听课,参与集备。充分发挥发现优秀、推广优秀的职责。

第三,课后一起讨论。每节网课后马上集备。每个老师积极交流讨论,主讲老师分享自己的教学构想和实施,听课老师分享自己的课堂观察,肯定亮点,指出不足,分享自己的处理方式方法。根据课标要求分析学情,结合本节网课反馈制订下节网课教学计划、分解备课任务。

第四,网上辅导争先恐后。辅导的手段多元化,有的线上直播、有的在线答疑、有的视频微课。辅导不分时段,有的直到深夜,有的周末依然在线。

疫情虽然阻挡了返校的步伐,但老师们并没有因此而懈怠,反而比以前更务实了,更能静下心来思考和研究;备课组也更加团结了,面向全体学生,大家毫无保留、共享资源、出谋划策、互帮互助。不仅促进了青年教师的成长,而且促进了备课组教研氛围的提升,实现了网课以此成长的愿景。

(四)升级化的家校合作

在居家学习的状态下,大部分家长与孩子有了更多的共处时间,重新建构或者修复亲子关系应成为居家学习的重要内容。家长与孩子之间要加强沟通与交流,家长要少发脾气、少发火,多鼓励、多宽容,特别是对学业成绩不够理想或者尚未达到要求的孩子,家长更要多信任、多沟通,用理智坦诚讲道理的方法加以引导,形成严宽得当的亲子关系。

居家学习需要营造良好的学习环境和学习氛围。其中,学习环境包括硬环境和软环境。硬环境的创设,包括给孩子准备书桌、书柜,有条件的家庭可以单独设立一间书房,当一个家庭充满书香气,就会对孩子产生潜移默化的影响。更重要的是亲子共读的软环境,家长要以身作则,先从自己做起,坚持不懈,让孩子看得到,学得上,用真实真诚为孩子树立榜样。①

也就是说,在居家学习和在线教育的情景之下,家长除了作为教育的物质支持者而存在,更应该身体力行,做学生生活和学习方面的榜样,配合教师一起,对学生学习进行监督和评价。此次疫情带给了家长深入了解自己孩子的机会,同时也促进了学校和家庭的进一步合作。

(五) 个性化的心理疏导

新型冠状病毒把我们每个人都困在了家里,疫情的状况让人紧张;疫情的传播让人恐慌;疫情的难控让人安全感顿失……原本活泼好动的学生闷在家里怎么样呢?网课持续一段时间后家长和学生有什么看法?老师因担心考试成绩下滑焦虑感强?林林总总的心理问题在疫情防控期间集中暴发了。然而,拥有健康的心态对我们战胜疫情至关重要,学校十分关心师生的心理健康问题,及时制定了《重庆市第三十七中学校关于延迟开学期间的心理健康教育工作方案》,旨在提高广大师生在这一特殊时期的自我心理调节水平、增强其自我心理应对能力。这一刻,作为学校专职心理教师金泽勤主动担起了为师生筑起心理抗"疫"之墙的重任。

> 金老师在疫情暴发后首先开通了针对全校师生的疫情防控心理热线,开设了网络心理辅导专用QQ和邮箱,每天在线咨询、辅导。到目前为止,共有上百人进行了电话或线上咨询。同时,金老师还把自己收集到的真实可靠的免费心理热线资源推送给师生、家长,以便大家能有更多的渠道获得心理支持。在这个过程中,金老师还充分发挥各班心理委员的作用,及时发现心理状况比较严重的学生主动给予心理支持。
>
> ——摘自重庆市第三十七中学校 微信公众号《战"疫"党旗在飘扬(一)——为师生筑起心理抗"疫"之墙》

---

① 苏忱.重视居家学习的价值[N].中国教师报,2020-04-01(03).

图 4-11 金老师为疏导人们心理所写的文章

因为疫情,学生们开始有了对生命及其他方面的深刻思考与感悟。疫情防控期间,金老师坚持利用学校的微信公众平台和她的微信公众号向师生、家长推送有关心理疏导的文章。还先后进行了"青少年如何看待父母的疫情防控呢?"和"在疫情防控期间,你觉得你与家人的关系变得如何?"两次网上问卷调查,分别吸引了包括家长、学生在内的三千多人参加,获得了宝贵的第一手材料,为更好地进行有针对性的心理辅导打下了坚实的基础。疫情防控期间进行空中团体辅导,对缓解人们焦虑不安的情绪起到了良好的效果。

当问及学生们,"你认为学校开展心理健康教育的成效怎样?"的时候,得到如图 4-12 的统计结果:

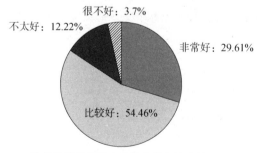

图 4-12 你认为学校开展心理健康教育的成效怎样?(学生卷)

统计结果显示,54.46%的学生认为学校开设的心理健康教育成效"比较好",29.61%的学生认为"非常好",12.22%的学生认为"不太好",3.7%的学生选择了"很不好"。从整体上来说,绝大多学生对学校心理健康教育课程是给予肯定的。该课程在促进学生心理健康方面起到良好效果。只是学校也需要关注那少部分给予否定态度的学生,争取实现全员对心理健康教育的支持,以实现学生心理的健康发展。

三、展望:自得教育改革的反思

此次"停课不停学"的在线教育在带来众多教育上的突破之时,同时也出现了很多问题。这些暴露出来的问题,为再次推进教育改革指明了方向。

(一)在线教育实践的问题

1. 政策理解与执行存在差异

各级教育主管部门和学校对于"停课不停学"的理解不一,且都缺乏系统、长远的规划。虽然大多省市已经建有教育资源公共服务平台,但只有个别省市在疫情期间启用了统一的平台。

大多省市的政策以指导建议和规范要求为主,学校在具体实施方面自行组织安排,故普遍存在对政策"一刀切"的实施情况,学校盲目推行与组织,以直播课堂教学模式为主,几乎照搬课堂教学。教育主管部门对网络授课平台和资源的准入标准、内容审核与监管没有及时跟进,在教师甄选平台和模式方面也缺乏指导。此外,疫情期间在线教学课程的知识产权也存在隐患。

2. 教育信息服务体系

在基础教育阶段推行"停课不停学",暴露出了严重的准备不足问题:第一,从主管部门到学校再到教师,都出现了短期应急和盲目应对的现象;第二,基础教育在短期内的完全网络化,存在现实的无奈与明显的"不适"——这种"不适",主要体现在基础阶段的教育信息化一直以学校为主阵地、以课堂为重,而校外的线上培训等在基础教育的信息化发展过程中起重要的补充作用,未能形成面向中小学的系统化、规范化的支持服务体系。

3. 教学方案科学性与适用性不足

目前的课程设置缺乏因地制宜的思考和设计,缺乏科学性和针对性,具体表现为:第一,实践模式较为单一,采用与线下教学同步的授课进度,或者在时间安排上与在校学习时间等同,没有对不同层次、不同学科的授课内容进行综合的考虑、评估和设计。

这种方式致使本来就时空分离的教与学更加缺乏交互,已有的课程资源也难以满足学生动态的个性化学习需求。第二,在线教学目前采用的多为免费开放平台,较难实现对学生学习情况的实时监管和综合评估。此外,疫情期间宝贵的在线教学经历与疫情后的教学缺乏衔接,有可能会成为孤立的历史数据,而无法对疫情后的教学提供指导性参考。

4. 各类主体信息化能力不足

信息素养缺失,是"停课不停学"面临的另一现实问题。目前,各类主体的信息化能力明显不足,包括:第一,学校的信息化统筹规划与快速组织能力不足。第二,教师的在线教学能力参差不齐。教师感到焦虑,主要原因是不知道如何与学生在线互动、如何组织教学活动、如何应对设备操作难题等。教师也普遍缺乏在线教学经验,不能快速适应并发挥网络技术应有的优势。第三,学生的在线自主学习能力不足,学习参与度难以保证。学生对于快速适应网上学习的信心不足,认为自己进行网上学习的主动性较差,有些需要教师和家长的督促才能完成网上学习任务。第四,家长协助孩子网上学习的能力存在不足。家长反映对网上学习的操作不熟悉,对于网络学习中可能出现的问题也没有积极有效的解决方法。

5. 基础设施薄弱影响实施效果

基础设施薄弱是阻碍在线教学大规模普及的基础性问题,主要表现为:第一,基础设施准备不足,如大规模的并发访问大大超过平台的常规服务能力,卡顿、频繁掉线等问题严重影响学习体验;第二,个体用户的基础设备有限。教师倾向于使用手机在线教学,但许多教学平台及软件仅支持 PC 端,一些机构的在线教学方案需配两台以上设备,故给教师在线教学带来了诸多不便。此外,农村地区不稳定的网络信号让在线教学变成了一种负担。[①]

(二)未来自得教育的发展方向

此次疫情暴露出来的问题,也是重庆三十七中进一步发展的契机,为自得教育的不断完善指明了方向。

首先,要加强各类主体的信息化水平提升。 为确保在线教学切实满足教育需求,取得不低于面授课堂的教学效果,各类教育主体均应重视信息化水平的提升,并形成常态化机制。第一,提升学校的综合信息化水平,重点加强管理、技术人员的培训,切

---

① 王冬冬,王怀波,张伟,王海荣,沈晓萍.「停课不停学」时期的在线教学研究——基于全国范围内的 33 240 份网络问卷调研[J].现代教育技术,2020,(03):12—18.

实提高学校的信息化管理水平、增强保障能力；第二，建立并完善教师信息技术应用能力的长期性、基础性培训与短期性、针对性培训相结合的培训体系，以在突发情况下能快速启动针对性培训与指导；第三，深化信息化教学实践应用，培养师生的使用习惯，提高学生的网络自主学习水平，深化家长对在线教学的认识与理解，并提高师生和家长的信息技术应用水平。

  其次，建设并持续完善技术环境与数字资源服务体系。技术环境与资源作为在线教学的基础，应得到各级主管部门的充分重视。首先，宏观方面，要对教学设备和网络条件有限的地区或学生进行定点帮扶，以满足学生网上学习的基本条件；在进行教学资源配置的过程中，教育主管部门应充分考虑学校师资、软硬件条件、网络实施、学段学情等多方面因素，以促进数字教学资源的充分利用；第二，微观方面，应重点加强教育管理者、教师等的信息化能力培训，并提供咨询、辅导、技术支持等服务，以突破技术层面的限制，使教育管理者能集中精力组织在线教师培训，教师能集中精力优化在线教学内容设计。[1]

  最后，后疫情时代是双线融合的时代。"线上教学与线下教学"可称为"双线教学"，"线上教学与线下教学的融合"可以简称为"双线融合"，在疫情的影响下，它们将成为未来基础教育的基本模式或常态模式。"线上教学＋线下教学"，而贯穿其中的则是一种"融通思维"，它将让双线之间的传统屏障松懈瓦解，进而带来诸多新改变，包括课程内容的改变、教学方案的改变、教师素养的改变、师生关系的转变等，它们都将基于融合、为了融合、体现融合和在融合之中得以重建。在通往"双线融合"及其他融合的路上，需要敏锐捕捉、发现并应对可能带来的危险、弊端或冲突。例如，教师被课内外丰富多彩的教育资源和学习形式所吸引，而遗忘了网络教学的目的所在；再如，在人际互动中，天然、及时、有效的评估与反馈的缺失；又如，在网络教学中，内容的深度与形式的多样很难同步，缺乏了内涵的形式就会很肤浅，而肤浅的形式容易捕获大家参与的兴趣，但往往失去长久的支持；还有，师生之间变得冷漠、疏离或者彼此不在乎。[2] 这些危险和弊端体现了线上与线下、教师与学生、影子教育与学校教育等多方面的竞争与冲突，其实质则是技术与人的竞争与冲突。如何应对和化解这些冲突，将

---

[1] 王冬冬，王怀波，张伟，王海荣，沈晓萍."停课不停学"时期的在线教学研究——基于全国范围内的33 240份网络问卷调研[J].现代教育技术，2020(03)：12—18.
[2] 周彬.从课堂教学到网络教学的"变"与"不变"[J].人民教育，2020(06)：53—55.

冲突转化为新的教育教学资源和育人资源,构成了后疫情时代的重大命题和重大挑战。[①]

第五节 稳定与充实:自得教育的教学质量保障

重庆三十七中之所以能够顺利进行教学改革,并且取得不俗的成效,得益于重庆三十七中建立了比较成熟的教学质量保障体系。本节将进行详细的介绍。

一、顶层设计,学术优先

在自得课堂探索过程中,组织和管理是重要的一环。学校将原有的课改委员会进行分工细化,组建了领导小组和工作指导小组,负责自得课堂建设工作的推进与指导。

领导小组的成员主要是学校领导和部分中层干部,其职能主要是从行政方面保障自得课堂顺利实施,统筹学校各部门的工作,为实践研究提供时间、人员、资金和设备等方面的保证。同时,领导小组要发挥带头作用,带头上研究课、观摩课和示范课,带动全体教师积极参与。

指导小组是负责自得课堂建设与指导的专门机构,成员包括学校分管领导、理论专家和课题的主研人员,承担学校自得课堂范式开发、过程指导与评价反馈。

二、建立机制,以晒(赛)促训

学校制定了听课制度、转课制度、集体备课制度、课堂开放制度等,采用奖惩并行、奖励为主的方式,充分激发、调动教师参与研究自得课堂的积极性,加强对集体备课的管理,明确一周两备的要求,并对备课质量提出明确的要求。

组织老师晒常规课,每年开展自得课堂赛课活动,组织教师听课、写听课记录、点评课堂教学。开展教师评课评比。

针对教师工作中存在的主要问题,设计选题指南,从预习、小组合作学习、学生点评、教师点拨、导学案反馈、小组建设等方面开展微课题研究。学校还定期举办"四主五环"自得课堂教师讲坛。

---

① 李政涛.后疫情时代,基础教育向何处去?[J].基础教育,2020(03):94—98.

三、合作学习，共同发展

新生入学第一个月，就要组建学生小组。每个小组 4—6 个人，成员相对固定，讨论形成小组的名称、口号及小组的奋斗目标等。

小组组建之后，还需要一系列的培训。互助解疑、展示点评都是自得课堂中的重要环节。在这个过程中遇到疑问向谁求助，讨论的组织与记录，点评的流程与技巧，等等，都需要学生了解和掌握。另外，学习小组和小组成员的表现，也需要进行及时地反馈，以不断调动小组与成员的积极性和保持课堂的活力。

四、案例研究，总结前行

学校通过实践，在大量的案例中找到成功的经验，梳理其中的共性问题，给广大教师以参考、验证，再总结，再提高。学校要求部分教师先根据自己的经验和思考，对原有的高效课堂进行改变。通过听课、与授课教师进行交流、分析与其他教师课堂的异同、寻找其中有效的做法等形式，对课堂教学不足进行改进。之后，这些改变的成果被集中起来，供其他教师进行参考。

五、全面实施，分步推进

自得课堂的实践与探索分三个阶段进行。**第一阶段，培养骨干，尝试自得课堂。**在本阶段，组织业务骨干，学习国内外关于课程改革和课堂教学的理论与实践，提升自己的理论素养。在此基础上，对原有的高效课堂进行改造，教师中心进行跟踪调研，与教师共同研究实践中的成败得失，为后续工作打下基础。**第二阶段，打造精品，榜样示范课堂。**在本阶段，对部分课型和内容进行打磨，形成精品，组织教师观摩学习，并鼓励其他教师进行积极尝试。在学校定期举办自得课堂的展示与赛课，要求每一位教师都参与听课与评课，近距离地感受自得课堂的精彩之处。通过样本的打造，让其他教师有例可循，消除他们的畏难情绪。**第三阶段，全面行动，形成特色课堂。**本阶段在继续抓好典型和优秀的基础上，对全体教师提出必须掌握自得课堂的授课方式的要求，形成特色课堂。

第五章　品质与多元：自得教育的学生指导

学生指导指学校针对学生在生活、心理、生涯及学业等方面的问题，提供全面而系统的思想指导、行为指导和心理指导，帮助学生认识自我、发现自我，实现学生的个性发展与全面发展的教育过程。

重庆市第三十七中基于钢城文化、义渡精神和三校融合历史的文化积淀，在高考制度和课程改革的时代背景推动下，努力为学生搭建心理指导平台和职业生涯指导平台相结合的"自得教育"指导机制，打造"课程指导、师资指导、活动指导、空间指导、信息指导"五位一体式的学生指导体系，通过提供职业指导、学习指导和心理指导的服务，认识学生、发现学生，进而塑造学生。

第一节　学生发展指导的社会背景

六十多年建校以来，一代代三十七中人在融合、交流与碰撞中，不断思考与探索，以"个性绽放，乐于自得"为目标，为学生提供覆盖学业、生涯、心理、生活、个性与社会性等多方面的学校生涯规划和心理教育指导，逐步增强学生的自主学习力、自主生活力、自主选择力和自主管理力，以实际行动助力大渡口区教育的发展和振兴。

一、钢城文化、义渡精神和三校融合历史下的文化积淀

高楼巍峨，溪流潺潺，绿荫葱茏，书声琅琅。1955 年，坐落在大渡口区长江之滨的重庆市三十七中学校是为工农子弟最先创办的中学，也是附近区域最早开办的完全中学。身在钢城，扎根义渡，在见证中华民族由弱到强、钢铁工业由小到大的历史中，三十七中孕育了校园文化中的一个与众不同的文化基因——"百炼成钢"。

钢城文化赋予了三十七中师生们不屈不挠的坚韧精神,义渡精神教会了三十七中师生们精诚团结的优秀品质,也为三十七中师生不断思考和探索提供了指引。2000—2005年,在历经多次并校后,三十七中又融入了不同的文化基因,实现了重庆市第三十七中、重钢第二子弟学校和重庆市钢城中学高中部的三校融合。至今,三十七中仍旧肩负着育天下之英才,保障社会和谐之重任。

二、高考制度改革和课程改革背景下的迫切需求

高考改革是教育体制改革中的重点领域和关键环节,对国家建设和个人发展发挥着十分重要的作用。近年来,国家出台的多项政策对学生的要求变得更高,要求学生在高中阶段就要有自己合理的生涯规划,如"新高考"制度改革提出"逐步推行普通高校对学生的多元性录取,对学生高考成绩和高中课业成绩实行综合评价机制";《普通高中课程方案》(2003年)提出"普通高中学生要学会正确认识自己,初步形成独立的职业意识和规划能力";《重庆市深化普通高等学校考试招生综合改革实施方案》(2019年)提出"高考科目将转变为彰显学生选择性的'3+1+2'的'自助餐'模式,到2021年将形成分类考试、综合评价、多元录取的招考模式",这也意味着学生在高中阶段就要思考将来能够适应社会发展的职业倾向。

面对新课改和高考录取制度改革的新要求,重庆三十七中把握机遇,应对挑战,本着"尊重学生选择""为学生提供更多的选择机会"的理念,积极应对选科走班带来的教师储备和分流问题、分班不均衡,以及教学管理和教学质量保障等问题,为高中生选择和规划高中三年需要学习的课程提供指导。此外,重庆三十七中不断探索,主动加强与高校和上海、浙江部分中学的深度交流与合作,积极参加校外相关培训,及时掌握高考改革动向与生涯规划教育的发展方向,为高中生未来的职业选择、大学专业的选择提供引航。

三、学生生涯发展和社会需求相呼应的现实愿景

生涯(Career)意为"过程"(Career as Process),即人生发展道路,也可指人或事物所经历的途径,延伸义可指"个人身份的表达"。生涯概念最初与"职业""工作"联系在一起,在1950年以前,"生涯"往往就是"职业"的代名词,这也意味着学生生涯的发展与社会需求是密切相关、交相呼应的。

学校是我国教育体系的核心,承担着为社会输送人才的重任,因此学校的人才培养必须与社会需求相一致,才能保障人才能力与素质的最大化发挥。随着经济和互联网时代的快速发展,社会对高素质人才的需求越来越旺盛,也越来越多样,学生渴望成长成才的需求也非常迫切,生涯规划教育成为学校需要直面的问题。

面对新时代不断更迭的挑战性和未知性,重庆三十七中很早就认识到中学生生涯规划教育是一个系统工程,需要整体策划,全面推进,全员参与,分步实施。早在2014年新高考试点启动之初,重庆三十七中就对生涯规划教育进行了一些有益的探索。2016年,重庆三十七中在全市较早成立生涯规划服务中心,为适应普通高中课程改革与高考综合改革做了前期的铺垫与准备。多年来,重庆三十七中逐步通过开设职业生涯规划课程和体验课程,创设职业指导的平台,成立中学生涯教育研究中心,不断丰富指导内涵,从最初单一提倡职业指导,到融入升学、心理、理想等多方面的生涯指导,逐步助力学校生涯指导职能的专门化。

第二节 学生发展指导的机构平台

在"新高考时代"背景下,重庆三十七中深刻意识到建立生涯指导、学习指导和心理指导"三位一体"式的学生发展指导制度,完善生涯规划和心理指导机构,向学生提供全面、科学、系统的咨询与服务,是适应新时代教育变革需要、促进学生核心素养形成的必然要求。

一、学生发展指导体系的心理指导机构

重庆三十七中始终坚守以人为本,坚持中心群落化、博物馆散落化、课程人文化,力争让一草一木、一砖一瓦皆有文化与故事,让学校的育人空间凸显绿色、生态、人文与和谐的特点。然而,重庆三十七中除了包含这类看得见、摸得着的外部环境外,还包含看不见摸不着的环境,即所谓的心理环境和精神环境。内部环境和外部环境的结合,使学校最终成为学生精神成长的乐园和教师幸福工作的家园。

(一)重视空间设计,营造温馨环境

学校心理辅导室是学校进行心理健康教育、开展心理健康教育活动的重要阵地和专用场地。科学合理地建设学校心理辅导室,形成软硬件设施为一体的心理咨询空间,是重庆三十七中高效开展心理健康教育的前提保障。

1."心语吧"心理健康教育中心

重庆三十七中第一个心理咨询室始建于2001年,活动教室经历了从几张桌椅到拥有现代化心理设备的百来平方米大房间的变化过程。

目前,学校已建成三间心理咨询教室,包括安全温馨的个体心理咨询室、沙盘游戏室、音乐放松仪、智能击打呐喊宣泄系统等,不仅可以为学生提供专业的咨询服务,也能供学生放松、发泄、减压。此外,心理健康教育中心还设立了心理展板区,每学期定期更换,展板内容以宣传心理健康知识为主,通过图片、文字等多种形式,让学生对心理健康有所了解,走出心理健康的误区。

重庆三十七中的心理健康教育中心不仅为学生提供平台解决日常学习和生活中遇到的种种困惑和问题,而且定期为在校学生的发展状况提供科学的测评,并进行学生资料建档工作,以积极的方式帮助学生预防问题、发现问题,从而把握最佳的发展机会。

图 5-1　重庆三十七中心理健康教育中心情绪宣泄角

2. 学生心理健康图书角

重庆三十七中十分重视心理健康教育书籍的购置,自图书室创建以来,学校购进了一大批心理健康教育与指导的书籍,以后逐年增加,至今已有近万册心理类书籍。除此之外,学校每年按期订阅了《中小学心理健康教育》《心理科学》《心理与健康》《大众心理学》等心理指导杂志和报纸,定期投放到不同年级的班级,通过成立学校和班级的心理健康教育书籍资源库,帮助中学生在拥有健康心态的基础上,开展自我探索,在了解自己的兴趣和能力的基础上,认识和发挥自身的生命意义和价值。

(二)家校联动关注,共织心理网络

中学生心理健康指导机构的完善与发展离不开专业的心理教师团队,也离不开家长的参与与配合。目前,重庆三十七中共有心理健康教育教师 3 人,其中获得重庆师范大学心理学硕士学位2人,获得西南大学心理学学士学位1人。拥有丰富实践经验和专业理论基础的心理教师团队,为三十七中心理健康教育的发展提供了专业保障。

重庆三十七中老师十分重视与家长的沟通与联系,通过家校联动和家校合作,扎实推进心理健康教育进程。首先,教师重视与学生家长搭建良好的沟通渠道,通过家校通、QQ或微信等社交软件建立沟通群,将学校的重大活动事件与学生的情况及时反馈给家长,以便双方及时了解学生在家的状态和在学校的情况;其次,重庆三十七中主动设立家委会等机构,让家长提出建设性意见的同时,参与到学校活动中来,增加家长间沟通和交流的频率,为家长间分享教育心得提供桥梁。此外,三十七中还定期组织家长心理健康教育讲座,利用"家长论坛""家长培训学校""家校教育研讨",以及开设"如何与孩子进行交流沟通"等讲座和沙龙,引导家长参与和配合学校的心理健康辅导,帮助家长转变教育观念,以科学的家庭教育方法督促孩子健康成长。

(三)创编校本教材,关注课程质量

心理辅导课是对中学生进行心理健康教育的重要方式和手段。重庆第三十七中学有意识地根据各年级学生的不同特点,整合学生发展指导的理论体系,通过课堂教学的形式来实现对学生发展的影响和指导。从2006年开始,重庆三十七中在初一年级开设了心理健康课,由最初的每两周一节发展到现在的每周一节,逐步形成一套"趣味性""生动性""互动性"有机结合的课程体系,该课程体系包含必修课程、选修课程和日常辅助课程等多种形式,并集结形成自编校本教材《中学生健心之路》,获得重庆市心理健康教育成果奖一等奖。

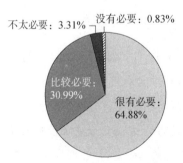

图5-2 您认为教师在课堂中渗透心理健康教育知识有必要吗?(教师卷)

据教师问卷调查显示,64.88%的教师认为在课堂上渗透心理健康教育知识很有必要,30.99%的教师认为在课堂上渗透心理健康教育知识比较必要。由此可见,重庆市第三十七中的教师注重在课堂中渗透心理健康教育,并认为潜移默化的心理健康教育的教育功能将会更明显。

1. 必修课程

重庆三十七中的心理必修课程主要针对高中阶段学生在成长和发展过程中遇到的生活、学业、生涯规划、心理等问题而开设的指导性课程,从学生的实际诉求出发,内容上丰富并贴近实际,形式上通过案例教学、体悟实践、行为训练等方式提高教育效果,为学生自我心理

成长打下良好基础,如"认识你自己""我的学习我做主""做情绪的主人""学会交往,让心靠近"等。

2. 选修课程

重庆三十七中的选修课程作为必修课程的一个补充,主要目标是为适应当前学生发展的多质化趋势,满足学生的个性化需要,实现有的放矢的指导。选修课程较多体现针对性和实效性,关注的内容更加细致深入,包括个人的特质探索、成长历程与生涯发展、生活角色与生活形态、大学生涯与职业选择、职业生活与社会需求、决策风格与技巧、生涯信息与评估等内容。

图 5-3 重庆三十七中心理校报

3. 日常辅助课程

日常辅助课程主要是指除去必修课程和选修课程以外的学生发展指导内容,其形式更为灵活,如重庆三十七中时常邀请华东师范大学、重庆理工大学、重庆师范大学校外指导专家为在校学生开展学生发展指导和生涯规划等方面的讲座,并在学校网络主页开辟学生发展指导专栏,进行线上指导的宣传、辅导、咨询,丰富师生互动

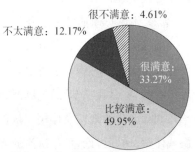

图 5-4 你对学校开设的心理健康教育课程的内容是否满意?(学生卷)

模式。同时,学校心理健康教育中心出版发行了《心理校报》,每学期两期,每学年四期,面向全校师生进行征稿活动,定期向全校师生发放,内容涉及心理健康认识、心理趣味测验、心理电影赏析等多个板块,以潜移默化的方式,将心理教育贯穿其中,供全校师生学习和交流。

在对学生对学校开设心理健康教育课程的满意度调查中,实际调查结果显示,33.27%的学生认为对学校开设的心理健康教育课程很满意,49.95%的学生认为对学校开设的心理健康教育课程比较满意,12.17%的学生认为对学校开设的心理健康教育课程不太满意。由此可见,重庆三十七中的心理健康教育课程很有吸引力,受到了大部分学生的好评和欢迎。

(四)丰富学生活动,关注学生成长

重庆三十七中除了开设心理健康课外,还开展了各种形式的心理辅导活动,从关注个别学生的心理问题矫治转向全体学生积极心理健康品质的培养,为学生的心理健康成长和幸福生活奠定了基础。

1. "自我认知与发展"心理辅导活动

自我认知也叫自我意识,是个体对自己存在的觉察,包括对自己行为和心理状态的认知和评价。"自我认知与发展"是重庆三十七中生涯规划和心理指导的重点,心理健康教育中心面向全校学生,通过以下四种途径帮助学生进行"自我认知""自我诊断""自我发现"和"自我救助"。

(1)个体心理辅导

个体心理咨询以一对一面谈的形式进行,主要针对学生存在的心理问题,如人际关系、自卑、学习焦虑等,定期开放心理咨询室,接受学生的个体咨询。学生可拨打心理咨询中心电话,提供姓名、学号和可进行咨询的时间完成预约,也可到学校的心理咨询中心现场预约。

(2)团体心理辅导相结合

团体心理辅导指每月开展一次的团体心理辅导活动,人数一般为8—12,每次活动时长为1.5小时到3小时之间,在固定的时段和专门的团体辅导室内进行。心理健康中心围绕"自我认知"的主题开展了"认识自己的身体特征和生理状况""认识自己在集体和社会中的地位及作用""认识自己内心的心理活动及其特征"等活动,此外还以游戏体验、回顾讨论、角色扮演的方式,开展了人际交往、学业辅导、情绪管理、压力管理、时间管理、职业规划等团体辅导活动。

(3) 设立心理咨询信箱、心理咨询QQ、心理咨询电话

学生可以通过写信的方式投放到心理咨询信箱,在信件中注明班级、年龄、性别和姓名,说明目前自己的心理困惑,心理咨询中心的教师会遵循保密的原则主动与学生取得联系。此外,学生也可以采用线上咨询的方式,如心理咨询QQ、心理咨询电话等形式与心理老师进行沟通和交流。

(4) 建立以班级为单位的心理委员制度

班级心理委员队伍是学校心理健康教育工作中一支不可或缺的生力军,他们连接着学校和班级同学,在心理健康知识传播、活动组织、朋辈互助、危机预警等方面发挥着不可替代的作用。三十七中积极建立以班级为单位的心理委员制度,多渠道地了解学生的心理健康状况,定期对心理委员进行培训,帮助心理委员明确责任,了解相关的心理知识,增强在日常的工作中心理健康教育的工作能力与技巧,观察并及时报告同学中存在的异常心理现象,建立和完善预防与危机干预系统。

2. "5.25心理健康节"活动

学生心理发展指导的实践活动是校园文化体系的重要组成部分,系统化的活动内容和多样化的活动方式是吸引学生广泛参与的重要保证。重庆三十七中连续5年开展"5.25心理健康节"活动,通过开展一系列"阳光心态"系列活动,如"班级心理健康小报评选""心理健康主题征文""心理电影赏析""快乐学习、快乐成长"大型心理咨询活动,《心理知识竞赛》《阳光心态》系列讲座等,在全校范围内普及心理健康知识,营造浓厚的心理健康教育氛围。

(1) "畅谈心扉"心理测验活动

重庆三十七中在"5.25心理健康节"开展了丰富多彩、形式新颖的心理趣味游戏和心理测验活动,如"心理活动之曼陀彩绘""心理活动之阳光心愿涂鸦墙""心理健康知识竞赛""现场心理咨询""与心理老师一起玩OH卡牌""沙盘体验"等,锻炼学生的体质,让学生通过玩游戏的过程学习健康的心理知识,学会合作、学会分享、学会面对困难。

(2) "阳光心态"心理剧表演

重庆三十七中定期举办心理剧表演活动,鼓励学生以心理剧的形式表现和表演他人和自己的心理矛盾、冲突、困惑等心理问题,调动学生表演欲望的同时,释放学生的不良情绪,又能从中剖析原因,获得调节情绪的方法,提高学生的心理素质,促进学生身心健康的协调发展。学生在表演和观看的过程中,也能通过角色心理的转变,潜移

默化地掌握心理健康的知识与调节技巧。

(3)"看电影,学心理"

心理影片的主题往往更集中于表现人的内在精神世界。为更好地宣传心理健康知识,提高学生心理健康教育意识,吸引学生了解和学习心理学健康知识,每年重庆三十七中都要借助心理影片开放式、引导式的现实案例,以人性和心理作为情节的工具和底色,进行心理电影播放。心理健康辅导老师一边播放电影,一边给学生讲解其中显示的含义。常用来播放的电影有《肖申克的救赎》《千与千寻》《大话西游》《三傻大闹宝莱坞》等。

(4)"美丽心路"心理健康讲座

为了让学生接受更全面、更系统的心理健康知识,在每年入学和中高考前,重庆三十七中根据不同年级学生的心理问题和学业现状,邀请多位专家为不同年级的学生做专门的心理健康培训和心理健康讲座,以提高学生的心理健康水平。如高一年级以良好的心理素质养成为主要任务,突出心理、学习的适应性问题,培养抗挫折能力;高二年级以良好的个性发展为主要任务,突出个性、特长和能力的培养问题;高三年级则重点进行升学与就业的指导。

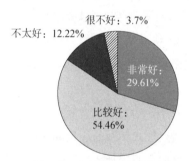

图 5-5 你认为学校开展心理健康教育的成效怎样?(学生卷)

重庆三十七中开设的心理健康课程和心理咨询等心理健康教育活动受到了学生们的欢迎。

调查显示,29.61%的学生表示学校开展心理健康教育的成效非常好,有 54.46%的学生表示学校开展心理健康教育的成效比较好,另有 3.7%的学生表示学校开展的心理健康教育成效很不好。由此可见,重庆三十七中的心理健康育人成效较为显著,能够较好地解决学生的心理问题,满足学生的心理发展需求。

(五)提倡科研兴教,联动区域发展

心理教育师资队伍建设和心理教育研究经费投入是科学地开展心理教育工作的保证。重庆三十七中的教师借助心理测评工具,运用研究性的学习方式,把学生的主观世界作为研究对象,采取以研究促发展的心理辅导方式,运用观察、测量、作品分析、访谈等多种心理研究方法,了解每届学生的心理特点和心理发展水平,使学校的研究性活动与实际生活相结合。截至目前,三十七中已成功申报"中学教师职业倦怠影响因素及其校本干预实践研究"市级重点课题,在公开期刊上发表论文10篇,并有8篇论文获奖。

学校重视心理教师团队专业化发展的同时,不断联动全区心理健康教育发展,发挥自身辐射影响,实现资源共享,推动全区的心理健康教育发展。重庆三十七中的黄小琴老师曾被大渡口区进修校聘请为心理教研员,金泽勤教师给大渡口区心理老师举办名电影沙龙活动的同时,承办多场沙龙讲座活动,给全区心理教师讲ACT疗法,引导全区老师体验沙盘活动和OH卡牌,给全区心理老师讲解曼陀罗绘制等。重庆三十七中始终坚信,只有充分调动社会各方面的积极性,形成教育资源的内外联动,才能更好地开展中学生心理健康教育工作。

二、学生发展指导体系的生涯指导机构

生涯之学,乃应变之学。在多年的实践中,重庆第三十七中学认识到中学生生涯规划教育的重点是生涯唤醒。2017年伊始,在重庆理工大学的精准指导和全面协助下,学校围绕新高考和中学生生涯规划教育的相关要求,强调生涯教育的"统合作用"和"学科融入",在初步完成中学生生涯指导体系设计的基础上,着力打造"生涯规划教育课程体系""生涯规划教育师资体系""生涯规划教育活动体系""生涯规划教育空间体系""生涯规划教育信息体系"五位一体的中学生生涯规划教育体系,努力让学生成为"学会选、能够选、选得好"的自得主体。

(一)完善的生涯规划课程体系

重庆三十七中职业展开与就业指导课程建立已历时十余年。在结合政策背景和学生、家长现实需求的基础上,重庆三十七中将生涯规划目标融于学校整体课程目标之中,基于学校整体课程体系架构,对生涯课程进行顶层设计,构建以生涯规划专业课程为龙头,以学科渗透课程为主体,以学业指导和职业咨询课程为两翼的生涯规划教育实施体系。

1. 生涯规划的通识课程

重庆三十七中从2018年开始,以"职业规划、学业规划和学习行动"为引领开发了一系列的生涯教育指导课程,课程分为"中学生职业生活规划概述、新高考改革篇、专业与大学探索篇、职业探索篇、自我探索篇、决策行动篇"六大主题,每周一课时进入正式课表,共计20课时。除课堂教学活动外,三十七中还采用校园讲座、学科渗透、学生社团、职业体验的形式辅助课程的完成。重庆理工大学的教育专家全程参与课程体系

建设,保证了课程体系的合理性与科学性。

2. 选课走班的指导课程

2014年国家出台的新高考改革政策,打破了原有的文理二分,改为"学考"和"选考",学生在进行选择时有多种选择组合,"怎么选"成为了学生们要解决的突出问题。因此,重庆三十七中面向高中一年级学生,结合不同层次学生的个人兴趣和学科学业质量发展水平,合理安排选课指导,分层编制教学班,引导学生合理填报语文、数学、外语、地理、历史、物理、化学、信息技术、音乐、美术等学科的选课志愿,探索课程纵向衔接、横向沟通、结构合理、基础性和发展性相结合的综合选择空间。

图5-6 《我的学业我规划,我的决策我做主》选考科目决策指南

为帮助学生进一步明晰自己的目标,做出合适的选考科目决策,形成追踪式的决策记录,学校还推出《我的学业我规划,我的决策我做主》"七步走"选考科目决策指南,从"我的生涯愿景""我的理想专业""我的生涯生活"出发,帮助学生做好初步的职业规划方向;再从"我的个人特质""我的成绩分析"立足帮助学生对自我情况进行深度把脉,最后在"我的思路清理""我的选科决策"基础上形成最终选择。

此外,学校积极与重庆市巴蜀中学建立"巴蜀云校"双师班,利用5G通信、高清直播设备、云储存、大数据分析等技术,采用线上"远程授课"的方式,打破地域和空间的限制,输出巴蜀中学九大学科优秀教学资源,为重庆三十七中学子更科学、合理地完成"新高考12类课程组合"和"选课走班"提供支持。双校师生实时互动,引领优生深入学习,为后进生答疑解惑,实现了100%原汁原味巴蜀课堂,为学生科学选科提供了科学指导。

3. 职业体验的选修课程

重庆三十七中在坚持班级教育主阵地的基础上,为学生发展的多层次需求提供系统、专业、个性化、菜单式的职业体验选修课程方案,以求日常教育和专题教育的深入结合,达到"教有实效,学有成效"的目的。职业体验的选修课程每学期在两个初中和高中一年级开展,学生可以按照兴趣、能力自由选择,走班制流动上课,如"区域地理考察与研究""以案说理,趣味学法""魅力人生——生物学职业""信息技术'智能硬件DIY'"等职业体验精品课程。

我们在设计问卷时有意识地设计了"你对学校目前开设的职业生涯规划课程的态度?"时,调查显示,占总人数33.37%的高中生表示非常感兴趣;55.17%的高中生认为感兴趣;只有占总人数7.86%和3.6%的高中生认为不太感兴趣或者是学校安排无奈接受。由此可见,重庆三十七中的生涯规划课程成效显著,深受学生喜爱。

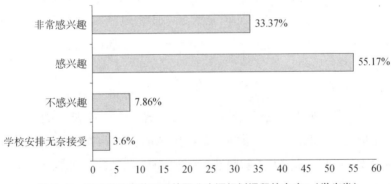

图 5-7 你对学校目前开设的职业生涯规划课程的态度?(学生卷)

重庆三十七中的职业生涯规划课程受到学生们的欢迎。调查显示,当具体问到"你认为学校开设职业生涯规划课程的有益程度"时,占总人数37.63%的高中生表示帮助很大;44.68%的高中生认为略有帮助;占总人数4.46%的高中生认为帮助甚微。由此可见,重庆三十七中在职业生涯规划课程的设置和安排上投入了精力,做足了充分的工作。

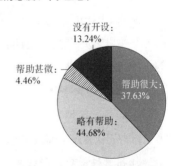

图 5-8 你认为学校开设职业生涯规划课程的有益程度?(学生卷)

(二)专业的生涯规划指导团队

随着新高考政策的落实,生涯指导成为学校教育中专业化、系统化的教育活动,与此同时,对学校从事生涯指导的教师的学历、资质也提出了更专业化的要求。实施导师制是将生涯指导落实到位的有效途径之一,导师与学生彼此之间的交流与互动,能解决很多实际的问题。

在充分考虑到普通高中学生生涯规划意识、能力与学生性别、年级、生源地,以及父母的文化程度的差异的情况下,重庆第三十七中重视人员保障,逐步构建起"C-G-S-P"(curriculum-growth-study-practice)生涯规划教育导师工作体系,为每一名同学配备生涯课程导师、生涯成长导师、生涯学业导师及生涯实践导师,制订四种不同模式的生涯规划导师培养计划,明确导师职责,助力学生成长。

1. 生涯课程导师

生涯课程导师在全面掌握中学生生涯规划的理论知识,独立开展教学和活动设计、指导的同时,为学生提供生涯咨询服务。重庆三十七中生涯课程导师的培养方式主要采用"送出去"的方式,让教师定时定期参与课题研究、案例撰写、公开课展示、集体备课、听评课等形式的生涯指导培训,使教师对生涯指导不断钻研与思考,提升理论与实践研究水平。

2. 生涯成长导师

生涯成长导师主要由班主任组成,旨在为学生提供选课、学业、心理和生活等方面的指导。重庆三十七中生活成长导师主要采用"请进来"的培养方式,由重庆理工大学和华东师范大学教授负责对相关教师进行专题培训。截至目前,重庆三十七中已邀请重庆理工大学谭建伟教授、华东师范大学教育学系杨光富副教授、重庆市教科院刘雅林副院长、重庆第二师范学院教师及教育学院李学容副院长对生涯指导教师完成"新高考与生涯教育""高中生涯教育体系建设""中小学教师专业成长的策略及案例分析"等多个主题的培训。

3. 生涯学业导师

生涯学业导师主要由学科教师组成,主要任务是在掌握生涯规划基本理论的基础上,在课程中融入生涯教育理念。同时,重庆三十七中的生涯学业导师也包括自主招生教师和学科竞赛辅导教练,在完成重庆三十七中自主招生流程制定的基础上,为学生参加高校的自主招生和学科竞赛提供专业的指导和服务。

4. 生涯实践导师

生涯实践导师则由各行业成功人士以及杰出校友组成。学校依托校企战略合作的"青青计划"及"家长学校",整合社会、家庭、学校全空间资源,为学生提供实践职业体验和社会性提升的机会。目前,重庆三十七中已聘有8名实践导师,涉及现代工业、互联网、文创等多个行业。此外,在"家长学校"的推动下,重庆三十七中不同行业的精英家长们为学生拓宽资源,为学校扩添10余门选修课,内容涉及汽车、计算机、医疗、礼仪等多方面。

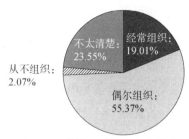

图 5-9 学校经常组织心理健康教育教师培训活动吗?(教师卷)

重庆三十七中注重生涯规划师资团队的培养,针对教师的心理健康教育的培训较多,教师对此也较为满意。学校教师问卷调查显示,19.01%的教师表示学校心理健康教育教师培训次数较多,经常组织;55.37%的教师表示学校心理健康教育教师培训次数一般,偶尔会组织教学交流;此外,还有23.55%的教师表示对学校心理健康教育教师培训不太清楚。

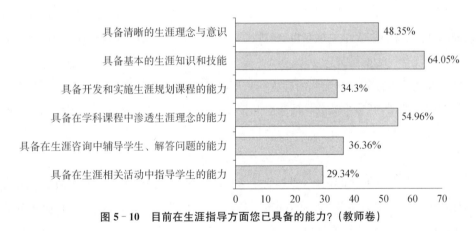

图 5-10 目前在生涯指导方面您已具备的能力?(教师卷)

在生涯指导教师素养的提升和专业化发展方面,我们也展开了相应的调查,当生涯指导教师被问到"目前在生涯指导方面您已具备的能力?"时,64.05%的教师指出目前已具备"基本的生涯知识和技能",54.96%的教师指出目前已具备"在学科课程中渗透生涯理念的能力",48.35%的教师指出目前已具备"清晰的生涯理念与意识",36.36%的教师指出目前已具备"在生涯咨询中辅导学生、解答问题的能力"。由此可见,重庆三十七中的生涯规划教师指导意识较强,掌握了一定的生涯规划知识和技巧,能够对学生进行科学、全面、系统的生涯规划指导。

(三)丰富的生涯规划教育活动

为帮助学生更好地对自我进行探索和对外部世界形成初步认知,激发学生学习职业发展与就业指导相关知识的兴趣和动力,重庆三十七中积极搭建校内、校外"双渠道",构建起"多层次""立体化"的生涯活动和竞赛体系,努力探索全新的生涯活动新渠道。

1. 校内:举办多样化的学生活动,满足个性化需求

三十七中坚持以"自得文化"为核心,凸显生涯教育主题,在学校"自得教育"特色主题活动中增加了目标引领作用、自我管理能力认识等生涯教育元素,如在每年一度的"37公里徒步"品牌活动中,在路线设置方面专门规划了途经一个工业园区、两个行政区、三个公园、四个老旧厂矿和三所农村学校,还有大片城乡结合区域。学生在重钢文化遗址园,领略了丰富而震撼的中国钢铁文化;在大渡口古镇,感受到了历史与文化的独特魅力……因此,学生在象牙塔外看到了一个多元而又精彩的世界,这也成为了学生走进生活、了解社会、熟悉家乡、把握民风的重要途径。此外,学校每年11月底举办的"大德至广,大爱三十七"冬季校园义卖活动,以完整的市场环境着重培养学生的财商和社会责任感,使学生在老板、销售员、消费者、卫生监督者等角色体验中,增强学生关注经济与民生的情怀。

学校还注重优秀校友资源的管理和利用,邀请机关、企事业单位、自由职业者等杰出校友回到校园,开展生涯分享故事会和校友论坛,将各种生涯指导案例引入课堂,现身说法,增强课程的灵活性、实用性与时代感。

2. 校外:开展课外实践活动,加深职业体验感受

生涯规划是职业化的过程,而职业化又是社会化的重要内容。为了帮助学生更清晰地认识社会的职业类型与分布,探索大学、专业与职业的关系,了解各种职业在劳动力市场的需求,学校积极推进校企合作,注重整合学校、社会与社区的教育资源,与重庆理工大学合作开展高校开放日,组织学生参观高校专业实验室,为学生提供涉及现代工业、互联网、文创等相关行业的参观活动,组织学生参加创新创业讲座、高校专家话专业等活动,积极开展彩云湖生态调研活动、马桑溪古镇人文调研活动、"走进重庆钢铁企业的前世今生"的文化采风活动……

在这些实践生涯活动的浸润下,重庆第三十七中学学生跳出课本,亲身体验,逐步

图 5-11 三十七中学子马庆林在重庆市第四届人生规划大赛参赛照片

了解行业的现状、职业的要求,在自然风景和人文古迹中,增强民族自豪感,提升文化自信心。也正如此,重庆三十七中足球女孩马庆林在重庆市第四届人生规划大赛主城片区赛中,获得学业组二等奖——中小学生中的最高成绩。

(四)科学的生涯规划空间体系

早在2014年,重庆三十七中就成立了专门的学生发展指导中心。在多年的发展中,学校调动多方力量,以"中心群落化"为主线,自上而下进行学校生涯规划教育体系建构和推动,以最大可能拓展学生的自得成长空间。学校基于大数据,建成测评体系科学、测评设备齐全的生涯规划指导中心和生涯规划研究中心,实现学生的信息收集、智能分析和价值输出。

1. 生涯规划指导中心:科学运用测评工具,深化学生自我认知

在"互联网+"时代的发展背景下,学生学习能力与创新能力的核心素养的培养受到前所未有的关注。重庆三十七中为适应高中课程改革和高考制度改革新要求,在全市较早成立生涯规划服务中心,设置专属办公场地与团队,加大对生涯指导的资金技术投入,对生涯规划教育进行顶层设计和规划。

在教育技术现代化背景的推动下,学校以创新培养为基石,以校际合作、校企合作的方式,与重庆理工大学结成合作关系,共同成立中学生涯教育研究中心,帮助学生根据个人兴趣、性格、能力、价值观、潜能,从"成长数据(资料)信息库""职业生涯规划知识库"和"职业生涯规划资源库"三大职业资源库中,形成数据搜寻和匹配,进而提供切实可行的分析报告及发展建议,为学生作出正确的选科、选考和志愿选择提供支持。

此外，在重庆理工大学的人工智能技术的支持下，学校设置了专业的高中生涯测评系统和包含人工智能技术、3D打印机的智能学习空间。在这个环境中，学校利用可视化、智能引导、监控与反馈等多样化的环境感知工具，实时了解学生的测评信息，记录学生生涯实践活动的全过程，跟踪与监测学生的学业情况，从而帮助教师更加便捷、全面地了解学生，减轻学校及教师教务及管理的压力，也为教师实施生涯指导辅助和智慧校园建设提供了有效途径。最终，学校和教师可以根据学生的评测效果，及时调整培养目标，设计更加有针对性的生涯规划指导课程体系。

2. 生涯规划研究中心：开展前测后测对比，量化生涯规划成果

为了让生涯规划教育的成果能够以可视化的结果呈现出来，重庆三十七中在学生入学时发放前测问卷，了解学生对生涯规划的认识、存在的困惑等，然后在学年末发放后测问卷，以确定本学期的生涯规划教育是否达到预期效果。在后测过程中，重庆三十七中引入学生评价体系，通过问卷调查、学生访谈、教师访谈等方式，更好地佐证和解读了学校生涯规划教育效果，如整个生涯规划教育过程中，在哪些地方成功达到预期，而哪些地方没有，没有达到预期的原因是什么，存在着怎样的问题和不足，可以通过什么样的方式加以改进等，最终实现以"职业规划"引导"学业规划"，以"学业规划"引导"学习行为"的生涯指引成效。

第三节 学生发展指导的特色品牌

无论是杜威所主张的"做中学"，还是陶行知所主张的"教学做合一"，都强调了在"做"中去体验、去反思，即实践的重要性。这正与重庆三十七中"自得文化"体系所界定的育人途径——实践育德不谋而合。

"自得文化"界定了重庆三十七中育人的核心价值取向，而自得德育模式又提出了重庆三十七中育人的基本途径。为此，重庆三十七中不断整合家庭、社区资源，搭建平台，创设场景，逐步推动了学生活动的生活化、主题化、序列化和品牌化，让学生通过实践活动走出校园，走进生活，在可感可知可触摸的生活情境中去体验、去磨砺、去陶冶、去丰富、去争辩、去合作，真正做到自悟自成，自行自得。

一、"智育财商·大爱三十七"爱心义卖活动

职业体验是职业生涯规划中非常重要的一环，每年重庆三十七中针对初一、初二、

高一、高二的四个年级的全体学生在全校范围开展"智育财商,情系大爱"的爱心义卖活动,每名学生至少选择一至两种自身感兴趣的职业进行体验。

图5-12 重庆三十七中家委会组织参与"爱心义卖"活动

为创新义卖形式,学校相关部门与家委主席团在"智育财商·大爱三十七"爱心义卖活动开展前,多次举行筹备会,对活动进行进一步的策划,分初中家委会、高中家委会两个摊位进行义卖,学校和家委会还为此制作了义卖广告,在校园和学校微信公众平台上进行滚动宣传,帮助三十七中学子实现直接经验和间接经验的完美结合。此外,同学们事先以班级为单位,通过竞标获得理想的摊位,售卖美食和百货以筹集善款。每个来参与竞标的班级,提前上交100元,其中50元为竞标押金,另外50元为经营过程诚信保金,活动结束后如果没有违反活动规则的班级将退还,以此增强学生对生产、分配、交换、消费等经济活动环节的理解。

"爱心义卖"活动涉及市场营销、市场管理、店长、税务、广告设计、活动策划、环境保护等多种职业角色,活动的过程完全仿真现实情景,面对络绎不绝的摊位顾客,"摊主们"虽忙得有些手忙脚乱,但仍然享受着售卖商品的过程。"爱心义卖"活动也向参与学生提出了要求,在顾客买完东西后,必须给予发票以此培养学生的财商和纳税意识。在活动最后,义卖所得的善款,学校将全部捐赠给学校的红十字会和青青成长基金,用于帮扶困难的学生。

"智育财商·大爱三十七"爱心义卖活动将重庆三十七中师生充满爱与关怀的种

图 5-13 "智育财商·大爱三十七"爱心义卖活动现场

子传播出去,在那些亟须帮助的人们心中生根发芽。活动究竟给重庆三十七中的师生们产生了哪些影响?这一做法对重庆三十七中学子的职业生涯发展带来了哪些感受呢?效果又如何呢?不妨让我们一起来读一读重庆三十七中师生们关于职业体验的记录及参加活动的真情实感。

表 5-1 "爱心义卖"职业体验记录表(一)

姓名	梅译丹	班级	高一六班
体验职业	杂货摊位的画手		
职业初探	随着人工智能的推广,越来越多的单一重复型劳动的职业将会被取代;相对而言,美术这种创作类的专业未来可能会相对乐观。全国有近百所美院培养艺术型人才,许多985、211高校也开设有美术专业。在近现代美术也衍生出许多分支:服装设计、室内设计、园林设计、动画设计、油画、雕塑等多个系列。动漫和游戏的兴起也让人看到了美术的前景。(薪资参考:4 000元至20 000元不等) 许多人认为美术生找工作很难,其实不然,只要你坚持下去,集中精力攻克一个系列,而不是学一个半吊子,真正优秀的画家是很抢手的。		
职业体验过程记录	刚到杂货摊位,我们只有两张桌子,桌上都摆满了其他各种杂货,路过的顾客也只是匆匆地扫一眼,甚至没有做过多的停留。当我把周末画的练习拿出来的时候,越来越多的同学注意到了我们的摊位。我想,大概是因为我画上的某些动漫人物触动了一些喜欢动漫的同学,当然也不乏我画得不错的功劳啦。 许多同学问我的画怎么卖,说实话,按照我在一幅作品上无论是精力还是时间的付出,都不止最后卖出去的10元,但是如果要价过高,也没人光顾。那我也只好忍痛割爱了。最后,我卖出去的成品和约的稿成果颇丰,一共赚了55元。期间还得到了敬爱的校长的光顾,更是让我心里美滋滋的。		

续 表

体验心得	义卖结束的周末,我抽出了一大把时间来完成在义卖上约的稿子,由整体到细节,一画就是几个小时。这也着实让我感到了赚钱的不易。当我毫不犹豫地在小卖部"放肆"花费时,殊不知在我指尖上流过的是父母的血汗钱！花钱容易赚钱难呀！ 同时,我也感到自己的兴趣特长可以赚到钱的喜悦,这意外的第一桶金更坚定了未来我选择艺考的决心,给了我放手去追逐梦想的信心。三年后,我定能以胜利者的姿态,坐在心仪的大学教室里。 自己的选择,不会后悔的道路！

表5-2 "爱心义卖"职业体验记录表(二)

姓名	方泪	班级	高一5班
体验职业	收银员		
职业初探	收银员,在我看来,是一种整日和钱打交道的人。面对"流血"的金钱,即便感到枯燥、乏味也无可奈何,只能用"商业假笑"来安慰自己和他人。 这是我体验收银员这一职业之前的想法。 体验之初,才发现不是那么简单。像那松弛的弦自动绷紧的状态,在生活中是找不到的。		
职业体验过程记录	迎接和送走第一位顾客时,用诚挚的微笑和礼貌的话语对待顾客,不管他是否再来,也要展现我们"商家"的礼遇和风范。 人多的时候,找钱和开发票很急,本来就是个性子急的人,脸上也必须带有微笑,不敢有所怠慢。客人久等时,不管她(他)是否在意,也要连声送上"对不起"。有时候忙得不可开交,还要充当杂役,漂亮的裙子在蹲下身拿东西时被无数脚印"洗礼"过,也毫不在意。 最后目送一大批客人离去时,有点小满足,也有点担心,担心我们服务不到位,缺乏什么。实在没人时,也放不下心玩耍,转着转着就又回到摊位,开始收款,就感觉这是我必须做好的事,即便是好朋友代替也不放心。		
体验心得	社会中的每一个职位,每一个社会人,都有自己应尽的责任,甚至要用尽所有力气来拼搏,这是因为热爱。 当你身处一个位置时,那种属于这一位置的责任感和使命感不禁涌上心头,不管你接与不接受,它会体现、流露在你的工作和生活中,成为你无时无刻怀揣着的、放心不下的东西。也许是责任,也可能是热爱。信任身为老师的人们应该深有体会,而作为学生,也更应该如此。做应该做的,不浪费每一刻时光,为自己的青春努力奋斗。		

二、"吾生有涯·而知无涯"职业体验活动

吾生也有涯,而知也无涯。基于新高考背景下中学生需要尽早进行科学的职业生涯规划的现实需求,重庆三十七中在寒假期间举行职业体验的综合实践活动,要求学生走出学校与课本,围绕职业的核心工作,职业的发展前景,薪资待遇,职业发展道路,职业标杆人物,职业典型的一天、一周、一月、一年,职业对口的大学专业等,开展相应的体验活动。

职业体验活动结束后，学校引导、鼓励学生把实践心得体验形成文字，形成文字的过程便是学生自我评价、反思提升、产生新价值观的过程。最终，学校将学生职业体验报告优秀作品集结成《职业体验记录册》，发放到学生和家长手中。《职业体验记录册》主要由绘制家庭职业树、职业人士访谈或入职要求调查、职业体验过程以及职业体验反思报告四部分组成。

图 5-14　寒假综合实践活动《职业体验记录册》

（一）绘制家庭职业树

心理学研究表明，早期的生活经历，特别是原生家庭对塑造人的个性、人格成长、人际关系、情绪管理能力等有深远的影响。家庭既是个体生涯发展的资源，又是我们生涯发展的原动力。根据认知信息加工理论，职业认识和自我认识是信息加工的基础。因此，重庆三十七中从家庭成员的职业情况开始，帮助学生及时了解家庭在职业方面能够提供什么样的资源与帮助，进而了解自己未来职业发展的空间和状况。

（二）职业人士访谈或入职要求调查

隔行如隔山，那就听听专业人士对该职业的看法吧！重庆三十七中鼓励学生开展不同工作性质和类型的职业人士访谈或入职要求调查，学生提前拟好访谈提纲，围绕工作场所、工作任务、工作性质、工作内容、从业者资质、收入、保障与福利等感兴趣的问题对各行业从业者进行询问，或者到人力资源部门请教用人单位对求职者的要求，做好记录并完成以下访谈记录。

图 5‑15 职业体验报告"家庭职业树"

(三) 记录职业体验过程

纸上得来终觉浅,绝知此事要躬行。只有亲身体验,才能真正体会一个职业的酸甜苦辣。重庆三十七中的职业体验活动要求学生选择按兴趣的行业,通过在岗位5—15天的实际工作感受,在职业体验中如实记录体验的行业、职业、时间、地点、所做的事情,活动后写出本次活动的心得体会,并留下自己在工作中的珍贵影像。若感兴趣的职业不允许非专业人士操作,也可近距离跟踪观察,并做好观察记录。

访谈记录:
访谈时间:_____
访谈地点:_____
访谈对象基本情况:

照片1粘贴处

图 5‑16 职业人士访谈记录

（四）形成职业体验反思

在每次见习或实习工作结束后，学校要求学生认真撰写社会实践报告，填写社会实践报告手册，见习或实习单位填写鉴定并盖章，手册存入学生个人档案，并集结成册，发放给师生和家长。报告主要涉及"我对所体验职业的认识（行业发展状况、对从业者的资质要求、从业者面临的挑战）""我与职业要求之间的距离（个人特质、成绩情况、存在的不足）""其他省份开设与该职业相关专业的大学""录取的必选学科""在体验中我得到的成长"等内容。此外，每次社会实践活动结束，班级内部会开展经验交流活动，巩固社会实践成果。

重庆三十七中所提倡的亲身体验，不是简单的活动参与，而是在行动基础上渗透亲身体验、反思成长的教育实践。学校在积极开发和丰富校内外教育的"第二课堂"的基础上，引导学生去实践、去行动、去思考，变知识性的课堂教学为发展性的体验式学习，最终促进学生良好品行的养成。除此之外，学校也建立、丰富了学生的评价体系，除了传统考试评价，每一学年都会评选"徒步行之星""校园实践之星"等，鼓励学生在实践中学习、在学习中成长。

三、"心灵相约·心海护航"心理健康活动

近些年来，高中学生心理健康问题逐渐受到人们的关注，面对较大的课业和升学压力，高中生难免会产生一定的心理压力。为了让心理健康观念深入同学们心中，消除同学们对心理辅导的敬畏和误解，揭开心理神秘的面纱，重庆三十七中每年定期举办"5.25"心理健康节活动，以"自主管理、自我服务、自觉提升"的形式，通过"关注心理健康"公益广告大赛、心理漫画和手抄报作品展示活动、"经典学堂"表演等活动，实现对学生的心理健康教育。

（一）"关注心理健康"公益广告大赛

学校组织和举办的"关注心理健康"公益广告大赛面对全校学生，征集当今中学生比较常见的"学习压力""人际交往""自我效能感低"等心理问题，并以此作为广告选材。个人或班级可以围绕该主题制作公益广告，也可以上交一定的作品材料，比如海报、照片、图片、主题材料等设计方案，由学校相关部分协助制作，最后在校园推广和宣传。

（二）心理漫画和手抄报作品展示

重庆三十七中的心理健康教育中心组织学生围绕"阳光心态，和谐自我"的主题，借助手中的画笔，从内容、形式贴近现实，绘制成一幅幅版面精美、内容丰富、布局新

颖、书写清晰的心理漫画和手抄报作品。活动后期,重庆三十七中的心理健康教育中心在收集学生们心理健康有关的资料和图片的基础上,5月初在校园内进行心理漫画和手抄报作品展示活动,在师生间进一步宣传心理健康知识,加深同学们对心理健康教育的认识,也为学校的心理健康月建设活动增添了一抹绚丽的色彩。

(三)"经典学堂"表演

心理剧是参与者通过角色扮演来重新体验自己的情绪、思想及人际关系,随着剧情的不断发展释放情绪,探索自我,观察自我和分享自我,使自己的心理健康水平得到提升的艺术表演方式。重庆三十七中组织了心理剧《情绪回归》,将学生的日常生活和学习过程以戏剧形式展示出来,让学生直观感受日常生活和学习过程中的困惑、冲突及烦恼等,引导学生正确看待和处理自己的情绪,发现自身存在的心理问题并学会消极情绪的处理方法。

另外,重庆三十七中组织学生创新心理主题表演形式,开展了《相信自己》《感恩的心》《左手右手》等歌曲大联唱的文艺汇演,创编了《中学生心理健康三字经》的快板表演,通过多种多样的表现形式引导学生进行自我检讨和思考,促使学生的心理向健康的方向发展。

(四)心理健康节游园活动

由于高中生仍处于心智成熟过渡期,这一时期大部分学生仍存在爱玩心理。重庆三十七中教师鼓励同学们学会释放,清理"心理垃圾",减轻心灵负担,在心理游园活动中加入心理体验游戏,并进行现场心理辅导活动,让学生在娱乐中感悟人生哲理,使学生的心理得到充分拓展。心理健康节游园活动的游戏形式多样,包括挑战游戏、热身游戏、合作游戏、趣味游戏、思维游戏、心灵游戏及信任游戏等,涉及学生挑战精神、合作精神、思辨能力、抗挫能力等多方面能力的培养和增强。三十七中学子也可以通过参与心理游戏获得相应积分,以此兑换相应奖品。

第四节 学生发展指导的资源支持

高考制度的改革给中学教育带来前所未有的挑战,终身发展定向和生涯决策前置对中学生和学校都提出了新的要求。新高考背景下的生涯规划教育的真正落地开花不仅仅是学校的责任,还必须整合家庭、学校、社会等多方资源,协同教育合力。重庆三十七中的综合教学实践改革,为学校开展职业生涯规划教育奠定了良好的基础,多方资源的协助保障也为学校开展职业生涯规划教育提供了充足的动力。

多年来,学校除了依托政府及教育部门的支持之外,还积极呼吁公司、企事业单位,以及相关社会团体的支持,依托于社会各界、各领域的密切协同配合和支持实现内外联动,建立家校合作、校校合作、校企合作、社区合作机制,形成教育网格一体化。通过网格一体化,发挥多方力量,为学生的发展提供宽松的环境。

一、生涯联盟共同体

在"中学与大学"合作方面,重庆市三十七中在结合学校自身发展优势的基础之上,积极探索创新人才联合培养项目,重视与高校的对接与合作,如与重庆理工大学签订战略合作协议,建设生涯信息资源教育平台,跟踪与监测学生的学业情况,形成智慧校园建设的有效手段;与重庆师范大学成立教育硕士专业学位研究生联合培养全国示范基地,形成以重庆师范大学为主体、大渡口区教委为依托、第三十七中学为实践培养示范基地的教育硕士人才培养平台,构建起U-G-S实践专家型教师培养一体化模式;与西南政法大学等知名院校成立"优秀生源基地",促进中学与高等教育的衔接,加强教学管理、人才培养、法治教育等方面的交流;与成都体育学院签订校园足球合作框架协议,成为该学院足球运动系的基地学校等。

此外,学校还通过开展大学课程体验、"学—职"衔接式的名校研学、夏令营、冬令营、文化交流等实践类指导课程,让学生通过与知名大学的亲密接触,充分了解大学学习和生活环境,进一步明确生涯规划的长远目标,真正实现"中学—大学"的生涯规划深度衔接。

图5-17 重庆三十七中与成都体育学院签订校园足球合作框架协议

在"中学与中学"合作方面,重庆三十七中积极加入"西北狼"联盟和川渝十九校联盟,定期进行教育教学常规工作、特色活动及学校文化的交流与学习。

图 5-18 重庆三十七中承办"西北狼"教育联盟 2020 年工作年会

学校与重庆市巴蜀中学结成合作办学学校,建立"巴蜀云校"双师班,利用 5G 通信、高清直播设备、云储存、大数据分析等技术打破地域、空间的限制,实现教学进度研讨、教辅资料、课堂教学到评价考试一系列环节的同步教学,让学生回归 100% 原汁原味巴蜀课堂;与育才结成战略学习区域联盟,同鲁能巴蜀、渝东巴蜀、涪陵巴蜀、巴川中学、94 中、95 中等名校进行深度合作,开展"百日方略"初三教学联合研讨会、"携手新起点"初中教学联合研讨会等……三十七中与各校际之间通过互派教师交流学习,开展联合教研、同课异构、主题研讨、论坛交流等活动,同步生涯规划实践活动,搭建区域更高的交流平台,实现了区域优质生涯规划的资源共享。

二、校企合作共同体

在全区"小学奠基、初中护航、高中引领"工作思路指导下,重庆三十七中作为重庆市首批市级重点高中,积极凝聚各方力量。自 2017 年起,学校与大渡口区工商联和企业逐步构建"青青计划"战略校企合作,立足于"青年企业家"与"青年优秀学生"两个群体,着重打造"在校学习"与"社会实践"相结合的"双赢"模式,培养德智体美全面发展的社会主义建设者和接班人。

"青青计划"支撑点在于逐步开展"七个一"计划工程,从成立一个"青青"成长基金、设置一批"青青"成长基地开始,完善优秀青年学生激励机制,对学生开展不同形式的帮扶,如设立"寒门之星"奖学金,激励家庭经济条件较差又品学兼优的学子;设立创新创意奖学金,鼓励学生大胆逐梦敢想敢做;设立中高考优秀成绩奖,激发学生努力学习改变自身命运,再通过打造特色教学师资,整合特色教学资源,推出一流"青青"成长导师、构建一套"青青"成长课程;最后,为优秀青年学生的激扬青春和幸福人生,铸就一个"青青"成长梦想,呈现一部"青青"成长故事,举办一台"青青"成长盛典。

重庆三十七中有合作路径,有合作内容,更有合作规划。学校先后与宏碁双智(重庆)有限公司签订机器人研学实践基地签署校企合作意向书,为学校的创客教育发展提供技术支撑;与四川软石教育集团签订国际化教育形成战略合作协议,在夯实学生基础理论知识的同时,突出学生的实践技能训练……在实现校企资源的有机结合和优化配置,开创人才培养新模式的同时,学校发生了日新月异的变化,区域的整体育人水平也不断提高。

三、社区合作共同体

在人文领域方面,重庆三十七中与大渡口社区积极合作,多次开展"我为长辈做道菜""暑/寒假今天我当家""书写家风家谱"等活动,引导学生开动脑筋,在生活实践中创造,发掘家庭文化因子。在科学活动方面,学校与渝北区、大渡口区形成合力,带领学生参观重庆仙桃数据谷、大渡口数码城,让学生亲身体验大数据、云计算和跨境电子商务等新兴产业的现状和发展,了解最新的科创信息。

图 5-19 重庆三十七中家委会"与校长有约"活动现场

另外,重庆三十七中通过成立家委会和家长学校,举办"与校长有约"、家长开放日等活动,征集家长对学校教育、教学管理意见,吸引各行业的家长参与,创新学生活动,丰富课程体系,如借助家委会中各行业家长资源,开发了"眼看社会,规划我生涯"家长校本课程,让学生了解各行业、各领域情况,提升社会行业认知水平,进而更有效地进行职业规划;借助家委会的力量,在37公里徒步行活动中,创新家委会方阵和家长爱心车队,让家长做孩子的榜样,引发孩子对成长的思考;在爱心义卖活动中,发挥家长引领作用,将义卖所得捐给学校贫困学子,为孩子成长献上属于家委会的爱心等。在家庭日亲子活动中,家长与孩子共同参与活动,增进亲子情感的同时,增强学生成长的幸福感与获得感。

四、专家培训共同体

生涯规划教师不仅要掌握生涯规划基本理论、知识技能和方法,还要把相对抽象的理念和方法转化为与学生生涯发展有关的活动和实践。多年来,重庆三十七中始终以建设一支以专业教师为龙头,以学科教师为主体,以班主任为骨干的生涯规划导师队伍为目标,不断推动学校的持续发展和教育质量的稳步提升。

重庆三十七中在生涯规划导师培训需求分析的基础上,着重构建专家团队的多元化培训共同体,2018年和2019年先后完成了生涯导师两期校内培训工作,分别邀请

图5-20 "西部中学生生涯教育论坛"选课走班应对策略分论坛现场

重庆理工大学人力资源管理系谭建伟教授和华东师范大学教育学系杨光富副教授针对"新高考背景下中学生生涯教育实践探索"等主题进行培训,参培老师达80余人次,培训效果甚好。

  为促进各高中相互学习生涯教育举措以及选课走班的经验,取长补短,促进育人质量的提升,2019年6月,重庆三十七中积极承办了"新高考背景下西部中学生生涯教育论坛",邀请了各高中生涯规划的相关负责教师围绕"新高考与生涯教育"和"高中生涯教育体系建设"与专家展开了研讨,并且有针对性地对"选课走班"的问题进行了充分的交流。此外,会中北京师范大学心理学部乔志宏教授开展了《新高考与生涯教育》《高中生涯教育体系建设》专题讲座,深圳市坪山区教研中心教科所所长张海银教授开展的《人工智能时代背景下的生涯规划》专题讲座,谭建伟教授开展的《选课走班应对策略》专题讲座,为三十七中师生进一步思考如何更好地在选课走班时选择学习科目,如何更优地选择未来职业领域,如何更好地进行生涯规划积累了经验。

第六章 主动与自觉：自得教育的教师成长

促进教师专业发展是实现学校办学目标和可持续发展的重要方式，也是学校办学质量的重要保障。自建校之日起，三十七中便将促进教师专业成长摆在了突出的位置，并且在不断的探索实践中逐步构建了基于自得教育的教师专业发展制度。学校采取的各种改革措施极大地推进了教师的专业发展和教学质量的提升。在具体实施方面，学校重点从教师专业发展共同体建设、研修机制构建、教师专业成长方式创新等方面进行了突破，并系统地总结了学校教师专业成长经验，对于其他学校具有重要的参考和借鉴价值。

第一节 基于自得教育的教师专业成长概况

自得教育的实践探索，需要广大教师的积极参与。因此，三十七中重视发挥教师的作用，分析学校教师的专业现状和成长方式，以进一步完善教师的教学研修途径。

一、学校教师专业发展现状

为了深入了解重庆三十七中的教师专业发展现状，课题组有针对性地设计了一份有关教师的问卷，参与问卷调查的教师总共有 242 人，问卷分析主要从教师的年龄、性别、教龄、科研、文化程度等方面展开：

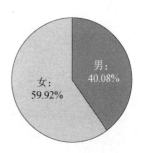

图 6-1 教师性别比例（教师卷）

（一）各学科教师的基本情况

根据重庆三十七中的教师问卷调查分析可知，在参与教师问卷的所有教师中，男女教师的分布情况是男性教师有 97

人,占总人数的40.08%;女性教师有145人,占总人数的59.92%。

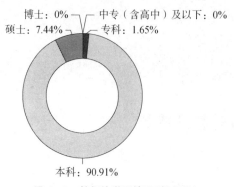

图6-2 教师的学历情况(教师卷)

数据表明,三十七中的男女教师比例相对保持平衡,分布保持均匀。从教师接受教育的层次上来看,第一学历是本科的教师最多,有220人,占90.91%;硕士学位的教师有18人,占7.44%;专科学历的教师有4人,占1.65%。学校以本科学历的教师为主,有一定比例的硕士学历教师,总体上教师学历起点较高,但没有博士学历的教师,这对学校的科研发展产生一定的限制。

在教龄方面,教龄在1—5年的教师有37人,占15.29%;教龄在6—10年的教师有22人,占9.09%;教龄在11—15年的教师有34人,占14.05%;教龄在16—20年的教师有43人,占17.77%;教龄在20年以上的教师有106人,占43.8%。

问卷数据表明,学校有超过60%的教师教龄在15年以上,资深教师较多;同时又不乏具有潜力的新教师,以及介于二者之间的中年骨干教师。这种结构的教师队伍对于学校的可持续发展是有利的。

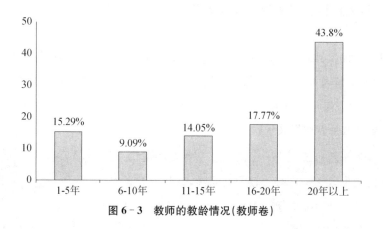

图6-3 教师的教龄情况(教师卷)

此次问卷还对学校教师的职称情况进行了调查分析,其中中教一级教师有108人,占44.63%;中教高级教师有52人,占21.49%;中教二级教师有44人,占18.18%;中学正高级教师有2人,占0.83%;中教三级教师有1人,占0.41%。

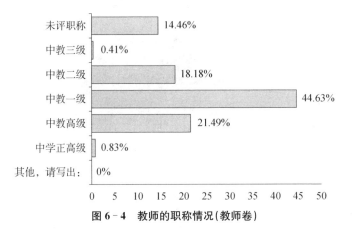

图6-4 教师的职称情况(教师卷)

学校的教师大部分获得了中学教师职称,符合学校的层次和定位。在这些中学级别的职称中,又以中教高级、中教一级为主,教师的职称级别较高。

(二) 科研状况

针对学校的科研开展情况,课题组设置了相关的问卷调查。37.6%的教师认为"领导重视,大多数教师热心参与";31.4%的教师认为"领导重视,部分教师热心参与"。调查结果显示,学校重视教师的教育科研,大多数教师能积极参与,在研究中提升自己的专业水平。

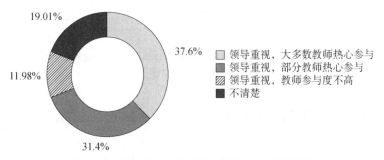

图6-5 学校的教育科研开展情况如何?(教师卷)

在参与问卷的教师中,有10人发表了十篇及以上的论文,占总人数的4.13%;有10人发表了7—9篇论文,占总人数的4.13%;有36人发表了4—6篇论文,占总人数的14.88%;有99人发表了1—3篇论文,占总人数的40.91%。调查结果显示,重庆三十七中教师多数曾有发表论文的经历,这对学校教育教学的发展具有积极的促进作用。

对于参加教育研究的主要动机,有134位教师认为是"为了解决教育教学中的问

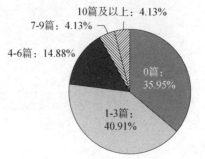

图 6-6 到目前为止,您发表的论文数量?(教师卷)

题",占总人数的 55.37%,说明教师参与教育科研并不是出于外部因素的激励,而是源自教学实践的需要。

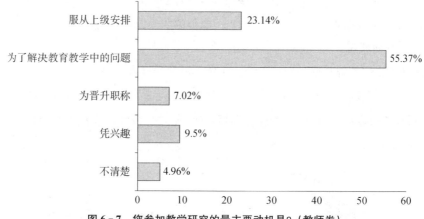

图 6-7 您参加教学研究的最主要动机是?(教师卷)

对于学校开展教学研究的频率,207 位教师选择了"经常组织",占总人数的 85.54%,说明学校提供了较多的教研机会,鼓励教师积极参与研究。

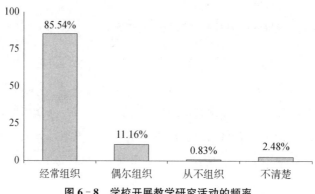

图 6-8 学校开展教学研究活动的频率

近三年来,重庆三十七中论文获奖及发表共200余篇,成功申报"以《论语》为核心的整本书阅读实践研究""高中语文文化常识趣谈"等课题,现已取得2基地8课题9课程的优异成绩。

二、基于自得教育的教师专业成长过程

教师专业成长受很多方面因素的影响。在重庆三十七中,受自得教育办学理念的影响,教师专业成长的方式越来越多元化了。但是对于以教学为主要任务的教师而言,其成长主要通过学习、实践、反思等环节来实现。

(一) 教师专业成长的内涵

作为职业专业化的一种重要类型,教师专业化是指教师个体专业水平提高的过程以及教师群体为争取教师职业的专业地位而进行努力的过程,其主要由教师个体专业化和教师职业专业化组成。教师个体专业化是指教师在整个职业生涯过程中,依托专业组织,通过终身专业训练,习得教育专业知识技能,实施专业自主,表现专业道德,并且逐步提高自身从教素质,成为一个良好的教育专业工作者的专业成长过程。教师职业专业化是教师群体专业化发展的必然结果,教师专业发展以教师个体专业发展为基础,最终实现教师群体专业发展的目标。因此,教师职业专业化从根本上影响着教师个体专业化的进程和水平。作为教师职业的一个重要类型,中学教师职业专业化是指中学教师这一职业群体的专业化水准发展和完善的状况,这是中学教师专业化的基础和前提,它主要包括中学教师的学历标准、专业培养标准、教师资格,以及教师继续教育标准等方面。

作为世界教师教育改革和发展的共同趋势,教师专业化在我国教育领域越来越受重视,随着教育改革大潮的高涨,人们也越来越意识到,教育改革的成败关键在于教师,只有教师专业的不断成长才能达到高质量的教育水平,教师专业发展问题开始成为人们讨论的焦点。教师专业发展是教师专业持续发展的过程,在这个过程中,教师不断吸收新的知识,提高自身的专业素质并且不断地改善自身的专业地位。同时,教师专业发展需要外部环境的支持,外部环境的支持与教师自身的努力相互作用,从而实现教师专业发展。

教师专业发展的内涵包括很多方面,首先,从教育教学专业人员的角度看,教师需要经历从不成熟到成熟的转变,很多教师,尤其是中学教师,他们从师范院校毕业后获得了任教资格,但是这并不意味着他们能够胜任教学工作,实际上他们离专业教师还

有很大的距离,教师专业发展需要遵循一定的规律并且还要历经一定的周期,最后才能真正实现专业化。

其次,从发展的内涵方面看,教师专业发展包括很多内容,教师既需要掌握基础的知识和技能,注重增强自身的能力,同时又要在态度和情义方面有所发展,教师专业化的过程实质上也是教学质量提高的过程。

再次,从教师专业发展所受作用力看,教师专业发展既需要外部因素的刺激,同时又离不开内部因素的决定性作用,教师教育制度和教研制度的配合作用有利于加速教师的专业化。但是,教师自身的努力不容忽视,因为教师专业发展归根结底是教师主体专业发展的过程,教师要提高自身发展的主动性,这样才能提高教师的专业水平。

最后,从教师专业发展的组成部分看,教师专业发展既包括教师个体专业发展,又包含教师群体专业发展。教师个体专业发展是教师群体专业发展的基础,教师群体专业发展是教师专业发展的终极目标。教师专业是一个内在包含着无数个体的群体组织,只有首先实现教师个体专业发展,教师群体专业发展的目标才有可能最终实现。[1]

因此,我们可以这样界定教师专业发展的概念:教师专业发展指教师的专业素养和职业信念不断完善、提升的动态发展过程,这个过程需要以教师专业自觉意识为动力,以教师教育为主要的途径来实现。

教师专业化是一个不断发展的过程,因此把握教师专业化的变化趋势对于提高教师的整体水平有很大的影响,教师的专业化将越来越重视教师队伍的学历水平。在很多经济发展水平较高的国家,培养中小学教师已经成为大学教育制度的一个重要组成部分,我国也在不断规范和提高对中小学教师的学历要求。

教师专业发展需要依靠教师教育改革来推动。教师教育是随着终身教育思想的盛行而出现的,主要包括教师培养和教师培训,教师教育分不同的阶段进行职前培养、职初培训和在职研修,可以不同程度地促进教师专业发展。教师专业化将促进教师任用证书化,现在无论是国内还是国外,小学还是中学,都普遍实行教师资格证书制度,实施教师资格证书制度不仅可以为从事教育工作的专业人员提供资格保障,还向不同的教师颁发不同种类的教师证书,这种教师资格证书制度有利于为教师的专业发展创造更多的机会,同时还能够激励教师在自己的工作岗位上开展建设性的专业发展活动。

---

[1] 刘兴富,刘芳,王晓旭,姜哲.教师专业化发展的理论与实践[M].北京:光明日报出版社,2010:5—6.

（二）教师专业成长的过程

成长是指生物体的生长和成熟，它是个体生命充分发挥自身机体内部的力量，是在调整与外部环境的关系中取得的。成长是一个过程，也是一个阶段。对教师而言，其专业成长过程就是自强不息的进取过程。教师的专业成长过程就是教师素质的提高过程。

1. 知识是教师专业成长的养分

学习被定义为获得知识、理解或者通过切身体验与研究而掌握知识的过程。学习从对象的角度说，是探求事物名称及含义的认知性、文化性实践活动。在这种认知性、文化性实践活动中，学习者建构客体与自身的关系，建构未知世界与已知世界之间的关系，也建构知识与知识之间的关系。随着教育事业的发展，人们逐渐认识到，教师的知识水平是从事教育工作的前提条件。

知识形式多种多样，教师的知识一般包含三个方面，即教师的学科性知识、条件性知识和实践性知识。教师的学科性知识指的是教师所具有的特定的学科知识，它是教师专业成长的必要条件。教师的学科性知识一般由教师在其专业的学习中获得。教师的条件性知识指的是教师所具有的教育学、心理学方面的知识。教师的条件性知识，一方面可以通过系统学习而获得，另一方面必须在教育教学过程中逐渐了解而习得。教师的实践性知识指的是教师在面临实际课堂教学情境时所具有的课堂背景知识和与之相关的知识。它更多地来自教师的教学实践，是教师教学经验的积累。知识是认知成果，知识及其变化是制约教师专业成长的因素。

学习是产生一切探究活动和创造活动的源泉，也是教师专业发展的内在动力。历史的经验证明，在社会和经济转型的过程中，当出现数量到质量的突变时，新的知识也会凸现出来。如今教师作为学习共同体的成员，各种与自己有关的信息、资料都成为自己的知识来源，因为所有的成长都要面对一个问题，即充足的资源。教师的专业成长也不能例外，这些知识如果数量不足，对教师专业成长的促进和支持就有局限性。

教师作为联系过去、现在和未来的关键人物，必须是一个孜孜不倦的学习者。现在，知识发展的动态性增强，知识的产生不再是线性的，而更多地呈现跳跃甚至是无序的态势。学习的目的在于建立和完善内部的学习条件，以保证新的学习顺利进行，新的知识顺利获得。学习涉及社会走向、社会环境下的学习、观念的发展、可能性探讨，以及对不定性的应变能力。教师的专业成长，要求教师的学习应是一种高级的、发现式的和自我提升式的学习。

2. 实践是教师专业成长的土壤

实践是人或人类与对象世界之间所进行的一种物质的或精神的交流和活动。这种交流可以体现为物质性或制度性的对对象世界的改造、变革,也可以体现为人与人之间物质的或精神的交流,还可以呈现为精神性的对对象世界的体验、感受。实践不同于人以观念的方式所进行的活动,它是以感性方式把握客体的活动,它是一种对象性活动。在实践活动中,教师把自己的目的、理想、知识、能力等本质力量对象化为客观实在,它既同人的主观活动相联系,又同客观世界相联系。实践可以使教师的既有素质和所处的环境成为影响个体成长的现实因素,使个体在既有的素质和社会环境的相互作用中获得成长。没有实践活动的机会,知识本身便不会有什么建树;脱离了实践活动,教师的专业成长就是无源之水、无本之木。列昂捷夫曾指出,个体发展的现实基础不在它原有的遗传程序表中,不在它的天赋素质和欲望的深处,甚至也不在他后天获得的熟练程度、知识和技能(包括职业技能)中,而在借助知识和技能实现的活动的系统当中。[1]

教师在实践活动中,不是要把重点放在复制和套用别人研究所提出的实践准则上而忽视了自己的实践理论和专长,而是要以指导性的目标和价值为中心,全面参与思考过程,努力实现理论与研究之间的多重整合和转化。专业成长是教师的需要,实践活动能为教师的专业成长提供满足需要的对象。实践是成长的土壤,教师的新的需要和新的能力在实践的土壤中萌芽生成,教师必须向实践学习,在实践中学真知,在实践中求发展。教师在教育教学实践中获得专业成长的同时,也推动了教育教学实践向前迈进。

3. 反思是教师专业成长的主要特征

教师的反思是指教师在教育教学实践中,以自己的教学活动为思考对象来进行解析和修正已经发生的有关问题,进而不断提高自身教育教学效能和素养的过程。在这一思维过程中必须具备思维素材和思维技巧及进行反思的态度。其主要特征:一是实践性,是指教师教学效能的提高是在其具体的实践操作中;二是针对性,是指教师对自我"现行的"行为观念的解剖分析;三是反省性,是指教师的自身实践方式和情境,立足于自我以外的多视角、多层次的思考是教师自觉意识和能力的体现;四是时效性,是指对当下存在的非理性行为、观念的及时觉察、纠偏、矫正和完善,目的在于缩短教师

---

[1] [苏]列昂捷夫. 活动意识个性[M]. 李沂,译. 上海:上海译文出版社,1980:136.

成长的周期；五是过程性，一方面指具体的反思是一个过程，要经过意识期、思索期和修正期，另一方面是指教师的整个职业成长需要长期不懈的自我修炼。

针对学校教师的教学反思情况，课题组设置了相关的问卷调查，结果显示，在参与问卷的教师中，有182人会经常进行教学反思，占总人数的75.21%。调查结果显示，学校教师的教学反思意识较高，这也是教师自主学习的一个重要方式。

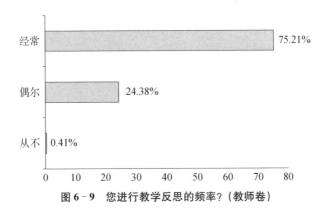

图6-9 您进行教学反思的频率？（教师卷）

教师在反思之后能见证三种结果：一是教育性结果，能确实转化为教育实践行动并改进教育实践；二是专业性结果，能获得专业成长和实践解放；三是理论性结果，能建构或重建教育理论知识体系。

反思过程，实际上是人类本质力量和主观能动性实现的过程。反思不仅是一种手段和步骤，它首先是一种能力，是创新能力的体现。美国心理学家波斯纳提出过一个成长的简要公式：成长＝经验＋反思。相反，如果一个教师仅仅满足于获得的经验而不对经验进行深入的思考，那么无论他有多少年的教学经验，也只能是一年工作的多次重复。没有反思的经验是狭隘的经验，至多只能形成肤浅的知识，这样他的成长与发展将大受限制。教师的专业成长应该是生物体的成长过程，而不是机械的重复的做功运动，只有通过反思，才可使教师由单纯的教育工作者变为研究型教师，由"传道、授业、解惑"者变为学习型或发展型教师。

教师探究自己的教学实际，通过自我知觉、自我分析、自我批判等过程，解构原有的习惯、信念与认知体系，并且在辩证反思与行动研究中，建构个人内在的知识、信念、价值系统。这是教师专业成长的重要特征。当然，在反思、自我揭露和批判过程中，难免有面对失败的教学经验、困难而信心不足的时候，因此，对教师个人而言，保持强烈的知识建构欲望、专业自主与成长的兴趣，以及开放的胸怀是十分必要的。

第二节 基于"三名"工作室的教师专业成长共同体

为进一步发挥名校长、名班主任、名教师的示范引领作用,2015年大渡口区教委成立"三名"工作室,旨在以"专业引领、同伴互助、交流研讨、共同发展"为宗旨,以促进教师、班主任、校长专业发展为核心,以教育、管理、科研为先导,打造融科学性、实践性、研究性于一体的研修团队。重庆三十七中现拥有五个大渡口区"三名"工程工作室。其中,"莫能芳名班主任工作室"被评为重庆市中小学班主任工作室。

一、凝心聚力　众行致远:伍平伟名校长工作室
(一) 工作室简介

"伍平伟名校长工作室"是大渡口区教委为进一步推进我区干部教师队伍的整体素质,充分发挥名校长的引领、示范和辐射作用,经个人自荐、组织推荐和综合评审,区教委研究决定,首批建立的4个名校长工作室之一。

图6-10 "伍平伟名校长工作室"授牌仪式

"伍平伟名校长工作室"以"提高管理水平,为大渡口区教育做出更大贡献"为目的,以"建立学习共同体"为目标,成员包括大渡口区部分骨干校长、副校长、校长培养对象。它既是研修、培训的课堂,也是区域学校管理创新、改革的实验室。工作室通过理论学习、专家讨论、诊断交流、学术沙龙等学习方式,在三年周期内,实现成员教育教学管理、指导、研究能力的全面增强,全区优质教师资源的共享,社会及同行广泛认可。

（二）工作室主持人：伍平伟

伍平伟，时任重庆市第三十七中学校校长。1999年10月，作为一名政治系大四的学生，伍平伟凭借一本自制相册作为自荐书参加了巴蜀中学的面试，就这样，在巴蜀中学开始了他的教育之路。伍平伟在巴蜀任教13年，从一线教师到行政岗位，从年级主任、教务处副主任再到大渡口区教委副主任，他一直坚持务实和对教育事业的专注。

2015年1月，他做了一个大胆的决定：从大渡口区教委副主任转身重返校园，担任重庆市第三十七中学校校长。他认为，如果学校是一个舞台，学生便是舞台上的主角，那么作为一个教育工作者、一个幕后人员，让每一位学生都有收获才是最好的"舞台剧本"。

伍平伟认为，文化是一所学校不可或缺的一部分，正如习近平总书记在党的十九大报告中强调：文化是一个国家、一个民族的灵魂。没有高度的文化自信，没有文化的繁荣兴盛，就没有中华民族的伟大复兴。

图 6-11　伍平伟

如何让校园更具有文化特质，从而影响到每一名学生，在"自得"文化的引领下，伍平伟提出让学生个人绽放，乐于自得的育人目标。为了这一目标的实现，他沉下心来与三十七中教师一起潜心专注于课堂改革。在传承课改成果的经验上，探索出"四主五环"高效课堂教学体系。

"四主"即"教师主导、学生主体、课堂主动、活动主线"四个教学原则，"五环"即"目标导向、预习奠基、合作解疑、展示提质、评测达标"五步教学环节，再进一步延伸至"1+X"多元课堂，让学生成为课堂的主人、学习的主人。

除此之外,在实现学校品质提升的新突破上,伍平伟还致力于实践体验式教育的探索,构建起了"237"(两翼三阶七维)德育实践课程体系。

2000年正式走上讲台授课,于重庆市巴蜀中学连续任教13年,伍平伟得到了学生的爱戴,以及家长、学校同事和领导的一致认可。从普通教师、年级主任、教务处副主任、教委副主任再到校长,他不改初衷,时刻将素质教育的责任铭记于心。伍平伟说:"所有这些努力,只为一个改变,改变我们的观念,改变我们的习惯,改变我们的结构,更改变我们这个团队的影响力。事实证明,我们的老师能吃苦、能战斗,能奉献最大的教育情怀,也能引领大渡口教育的发展。"

(三)工作室研修活动

1. 问道名校,提高管理水平

为深入学习落实《中共中央国务院关于全面深化新时代教师队伍建设改革的意见》,不断提升工作室学员个人素养及管理水平,为大渡口区教育培养更多管理人才,依据《大渡口区教育"三名"工程建设实施意见》,该工作室常组织学员赴名校参观考察,了解、学习他校先进的办学思想和管理经验。

2019年12月15日至18日,"伍平伟名校长工作室"全体成员赴北京研学。工作室成员戴娅琴老师在工作日志中记述了这次考察经历:

> 北京以一场大雪迎接我们这批远道而来的学子。16日,冒着寒风,顶着飞雪,我们一行人在大兴国家教育行政学院经受了一场精神洗礼,一场专业指导。上午,北师大中国教育政策研究院张志勇做了名为《名校长的教育信仰与教育担当》的讲座,高瞻远瞩地指出了名校长的成长路径。下午,国家教育部教材专家柳夕浪主任从教学成果的基本认识、教学成果培育的基本环节等角度,深入浅出地讲解了《教学成果奖材料积累与申报建议》,展示了国家级教学成果奖的申报过程与要求,为学校的发展提供了明确的思考方向和路径,引起学员们的热烈讨论。
>
> 古人云:读万卷书,不如行万里路。本次研学,除了专家讲座,还专门设置了学校参观交流课程。17日,学员们先后走访了海淀区进修实验学校和医科大学附属实验小学。两所学校都曾经历过发展的低潮期和阵痛,但是也都抓住了发展机遇,快速崛起。
>
> 下午,小小的医科大附小,孩子们以让人惊艳的表演欢迎我们的到来,京剧、舞蹈、管弦乐演奏,小小的礼堂里展示出该校在社团活动上的丰硕成果,校园虽不

图 6-12 工作室成员赴北京考察交流

大,却展现出对课程改革的深刻认知,"康+"课程体系关注学生健康素养、品德素养、人文素养、科学素养、艺术素养,全心培养身心健康的灵动少年。

本次培训,学员们接受了专家指引,实地考察了学校,在两个晚上的学习讨论中,大家纷纷表示收获满满。工作室成员本次学习开阔了眼界,提升了境界。所有学员表示,这只是学习道路上的一段旅程,学海无涯,将借此承前启后,在工作中不断反思,在反思中不断学习,在学习中不断进步,为大渡口教育贡献自己的绵薄之力。

程永光老师也表达了他的收获:

本次北京之行开阔了眼界、增长了学识、收获了友谊,尤其是 17 号进入两所学校的深入学习,更是收获颇丰。两所学校的发展历程给我最大的启示就是:学校的发展路径多元开放,能找到适合自己的就是最好的。海淀区教师进修学校附属实验中学是一所高中,北京医科大学附属小学是一所小学,两校虽然是不同学段的学校,但却有一些共性的特征。一是两校在海淀都居于同类学校的中游的位置,二是两校近年来的发展势头都很猛,甚至有了一定程度上质的蜕变。两校快速发展的原因,在我看来就是各自找到了适合自己的发展道路。实验中学在"质"上下功夫,附属小学在"色"上做文章。

实验中学的"质"体现在方方面面:办学理念——办有质感的教育;校园文

化——简洁、高雅、有品质;突围路径——创新、多维、高素质;管理文化——人文、成人、贵质朴……附属小学的"色"也让人眼花缭乱:校园文化——色彩斑斓;突围路径——特色发展;校园生活——金色满园;管理团队——融洽温馨,有如春色……

北京之行的收获真实而生动,再次感谢"伍平伟名校长工作室"给我们提供这么好的平台,真心期待在各位"室友"的相伴下,一起走进未来的诗和远方。

2. 聆听讲座,加强个人素养

校长工作室主持人一般都有较好的高端学习背景、拥有较丰富的人脉资源,常带领整个工作室团队参加省内外校长高级研修活动,让所有的成员校长均享受到同样优质的集中培训资源。

2018年4月13日,"伍平伟名校长工作室"成员赴重庆中华传统文化研究会基地,聆听叶贵本教授关于传承中华传统文化、提升干部素养的专题讲座:

农历三月、烟雨江津,不禁让一行人神往起初唐诗人沈佺期江津龙门峡之妙赞,"龙门非禹凿,诡怪乃天功。西南出巴峡,不与众山同。"此行虽不取"西南出巴峡"之鬼斧神工,却可参悟"不与众山同"之中华文化。一副副对联,一句句箴言,浸润着每一个工作室成员的心田。

叶贵本教授娓娓道来,从"心外无物"的精神境界,到"厚德载物"的人生态度,从"善行天下"的社会理想,到"知行合一"的教育情怀,细细道出了中华传统文化的核心思想。叶教授讲道,像这样的思想和理念凝聚了千百年来中华民族的生活经验、生存智慧,流淌在中华民族的血脉之中,包含着中华民族最强大的精神基因。

叶教授针对校长工作室全体成员,强调搞教育的人首先应有教育的思想与理想。必须具备两点:第一,把教育事业作为一生崇高理想,把丰富学生精神生命作为一生使命。而作为校长要把价值追求放在核心位置,坚持这种理念,内化为品德,付诸实践,并结出硕果。作为学校管理干部应该要具有渊博的文化知识和崇高的人文精神。同时,他还强调校长要努力担起规划学校发展、营造育人文化、领导课堂教学、引领教师成长、优化育人环境、调适外部关系的管理职责。

叶教授最后告诫全体工作室的成员"没有阅读就没有教育",还应该树立正确的读书观,读书要有取舍的高度和鉴别的高度。

取道之行,神游浩海,殊胜境界,心之向往时,于一袭"楼台市气笙歌外,朝暮江声鼓角中"踏上归程,全体成员意犹未尽,收获满满,感慨万端。

图 6-13 工作室成员聆听名家国学讲座

二、分享智慧　引领成长:莫能芳名班主任工作室

(一)工作室简介

"莫能芳名班主任工作室"由一位主持人和七位成员共八位中青年优秀教师组成,他们分别是三十七中莫能芳老师以及三十七中曹小旺、李娅、周丹老师,94中刘小依老师、巴渝余渝老师、商务学校张园老师,95中雷桥老师。横跨初中、普高及职高等学段,涵盖语、数、外、物、生等学科,集合了区最强初、高中学校的优秀班主任。

图 6-14 "莫能芳名班主任工作室"成员

工作室承担着区优秀学校、优秀教师之间桥梁沟通的重要职责：一方面积极学习彼此先进经验、迅速成长；另一方面勇于发现彼此存在的问题，合作竞争，共同提高。因此，工作室以班主任思想建设、业务提高、事务操作指导为主要内容，充分发挥优秀班主任的示范、引领、带动作用，以形成优秀班主任团队为宗旨，整体提升班主任工作水平，促进班主任队伍专业化发展，扩大工作室团队在校、区、市等区域的引领辐射作用。

工作室以德育课题研究为主线，拟采取"导师培养、专家引领、自主研修"的培养途径，"学习培训、班会观摩、课题研究、参观交流"的研修方式，以优秀班主任为主体，以名班主任为主导，以学习、交流、研究为主要形式，提高班主任的道德、知识、水平、心理等综合素养，加速优秀班主任带头人的成长。

（二）工作室研修活动

1. 观摩主题班会课

主题班会课是班主任参与班级管理、实施教育活动的一种重要载体，传递教育理念的重要途径，综合体现了班主任的专业素养。成功的班会课少不了新颖并贴近实际的主题、教师的引领和学生的融入，一堂成功的班会课会使学生心灵受益。要开展一堂班会课，需要确定主题和内容、选择教育和活动方式、搜集课堂材料等。

工作室要求每一位成员在每一个学期至少组织开展一堂班会课，并要求所有成员到场观摩。要求每一位工作室成员，在工作室主持人的引导下确定各自的主题、设计班会课内容和展现方式，班会课结束之后，所有成员集中探讨和分享感想、汲取成功、指出不足，相互推动、相互进步，上课评课、再评再上。工作室三年活动期间，每一位成员在每个学期都会组织一场班会课，同时也涌现出了许多典型、优秀的班会课。

2018年5月10日，"莫能芳名班主任工作室"、九十四中"晏东升校级班主任工作室"和商务学校"张园校级班主任工作室"举行了首次联合研修活动。活动第一项便是观摩优秀班会课：

  与会老师观摩刘小依老师展示（二十分钟内）微班会课《感恩同学情》。班会课设计共六个环节：1.活动体验，学生用身体拼"人"字，体会合作；2.主题阐释，定义"同学""同学情"，提高认知；3.图片铺垫，日常生活场景再现，触动内心；4.视频升温，两年时光回顾，深化感恩；5.朗诵感悟，同学情深；6.老师点拨，价值引领。其中在"图片铺垫""视频升温"两个场景再现环节之后，学生饱含对同学、对班级深情厚谊的点评,以及刘老师眼含热泪的点拨尤其打动人心。

展示后,与会老师点评班会课。对这堂微班会课"准备策划""实施""反馈总结"等三个阶段,老师们基本有如下共识、好评:1.准备充分,资料充足;2.认真组织,驾驭得当;3.内容丰富,形式多样;4.反馈及时,用心点拨;5.真心付出,体验情感;6.寓教于乐,价值引领。这无疑是一堂让"学生的认知得到提高、情感得到升华"的好班会课!

同时,老师们也开诚布公地指出个别环节还可以处理得更好的建议:1.第一个活动环节可以从一个同学摆"人"字开始,对比同学之间合作,体会合作的优势;2.对于初中生而言,概念的定义太过生硬,可设计得更温馨,如可让学生根据自己对活动的思考,共同总结出"同学""同学情"的内涵;3.老师可在学生动态生成板块多下功夫,如第三个环节中,每个学生在讲完自己的故事后,可给故事中的帮助者一句感谢的话或一个拥抱,深化同学间的感情;4.在班会课前后让学生将感受形成文字,强化课堂中的收获,使之更持久。

图6-15　刘小依老师微班会课"感恩同学情"

2. 参与课题研究

教育智慧源自反思活动的落实,是教师专业提升的有效方法。"教而不研则浅",说明优秀班主任工作室要以研究作为主要任务。莫老师在努力推动班主任工作开展研究时,会持续带动并鼓励所有学员参与研究活动,在撰写德育论和案例活动中取得新的成绩。从已有成果去看,要持续"压担子",以实现"全面开花",这样整个工作室都会处于良好的学术研究氛围中,每位成员都能取得一定成果。而且工作室以课题研究为先导,积极探索当前班主任有效的德育途径。两年以来,工作室学员教师的多篇论文获各级奖励并被评为全国、省、市、区各级各类先进。

图6-16 "莫能芳名班主任工作室"课题开题论证会

3. 聆听专家讲座

工作室努力创造各种条件,给成员打造了能够充分展示自我和交流经验的平台。使"名师"之间,"名师"和学员间都能实现无障碍交流,互相学习,实现共同进步的目的。工作室主持人莫老师以主题班会为对象,设计多次交流活动,由班会的准备、设计和注意事项等多个方面做起,剖析指导怎样设计氛围活跃的主题班会。莫老师结合自己多年的班主任工作经验、年级管理艺术,从多方面给全体学员做了一个细致的讲解。同时,工作室组织成员参与专家的教育培训活动,聆听有关教育学、心理学知识的讲座,就认识挫折、青少年遭遇挫折的表现、面对挫折的态度等方面用各种经典的案例进行阐释,为如何做好班级管理工作、解决工作中的疑惑打开了新的视野。

2019年3月3日至4日,莫能芳工作室的成员们利用周末休息的时间,参加了在涪陵区上海新纪元(重庆)学校举行的"新思想领航新征程全国中小学(含中职)骨干班主任核心能力提升暨魏书生教学艺术思想报告会"。

在为期两天的培训中,学员们分别倾听了全国未成年人心理健康辅导中心四川辅导站负责人梁岗老师《创建生命力在场的幸福教室》、山东省潍坊市教育科学研究院教研员李秀伟老师《忧患德育：中国式班风建设》，以及当代教育改革家魏书生先生对于教学艺术思想的分享。这些教育大咖们从自己亲身经历出发，将班级中的教育智慧和乐趣娓娓道来，小到班歌班名的制定，大到班级成果的提炼，让学员们深受启发，原来班主任还可以这样当，原来平凡的事也能做出不平凡成果，原来班主任还可以这样的快乐。

图6-17　工作室成员参加魏书生教学艺术思想报告会

在这些大咖中，让人感受最为深刻的还是已经69岁的魏书生先生的报告。没有讲高深的大道理，没有用华丽的辞藻，也没有振臂高呼，只是谈一些身边的与生活、工作、学习有关的小事情，幽默有趣，很有一番见地。从守住"平常心"，有滋有味有声有色平平淡淡从从容容过自己的日子，到教育之道"大学之道，在明明德，在亲民，在止于至善"，要看明白，想明白，说明白，写明白，做明白。从培养学生的自我管理能力，到学会欣赏他人，发现自己能做的事，帮助学生发现自己能做的事，实现自我理想。从促进孩子生命状态的变化，到眼睛向内，发现自己，让最不自信的孩子也发现自己的闪光点，找到属于他自己的那束光，以及他多次强调做人、做事原则："坚持、坚持、再坚持；守住、守住、再守住。自强不息，厚德载物。"

短短的两天培训已经结束，但这些大咖们的新思想、新理念将一直指引着我们在班主任这个岗位上勇往直前——做一名快乐的班主任。

4. 主题沙龙研讨

主题沙龙研讨是近年来各类工作室开展活动的主要形式之一,其主要是针对班级文化建设、班级纪律管理、学科教育专题、学生成长心理问题、后进生提升专题等内容进行头脑风暴式的沙龙研讨,在沙龙中,通过抛出主题,让每一位工作室成员深入思考。

每一次沙龙,都会邀请各类名师、专家参与指导,以提升沙龙的内涵和层次,在沙龙中,每一位成员都是平等的对话,每一次对话都是一个思想火花的碰撞。通过沙龙研讨,不断提升班主任将现实问题转化为理性问题的水平,使班主任们在日常工作中捕捉问题、思考问题、解决问题。

工作室非常注重沙龙研讨,每一次沙龙研讨都集思广益,收集实际问题,并提前公布主题,让每一位成员有时间静心思考。沙龙研讨中,部分主题是由工作室成员自行完成研讨,部分主题则是邀请知名专家、学者到场指导。

(三) 工作室建设成效

1. 促进了班主任专业发展

教师的专业学习,要求共同体给予支持,主要是促使知识能够在外部世界与内部认知结构间成功构建起关联,并产生多重转化,进而达到思维碰撞、深化理解、知识充实并增值的目的,这也可以看作是差异变为合作发展的资源的历程。班主任工作室为班主任学员提供了讨论与交流的平台,导师与学员之间,学员与学员之间的互动碰撞出了思维的火花,增加了共同体内隐性知识的积累。传统的学校工作环境,班主任各自忙于完成学校安排的任务和解决班级的大小事务;班主任管理工作具有封闭性,所以班主任工作时缺乏深度、真诚的交流。而工作室为学员的交流、学习搭建了平台;平等、包容、合作、分享的学习氛围促使了心灵交流的发生。

主题班会课是班主任参与班级管理、实施教育活动的一种重要载体,也是传递教育理念的重要途径,综合体现了班主任的专业素养。成功的班会课少不了新颖并贴近实际的主题、教师的引领和学生的融入,一堂成功的班会课会使学生心灵受益。要开展一堂班会课,需要确定主题和内容、选择教育和活动方式、搜集课堂材料等。工作室要求每一位成员在每一个学期至少组织开展一堂班会课,并要求所有成员到场观摩。要求每一位工作室成员,在工作室主持人的引导下确定各自的主题、设计班会课内容和展现方式,班会课结束之后,所有成员集中探讨和分享感受、汲取经验、指出不足,相互推动、相互进步,上课评课、再评再上。正如莱赛所说,学习共同体给内部学员带来的最大效益就是知识的共享,共同体内部学员由于关联而营造了环境与气氛,在学习共同体的支撑下,他们既有了共同的语言,也在充裕时间和空间中获得了互动和交流,成为知识共享的前提要素。

2. 创出了班主任管理班级的风格和特色

教师的知识主要有两种:一种是理论知识,另一种则是实践性知识。在班主任工作室中,教师由教育教学实践应用或体现的知识,就是教师专业成长的重要知识储备。前者更侧重于外在表现,更能够被教师或专业理论工作者所辨识和掌握,而后者更偏向于内隐,是教师个人经验和特点的积累,贯穿于整个教师的日常教育教学环境和行动之中,所以难以去感知。事实说明,实践知识是教师个人经验的感知、积累和同行间交流、合作的结果,更多的是变化地对"理论性知识"所做的理解、应用和拓展。在共同体内部,教师以合作的方式才能逐步将个人的实践智慧释放出来,将自己的知识积累展现出来,由此逐步体现了个人实践经验的总结和发展。

班主任工作室的学员都有着比较充足的教学经验,其主要任务就是引导内部学员展开习惯性讨论,对每个人的特点和长处进行分析,由此深挖学员的内在潜力,寻找努力的方向,并由此长久地保持,进而构建出自己的特点。工作室在日常的各类活动当中去观察每一位成员的特质、能力、优缺点等,积极担当引路人的角色,极力挖掘每位成员的潜能,通过开展示范课、观摩课、专题讲座等活动,把先进的教育教学理念、班级管理理念传递给成员,在提升成员综合素养的同时,发掘特色,创出特色,使学员形成独特的、高效的班级管理模式;同时,以课题为突破口,并将成果积极地在所在学校进行推广,受到学校领导、同事、家长和学生的好评。

3. 提升了区域班主任队伍的整体素质

班主任工作室的负责人、学员教育教学成绩、科研硕果都形成论文、报告、研讨会等形式,在所在区、市进行宣传和公布,将工作室的成果、解决问题的思路和逻辑、好的做法反馈到各个学校,让各个学校的班主任进行学习和交流,真正地发挥工作室的示范作用。

"莫能芳名班主任工作室"特别注重工作室成果的宣传和发布工作,在不同学校举办主题班会课,向区内各个学校宣传工作室的互动形式。这些活动,使得更多的人关注工作室的存在,了解工作室的发展情况,并将工作室的研究成果传递到每一个学校,真正起到工作室的示范和辐射作用。

三、共创共享　共生共长：甘露名师工作室

（一）工作室简介

"甘露名师工作室"成立于2017年10月。工作室以全面提高中学地理教师和小学科学教师的教学科研水平为根本目的，以重庆市第三十七中学校甘露老师为引领，通过开展一系列行之有效的理论学习、教学研讨、区域实践、网络研修、主题沙龙、专家引领等教育教学理论和实践研究，推动中学地理和小学科学教学教研和改革工作，促进骨干教师的专业发展，使工作室成为集教学、科研、培训等功能于一体，立足于实践的科研型团队。

图6-18　"甘露名师工作室"授牌仪式

工作室以"践行全学段区域考察，关注地理实践力培养"为主线，打造研修文化"四心"——静心读书，用心研究，专心实践，真心共享。立足地理区域实践考察，聚焦基础教育全学段地理实践力培养。用行走的力量，做地理实践力培养的探索者、全学段研学的开拓者、学生潜能的唤醒者、教师成长的引领者。

工作室自成立以来，先后开展跨学段研学考察活动8次，围绕研学活动开展名师专题讲座10余次，学员专题微讲座20余次。工作室积极投入教育科研，承担市级重点课题一项、市级规划课题一项、区级重点课题一项。工作室成员论文发表、获奖，课例获奖30余次。

工作室在实践修炼中共生、共享、共长，逐步形成一支有厚度、有温度、有高度、有

力度,能引领辐射的地理学科教师团队。

(二) 工作室研修活动

1. 多种方式,观课议课

工作室经常组织学员走进名师的课堂,聆听专家的教育心声。仅在2017年和2018年的两年间,就组织了15次的大大小小的观摩活动。

工作室的学员李鹏员老师谈到了自己印象最深刻的一次感受专家风采的活动:

2017年12月23—24日,为期两天的小学科学名师新课堂教学观摩活动在重庆沙坪坝区育英小学成功举行。大渡口区"甘露名师工作室"成员在主持人甘露老师的组织下,集中观摩了四位著名特级教师带来的优秀现场课和报告。

本次活动由中国管理科学研究院培训部主办,四位全国著名特级教师都现场执教了一堂科学课,并对执教的课进行了总结反思;然后围绕新课堂结合自己的研究做了一场报告。现场课充分展示出特级教师的执教风采,他们对教学理念理解深,对教材把握准,对学生引导足。

现场报告更体现出他们深厚的教学研究水平,教学案例信手拈来,解读课堂深入浅出。特别是小学科学界泰斗级专家、特级教师章鼎儿老师,他围绕"小学生的科学学习活动研究与科学课的课堂教学改革"这个话题做了2个小时的报告,其中引用了十几个成功或不成功的课堂教学片段,并对它们一一阐述,其核心就是围绕着学生如何"学",让教师的"教"服务于学生的"学"。这些鲜活的实例让我们看到了自己课堂需要改进的地方。同时他还讲到了关于岩石单元的教学策略,对我们工作室以后研究岩石单元具有指导性。

两天,四节课、四场报告,既有理论知识的讲解又有课堂实践技巧的运用,工作室的成员将把两天的收获充分运用到工作室的学习、工作以及研究中。丰富学员们的教学手段,提高学员们的理论水平,提升学员的综合素质。

名师之所以称为名师,其在教学上有着自己独特的理念和思考。他们的课堂是与时俱进的,是与学生紧密结合的。这些被观摩的课都是经过多次的试讲、磨合、反思、修改,有着很高的借鉴和学习的价值。这些课是值得教师去模仿的,但是并不是单纯的模仿全部内容和过程,而是去模仿完成一件事的手段和方法。对教师个体而言,模仿是对"被模拟"行为背后教育教学意义全方位的领悟和认知,是教师个体向他者学习缄默知识,实现这类知识"共同化"的一种方式。当然名师的课也不代表绝对的权威,教师在观摩课后应该有自己的观点和思考。所以在这些观摩活动后,名师工作室应该积极组织活动进行讨论,将这些名师的教学智慧真正运用到自己的课堂中去。

2. 践行真知,明晰地理

工作室紧密围绕研修主题,深入开展周边区域研学活动。以人与城市为研究对象,打造周边10个研修基地,以实践的方式捕捉地理实践力的有效培养路径。自成立以来,先后开展跨学段研学考察活动8次。李晓婷老师在实践活动中受益匪浅:

2018年1月7日,大渡口区"甘露名师工作室"全体成员冒着严寒,淋着细雨,在主持人甘露老师的组织下,来到南温泉公园进行区域考察探究活动,此行目的是进行区域自然地理考察探究的前期考察准备。

南温泉位于巴南区南泉镇花溪河畔,是重庆市"十佳"旅游风景名胜区,山、水、林、泉、瀑、洞之胜皆具,是重庆自然地理环境特征的典型区域。在公园内,我们就南温泉的地质、植被、溶洞、河流、温泉等方面内容进行了实地交流研究,沿途初步确定了学生实地考察的路线、观察点、不同学段的考察重点等相关内容。

其中,比较具有研究价值的"仙女洞"得到了大家的青睐。大家用手机照亮,对仙女洞内部进行了仔细观察研究。石钟乳、石笋、石柱、结晶体、风化表层、底层暗河在洞内均有发现,溶蚀形成的喀斯特地貌景观非常典型。

沿山路下行至花溪河畔,时至冬季,河流蓄水,水位较高,河流地貌发育不明显,考察价值不高。但是河流污染现象比较严重,并且根据污染物的流向,我们寻找到了污水排放口。这为我们的考察提供了新的探究方向,河流的污染及保护,这也会成为探究人地关系中浓墨重彩的一笔。

在考察过程中,大家还发现以前南温泉众多的景点由于自然条件的改变,以及缺乏维护已经不复存在,着实可惜。我们希望在以后的区域考察与探究中与学生一起讨论

图6-19 南温泉考察活动

相关问题,并提出相应的应对措施,能够为社会贡献自己的力量。

考察结束后,甘露老师与大家交流了本次考察的相关内容,并对后续的研修工作和实习考察提出了要求:1.绘制考察路线图;2.制作相关宣传片;3.撰写科学专业的策划书,做好考察的前期准备;4.分别查找各学段的相关资料,撰写考察点的讲解稿,结合当地实际重点讲述地理原理。本次考察让老师们大开眼界,知识源于生活,实践创新学习。我们相信,在工作室伙伴们的共同努力下,我们的区域地理考察与探究的课堂会越发精彩。

3. 读书反思,仰望星空

书籍是人类传递知识的重要载体。而教师最基础的任务就是教书育人。虽然社会在不断进步,教师不再是知识的权威,在社会中逐渐丧失了知识层面的优势,但是教师作为职业,它的本质特征就是拥有知识。教师工作具有复杂性、创造性和不稳定性,但阅读可以帮助教师不断地汲取知识,解决教学实践活动中的实际问题。教师的示范性,也要求教师具有阅读的习惯,这可以为学生树立良好的榜样。在知识结构上,社会更加强调教师专业素养的多层次复合性。教师需要掌握三个层次的知识。一是科学知识和人文知识。二是学科知识,以及与该学科有关联的知识。三是教育知识。教师开展工作的基础就是良好的知识结构,教师专业发展的第一要素也是构建良好的知识结构。这些知识的建构需要教师去自觉、自主地学习和阅读。

为了提升工作室全体学员的专业水平和知识底蕴,"甘露名师工作室"定期举行读书交流会,分享近期的读书心得。整个读书交流会由甘露老师主持,全体学员积极分享。

2018年6月27日,"甘露名师工作室"在三十七中月能楼举行了读书交流会,成员各自分享近半年内最喜欢的一本书。蔡鹏老师记录下了这次读书会的过程:

会议分两部分进行,首先是各位学员在自己的阅读书架中推荐书籍。

来自民族中学的董代莉老师分享了《给孩子的历史地理》,她从作者简介、推荐看点、精彩书摘等3个角度给我们带来历史融入地理的全新角度,提出了包含地理思想的地理书和对教学有益的是我们应该追求的目标。

95中的包娟老师给我们带来了三毛《撒哈拉的故事》,精选"沙漠中饭店""沙漠观浴记""收魂记"等3个方面内容进行交流。飞蛾扑火时,一定是极快乐和幸福的。让我们深刻了解他国的风情,也充实了我们内心的精神世界。

茄中的易丽老师分享了《活法》一书,书中提到人生的意义在于磨炼灵魂、最伟大的能力就是超越自我等观点,以及人生工作结果＝思维方式×热情×能力、人生的成就＝能力×努力×态度的公式让我们受益匪浅。

茄中的蔡鹏老师分享的是《给教师的建议》,他从读书的意义、关爱学生、赏识学生等三个方面带来自己的看法。"愈是困难的学生,他在学习中遇到似乎不可克服的困难愈大,他就愈需要阅读。"让人记忆深刻。

李朋员老师分享的是《大数据时代》一书,他从思维变革、商业变革两个方面给我们以全新的认识。允许不精确、"是什么"而不是"为什么"、一切皆可"量化"、无处不在的"第三只眼"等观点让我们眼前一亮。

肖杰老师分享了《好妈妈胜过好老师》一书,培养一个孩子良好的学习习惯、改变自己的态度才能改变孩子的习惯、不要轻易破灭孩子的希望、以退为进的说服教育、给孩子创造一个良好的学习氛围等看法给我们很大的启发。

三十七中的熊强老师分享了《丝绸之路》一书,该书是外国作者首次从中国的视角来审视历史的发展,体现熊强老师深厚的家国情怀,提醒大家要学会关心关注国家的发展进程,与国家共同发展进步!

图6-20 工作室成员读书交流会

甘露老师非常认可大家的阅读心得,认为每个人的报告中都充满了正能量,积极向上的研修态度让人感动。阅读内容丰富,不单停留在教育类,这样的阅读能开拓视野,启迪智慧。随后,甘露老师逐一对学员的读书汇报进行了中肯、精彩的点评。

甘露老师对工作室成员诚恳、精准的点评让大家信心满满。甘老师希望大家以后能从推荐一本书逐步过渡到推荐一系列书,从陶冶情操类逐步过渡到教育思想类,认真思考自己的书架,形成自己的读书风格,在阅读中启迪智慧,涤荡心灵。

4. 专家引领,高效研修

新一轮课程改革强调,教师要由知识传授型教师向研究型教师转变。工作室成员多次在主持人甘露老师的带领下参与专家学者的专题研讨会与教育培训。

2019年7月12—17日,甘露老师带领工作室成员前往桂林参加中国教育服务中心培训中心所举办的教育培训。学习结束后,甘露老师组织成员就本次研修活动进行讨论与总结提炼,力求在提升教师个人水平的基础上,还能将所学融入工作室活动:

大家提到,地理考察活动的每个主题可借鉴培训中的案例,从课堂学习到社团参与,再到社会实践,利用STEAM教学方式,进行多学科的融合,必定会让学生对考察内容理解透彻,印象深刻。同时,使每个考察主题形成校本课程,进行大范围推广,服务更多的师生,为大渡口区教育教学的进一步发展助力。学能解惑,学能引思,工作室成员会将所学融入自己的教育教学工作,从实际的教育教学背景出发,立足未来,去落实学生核心素养的培养。

此外,工作室还曾邀请到国内三大地理教育杂志之一——《地理教育》杂志的主编,重庆师范大学杨娅娜教授为大家讲授科研论文的写作。董代莉老师谈到了自己听完讲座后的收获:

杨教授从教研论文的含义、基本结构、选题、途径和策略、材料收集、定题目、参考文献几个方面给大家讲解了教研论文的写作。杨教授提到:写论文建议先写框架结构。论文的题目要准确、简洁、新颖、独到、醒目。对于论文的选题,学科核心素养在现实中的利用、课程开发、研学路线设计、研学过程加学生感悟、教案、

图 6-21　工作室成员前往桂林参加教育培训

某节内容活动探究等都是可以选题的点,写作过程中要注意理论与案例结合,满满的都是干货,老师们获益匪浅。为了老师们以后能更有针对性地投稿,杨教授也对《地理教育》各版面进行了简单的介绍。

最后,杨教授特意留了时间和大家交流,老师们积极发言,把自己在写作过程中遇到的疑问提出来,杨教授答疑解惑,给大家指明了方向。

这样一次近距离与专家的交流活动,让大家受益匪浅,也打消了许多人不敢写教研文章的顾虑。就像杨教授说的,《地理教育》因为一线老师们变得更丰富,希望一线老师们也因为《地理教育》变得更加精彩。相信老师们在今后研修中能把自己的经验和思考更好地分享出来,通过杂志平台展示我们工作室的研究成果。

图 6-22　《地理教育》杂志社主编杨娅娜教授讲座

（三）工作室建设成效

教师专业发展主要有三种范式，一是"技术熟练者"范式，即强调了一些专家的作用，在这种范式中，专家特质可以传递给一般的教师，促进其专业发展，专家具有绝对的权威。二是"研究型实践者"范式，即教师不断地通过自身的实践对自己的理论进行检验、修正和完善。三是"反思型实践者"范式，即通过积累经验，观察反思去重新认识和解决一些问题。教师的专业发展既要靠外部的知识和技能的训练来发展专业化，也需要靠内在的实践和反思自主发展专业化。而名师工作室是将教师专业发展的外部条件和内部条件相统一，有效地促进了教师的专业发展。

1. 有利于提升学员自主能动性

一个组织群体，倘若没有共同的愿景，没有相似的志趣，也没有共同的目标，那么它就失去了前进的内驱力，很难再去创造和超越。

名师工作室采用的就是"双向选择，必要考核，导师自主确定"的办法去确定学员。学员们进入工作室都是从自身的发展出发，不断地提高自身的专业素质。没有目标，就没有动力。工作室的共同任务目标往往可以激励教师们不断前进。

2. 有利于学员之间的相互交流

传统的教师专业共同体只有年级组和教研组。这两个专业共同体的活动范围都局限在教师所在的学校里。而名师工作室则是在名师引领下的跨校发展的共同体。

（1）分享专业知识与经验，改善教学实践

共同体不是一群人聚在一起就称为共同体，它泛指这样一个群体，所有成员拥有共同的关注点，共同致力于解决一组问题，成员之间高度认可，彼此亲近共同分享。

名师工作室里学习是成人学习与合作学习的结合。工作室的学员们有着丰富的学习经验和工作经验，他们是带着经验走进名师工作室的，这些经验既是学员们进行学习的基础，也是他们与其他学员相互交流和学习的资源。名师工作室以小组为基本组织形式，成员相互帮助，从而很大程度促进了自己和他人的学习，实现共同的学习目标。

（2）创设教师对话的平台，推动教师反思

我国的基础教育由于竞争取向的制度，教师往往采用单兵作战。名师工作室将志同道合的教师聚集在一起，大家共读一本好书，共议一节课的教学，共议一个教育叙事的理解，同议一个问题的看法，等等，在沟通交流的过程中学会反思，走向深刻。

工作室里的一些学员较有深度的思考与阐述，让大家得到了新的成长与进步。在工作室中,成员之间是平等的同伴关系。工作室成员之间的交流就是一种同伴的指导。罗宾斯指出,所谓的同伴指导就是两个或者多个同伴在一起,共同反思当前的教育教学实践,相互教导,同享经验。教师在教学实践中往往没有时间去对自己的教学实践进行反思,而在名师工作室里的同伴,通过观察和记录,以及及时地与执教者进行沟通,这就为教师的教学实践带来了宝贵的意见。这样的同伴指导是教师专业发展的一种途径,它的价值是通过同伴之间的合作,及时发现教学中存在的问题,并提出改进的意见,提高教学的质量。在这样的过程中,每一个同伴都是提出意见的专家,都是处在共同学习的位置。而名师工作室恰恰为这样的同伴指导提供了很好的平台。

3. 有利于充分发挥名师的作用

名师工作室的工作与一般的专家指导有很大的区别,它具有明确而又具体的任务和目标,并且名师工作室中,名师对于教师们的指导是日常化的,是常态性的。

(1) 名师的指导作用

名师不仅仅在实践方面有着丰富的经验,而且与时俱进不断地学习着最先进的教学理论。他们对于教师的指导是既全面又深刻的。学生是教学的主体,教师是教学的组织者,教师是学生的引导者和合作者。

新课程理念,强调了学生的主体性,学生在教学中不再处于被动的地位,教师应该尊重学生,在教学活动中做好学生的组织者、合作者和引导者。名师工作室的主持人是骨干教师,已经具有了自己的教学风格,在教师专业发展方面已经开始关注学生的发展。名师有着更加丰富的教学经验,经验虽然具有主观性,但是经过长时间的实践检验,具有了实用性。名师是学科领域的领头人,因此掌握了该学科领域的最新信息和发展动态,具有长远的眼光和预见性,因此能够指导学员紧跟着时代的脚步。

(2) 名师的榜样作用

名师顾名思义就是有名的教师。"名师"这两个字不是名师自己给自己封的,而是学生、同仁以及社会的认可。名师身上的各种优秀品质对于名师工作室里的学员起到很好的示范和榜样作用。

名师的魅力主要有三方面的体现。一是教学方面,名师的课堂往往都富有趣味性和教育性,让人回味无穷。二是学习方面,名师不会因为自己是名师,而放弃前进,他们时时学习,处处学习。三是研究方面,名师根据自己的教学经验和理论基础,借助相关研究可以形成自己独特的见解。这些见解用文字语言呈现出来后,便于其他教师的阅读,在一定程度上影响着其他教师。名师的辐射作用十分明显,他们身上的爱岗敬业、为人师表、精于钻研的特性影响和激励着其他教师,让这批骨干教师走上优秀教师、准名师、名师之路。

第三节 基于创新机制的教师专业成长制度保障

为了适应自得教育的发展要求,学校在教师研修机制方面不断进行探索。校领导不仅重视组织机构的建设工作,而且还通过完善各项研修制度为教师专业成长提供保障。

一、以老带新制度:引领教师成长

以老带新是针对教师不同的年龄阶段、能力水平、知识构架等情况,因势利导而采用的师资培训方法。其核心理念是以教育教学能力为基础,以新教师为中心,以经验丰富的老教师为引导。通常采取师徒结对的形式,即为帮助新入职教师适应教育教学工作、转换教师角色而为其安排有经验的老教师与之结成的师徒帮教关系,从而由师父指导徒弟开展相应的教育教学实践和教育科研活动。

(一)以老带新形式

三十七中"以老带新"形式是学校实施师徒结对常采用的一种方式,即一个青年教师跟一位师父,在师父的指导下开展教学。师父对青年教师在教学上的辅导是各个步骤兼顾的,从备课,包含如何制作导学案、课件、如何做小组合作学习任务、时间分配等,到开始上课,提问方式、课堂管理、作业布置及批改等都会加以指导。除了教育教学,师父还会对青年教师的情绪、工作态度等加以咨询和帮助,这样对于新教师尽快适应新环境,转换角色,真正参与教育教学都会起到很大的帮助。

虽然三十七中"以老带新"实行的是"一对一"结对形式,但实际上却不仅局限于"一对一"形式,所有其他同事都是青年教师可以利用的资源,新教师有不懂的问题可以和其他教师交流和沟通。管理学校教学的副校长会去听青年教师上课,针对青年教师上课中存在的问题进行记录与指导,之后教学副校长带领新教师到这些问题处理妥当的优秀教师的课堂上听课,形成对比,积极而及时地对新教师存在的薄弱环节进行改进并加强训练。

(二)以老带新实施过程

三十七中"以老带新"师徒结对子自建校起开始实施,至今已经形成了一套格式化

的方式和流程,其基本情况如下:

第一阶段:校内牵手,签订《青年教师拜师活动协议》。为提高学校整体教学水平,充分发挥优秀教师在教育教学中的引领、示范作用,加快青年教师的专业成长,由校长办公会、校科研处组织开展青年教师拜师结对活动,师徒双方签订《青年教师拜师活动协议》。

第二阶段:带新培训,为新教师迅速适应教师角色和精进业务水平做好前期准备。老教师结合自身工作经验,就"如何备课""如何上课""如何听评课"等方面向新教师进行传授。通过培训,新教师明确教育教学的目的和方向,为更快适应教育教学岗位奠定基础。同时,增强老教师的责任感和使命感。新老教师本着"共同学习,一起进步"的理念,充分发挥老教师丰富的教学经验,新教师的创新意识,在互帮互助的学习中共同成长。

第三阶段:履行责任,在新老教师中形成一种相互学习、相互促进的氛围。师徒双方应始终坚持全面贯彻教育方针,遵循教育教学规律,为人师表,教书育人,忠于职守,爱岗敬业,无私奉献,相互学习,共同进步。

师父负责全面关心青年教师成长,耐心指导青年教师,毫无保留地传授教学经验。从备课、上课和作业批改等教学环节明确对青年教师的要求,严格把关;每学期听徒弟课不少于12节,并给予具体指导;每月检查指导青年教师的教案和课后小结,认真批改、及时反馈;按学校统一要求指导徒弟做好汇报课;每学期末批阅青年教师"教育教学随笔";每学期指导青年教师完成一篇教学论文;学期末对青年教师作出书面评定。

青年教师尊重指导教师,虚心请教,接受师父对备课、上课、作业批改等环节的检查和指导,努力在实践中学习和提高个人业务水平;广泛听课,虚心学习,认真撰写详细教案,教案在上课前须得到指导教师的指导;每节课后认真做好课后小结,每学期将课后小结汇总成"教育教学随笔"上交学校科研处;每学期上一节校级汇报课;每学期在指导教师的帮助下,至少写一篇教育教学案例或论文。

师徒双方每学期均须接受学校对以上内容的督促考核,明确双方的责任和义务,团结一致,共同提高。

第四阶段:校际交流,不断吸取他人的成功经验和科学先进的教学方法。每学期到全国名校参观实习是三十七中的优良传统,交流与合作本身也是教师专业成长的一个重要手段。通过不同级别的交流,参研教师打开了眼界,拓宽了视野,对教师专业发展和教师素质等各方面起到了很好的促进作用。

第五阶段：崭露锋芒，全力打造师德高尚、业务精湛、充满活力的教师队伍。通过"以老带新"特色活动，老教师充分发挥示范、引领作用，大批青年教师迅速成长起来，成为学科教学工作的骨干力量、班级管理工作的行家里手，在国家、省、市级竞赛活动中崭露锋芒，取得优异成绩，得到各级领导和广大师生及众多家长的一致好评，在各项工作评比中位于前列，成为学校工作的新生力量。

（三）以老带新结对原则

在实施新老结对时，三十七中遵守如下原则：

1. 自愿配对原则

通过各种各样的方式积极动员经验丰富的老教师自愿成为新教师的师父，尽管对于年轻教师的指导会额外占用师父的休息时间，但新教师积极热情，头脑中有许多新的活跃的教学观念，事实上"以老带新"结对过程在一定程度上也是"双赢"的过程，同时促进师徒双方共同成长。

2. 酌情分配原则

在每学年开学伊始，学校管理层根据年轻教师的数量、教师教学水平、教学技能、教学风格等多方面因素选择经验丰富的优秀教师为师父。

3. 公开公正原则

在实施新老结对时，学校管理层会召集年轻教师和老教师举行拜师活动，便于让年轻教师与师父沟通交流，同时会明确学校对师徒双方的要求，如师父的指导方向、考核和评价标准等。

学校管理层对青年教师的成长十分关注，学校主管教学副校长每周都会不定时去听青年教师上课，之后就听课情况与结对子师父探讨，然后针对青年教师的课堂提出具有针对性的意见。除此之外，还组织同学科组、同年级组的优秀教师深入青年教师的课堂听课，并提出宝贵意见。

学校对青年教师有严格的考核制度，对刚刚参加工作的初任教师要求在一年内，从独立完成过关课开始，逐步完成常规课并向优质课的方向发展。

（四）以老带新带来的辐射效应

1. 青年教师：迅速适应环境

一个能胜任的教师不仅需要学科基本知识和良好技能，还需具备从事教育教学工作的其他专长。新教师在大学里往往由于专业思想不甚牢固，教师角色意识不明确，导致对教学教法等学科的学习钻研程度不够深刻，加之师范学校的教学老师毕竟不在基础教育第一线工作,难免存在教学内容理论脱离实际的嫌疑。因此,青年教师在踏入工作岗位之初,教育教学方法欠缺。另外,教育教学工作的复杂性常常使得刚步入教师队伍的新教师普遍无法更好地适应,由于他们对教学环境的不熟悉,对教育政策认识的不足,以及所掌握的科学理论知识与实际脱节,对教育教学工作通常显得力不从心,经常感到困惑迷茫,甚至由此引起焦虑和紧张。安排师徒结对,就是由专门有经验的教师担任新教师的指导工作,在日常工作中介绍学校的情况、传授教育教学规范、示范课堂的驾驭等,以使青年教师尽快适应新环境,融入到新集体中,消除陌生的紧张感,全神贯注地投入到教学中。

2. 老教师:实践性知识的显性化

英国物理化学家和哲学家迈克尔·波兰尼在《人的研究》一书中提出:"人类有两种知识。通常所谈到的知识是用文字、图表或数学公式表述的,这只是知识的表现形式之一。而另一种知识则是不能系统表述的,例如我们有关自己的行为的某种知识。"波兰尼把前者称为"明确知识"(显性知识),而将后者称为"缄默知识"。"缄默知识"就是一种"实践性知识",是指那种"虽然我们知道,但难以用语言表述"的知识,称之为"不能说出来的知识"。波兰尼认为像"缄默知识"这种"不能详细描述的技巧也不能通过规则的方式加以传递,因为它并不存在规则。它只能通过师父带徒弟的方式加以传递"。

许多有丰富经验的教师在长期的教育教学工作中积累了大量的实践性知识,他们或许知道应该如何创造出各种各样条件来实现教学的目标,但并没有注意到或不能够给予他们的行动所依据的规则准则、图式一个清晰的解释与说明。并且由于这些教师的退休离岗导致大量缄默性教育知识和技能的失传,造成了教学资源的巨大浪费。开展"以老带新",以传帮带的方式为资深教师审视、总结、反思自己的教学经验提供了机会。"以老带新"模式有助于优秀教师的理性实践,同时把缄默知识转换成明确的知识。"理性重建的目的,就是明确地使很多构成'实践上掌握了的、前理论的知道怎样'之基础的一些结构和规则,以及代表主体在特定领域内的能力的缄默知识变得明确起来,使那些缄默的、前理论的知识变成普遍知道怎样的知识。这不仅能够促使教师不断追求教育教学卓越,还能对优秀教师形成自己风格的教学具有重要指导意义。"[1]

---

[1] 孟伶泉.基于现代理念的教育理论与实践[M].北京:中国书籍出版社,2018:143.

3. 学校文化建设：形成学习型组织

在创建学习型团队的过程中，开展"以老带新"，学校要避免围绕着行政人员的意图、兴趣进行"结对"。三十七中所倡导的教师文化是以教师教育教学与发展需求为基础，以教师自愿自主为前提的自然合作文化。自然合作的团队文化，能够促使优秀的专家型老教师愿意把自己的教学专长奉献出来，供其他教师分享学习，而且也为青年教师表达和检验其思想提供发展的空间与机会。通过"以老带新"形成的和谐关系、合作文化能够充分促进良好同事关系的建立，使青年教师与老教师之间在知识和信息方面充分沟通交流、共同分享，在思想、态度、信念等方面相互促进、相互影响，达到"师徒相长"，从而为师徒双方的教师专业发展和教育教学水平的提高创造有利条件。所以，"以老带新"的环境最主要的不是单纯地让新教师学习某些学科知识或教育知识，借鉴指导教师成熟的教育理念、教学管理经验，也不是带教教师的孤立"反思"，而是根据开放、信任、共事的原则，构建一种和谐合作的教师文化。通过"以老带新"模式，形成学习型团队，有利于新教师在团队中博采众长，避免"近亲繁殖"，也有利于带教教师间的相互交流，减少"学霸""学阀"的产生。

二、校本培训制度：适应教育改革

为了以一流的设施和热诚的态度为学生服务，为家长服务，为社区提供周到服务，造就一支师德高尚、业务精良、结构合理、团结协作、身心健康的一流师资队伍一直是学校发展的主要目标，三十七中把教师校本培训作为教师队伍建设的重要抓手。

针对学校的校本培训制度，课题组设置了相关的问卷调查。参与问卷的教师中有

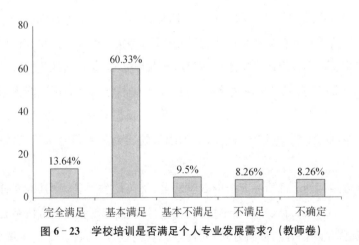

图6-23 学校培训是否满足个人专业发展需求？（教师卷）

33人认为学校培训"完全满足个人专业发展需求",占总人数的13.64%;146人认为"基本满足个人专业发展需求",占60.33%。调查结果显示,学校提供的培训基本满足教师专业成长的需求,能为教师发展提供助力。

(一) 校本培训的理念

1. 以人为本的理念

二十一世纪,人类进入信息时代,科学技术生产力不再被视为唯一,但人才已经上升为最重要的生产力。培养合格人才,培养社会生产力,促进教育发展,要充分体现以人为本的时代精神。因此,现代培训强调以人为本,强调理解人、尊重人、关爱人,尊重人内在的需要,全面促进人的发展的精神。三十七中的校本培训着重于培养和挖掘本职人才及潜力,培养他们的自尊和职业荣誉感,不断提高教师的精神文化品位,从而不断提高教育教学水平,促进人才自身发展。因此,校本培训已成为增强集体凝聚力,营造学习型校园,创新校园文化的重要方法。

以人为本的理念要求培训要有针对性、合理性的内容,形式也应符合教师切身利益,这就要求充分尊重每一位受训者的主体地位,培训的方式要求以老师喜欢的接受的模式开展,通过满足教师教学需求解决教学中的困惑,给教师提供一定的教学策略,充分发挥教师内在潜力与学习动力,使整个培训过程真正成为自主活动和自我知识建构的精神活动。因此,三十七中校本培训从以培训者、教材、课堂为中心,转变为以人为中心、以实践为中心,大力提倡自主、快乐和成功的培训,积极推行研究性学习等新颖活泼的主体性培训,激发教师的积极性,提升学习兴趣和改善教学习惯。

2. 创新理念

三十七中校本培训强调培训的基本目标是鼓励、引导、培养教师的创造力。创新理念是传统继续教育向校本培训的重要转型体现,是实现由知识性培训向创造力培训转变的方向指引。学校组织教师进一步学习新课程标准,领会新课程标准的精神和内涵,把新课程理念切实落实在课堂教学中,让课堂真正变成学生知识能力增长与生命成长的乐园。加强对学生自主、合作、探究与质疑、反思教学环节的设计和落实;对合作学习的分组、任务、展示、评价等进行更为细致的研究和大胆的实践,真正打造创新型课堂。

倡导创造具有创造性培养方法的教学环境,优美的教学艺术培训,充分挖掘和培养人的创造力,培养创新人才。校本培训是由创新教育与创新内容方法结合在一起产生的,学校加强创新内容与创新方式,并促进二者的融合,通过教师的集体努力,培养创新型、复合型教师。

3. 个性化理念

三十七中的校本培训尊重个性，开设针对不同人群的不同类型的培训，面对个性差异，鼓励个性研究。在培训内容上及评价上，倡导不同的教育方法和评价标准，为每位教师设计合理的课堂，为个性发展创造适合的土壤。

在培训实践中，个性化的概念首先要求创造个性化的培训环境和氛围，以及个性化培训大平台。其次，它倡导一种平等的观点，一种宽容的精神与师生互动，并承认和尊重教师。个性差异为每位受训者的人格展现和发展提供了平等的机会和条件。鼓励学习者展示他们各自的技能。再次，在训练方法上，采取不同的训练措施来实施个性化教育，重点在于根据学生的才能和共同点来教学生。将共性的训练模式转变为个性化的训练模式，为个性的健康发展提供充足的空间。同时，坚持以人为本，重在激励的理念，好的制度也要体现出人文关怀精神，重视教师的专业发展和价值实现，给教师提供一种相对宽松的环境，以形成鼓励探索、善待挫折、宽容失败、激励成功的良好氛围，提升教师职业幸福感。

丰富的个性发展是创造力和创新的源泉。知识经济时代是一个创新的时代。它需要大量富有个性化的教师来培养下一代。它将培养和完善个性的理念贯穿到教育教学的各个环节，对学员的身心素质，特别是高尚人格的形成有着深远的影响。

4. 多样化理念

随着社会结构的高度分化，产业也呈现多元化。人才多元化，学校价值取向也相应多元化，各种校本培训呈现出多元化的局面。首先表现在多样化教育需求上，为推动经济发展，人才培训方式也要求多元化。其次，未来教育也要求学校教育目标、课程、管理体制等多样化；为适合未来发展的人力资源需要，衡量教育和人才素质的标准，也要求多元化。所有这些都对校本培训和教学过程的设计和管理提出比较高的要求。

多元化培训理念要求不同层次、不同类型、不同管理体系的校本培训灵活设计和根据管理学校的实际情况推行符合教育教学实践的灵活教学和灵活管理模式，创造更多适合的、和谐的培训。例如校长培训、班主任培训、师资培训、骨干培训、上岗培训等，其他层面的如基本技能培训、科目技能培训、教学科研培训也要求以多样灵活的方式进行。

多样化理念还包括信息素养方面的内容，信息化 2.0 时代，各种知识与技能均可通过网络及各种学习 App 获得,为多样化终身学习提供了更广阔的学习前景。

(二) 校本培训方式

1. 专题培训式

这种方式紧紧围绕某一教育问题,把理论学习、学术研讨和实践有机地结合起来,及时对教师进行新理论、新观念、新知识、新成果和新信息的培训,促进教师更新教育观念,掌握新理论,适应教育教学的改革,增强综合能力。三十七中聘请知名学者、专家、教授或优秀教师做相关内容的专题报告及学校根据本校的特点统一广泛收集有关中学教育的新材料,形成系列的专题讲座、学习或理论辅导等。

这种形式对于教师教育理论和教育观念、学科知识的更新和扩展、教育的学术研究均有较明显的作用。

2. 名师指导式

学校请在教育教学方面有着丰富经验的专家、名师或优秀教师指导年轻教师,加快他们的成长速度。由名师或优秀教师实行"传、帮、带",在实践中主要有四种方法。一是示范教学。新教师有针对性地听名师的示范课,学习他们先进的教学经验、良好的师德风范和特有的教学风格。二是诊断评价。名师以听新教师的课、查阅备课笔记、座谈交流等形式对新教师进行一定的评定,发现教育教学的薄弱环节及问题,共同研究分析"病因",开出"处方",以达到提高教学实践水平的目的。三是指导帮助。首先,名师在教师的师德修养、教学能力、教学艺术,以及为人处世等方面给予年轻教师指导和帮助。其次,名师通过听课和观摩教育活动等,给年轻教师提出指导性意见。还可以在本教研组、备课组、年级组建设方面提出建议和意见。四是创新发展。在年轻教师学有所得、习有所成的基础上,名师给予年轻教师以更多的鼓励,使其大胆探索,勇于实践,不断总结提高,从而初步形成具有自身特色的教学风格。实践证明,"名师指导式"不失为一种易落实、见效快的好方法。

3. 课题研究式

以校内开展的教科研课题为中心,使教师以自己的工作和教学为基础,在课题的选择、设计、研究和结题的一系列活动过程中,主动参与课题研究并接受相应的培训和指导,尤其是在结题撰写研究报告时,教师可以总结教育教学经验,反思工作中的不足,明确努力方向。

这种形式对提高教师在教育教学方面的学术研究水平、增强其课程和教材研究的能力有较大的帮助。

4. 案例分析式

以课堂实践为基点,采用收集、整理、设计与教学紧密结合的方式,并针对在某一方面具有典型性的案例,采用观摩、分析、研讨的方式,提出自己的看法和观点,从而使教师能够借鉴别人的思考方式或教学方法,并在自己的教学实践中应用和深化。这种形式适用于教师理论和教育观念的更新、教法和技能的培训及课程与教材的研究等。

5. 学习交流式

在学校的组织下,利用校内和校外的资源培训教师。主要有三种形式:一是我们常说的"送出去,请进来",即一方面选送本校教师外出参观考察、参加学术交流活动和教学研究活动;另一方面,邀请或聘请校外教育专家、名师或优秀教师来校指导教育教学工作。二是校际之间的观摩与交流。这可以帮助教师提高解决课堂教学中某些实际问题的水平。三是本校以不同教研组、不同年级的教师组成合作交流小组,进行集体备课、说课或教学经验交流等。

这种形式对于提高教师教育教法和技能、知识的拓展和教材的研究等有实际的意义。

6. 自修自学式

教师个体主动学习是校本培训的关键。从调查看,"教师的自修自学"校本培训形式最受到教师的欢迎,学校鼓励教师进行自我学习,自我培训,通过大力进行现代教育理论和教育改革政策方面的教育,使所有教师都树立重视学习的观念。首先,学校激发教师学习的主动性。激发每位教师学习的自觉性和主动性对开展校本培训是至关重要的,变"要我学"为"我要学",培训的效益会大大提高。其次,学校努力给教师"减负",为教师的自修自学提供时间的保证。第三,学校为教师的自修自学创造条件,学校根据不同学科教师的需要,为他们提供必要的培训材料,包括订阅报纸、杂志、书籍、教学参考等,购买教育教学资料、器材及邀请知名专家学者到校讲座等。第四,对于有利于教师进行校本培训的科学研究、交流和自修自学等,学校在经费上给予保证。

(三) 校本培训的意义及作用

校本培训以校为本,立足本职、本岗,结合实际校情、师情,挖掘本校资源,合理补充外部资源,紧密联系生活工作实际,有效缓解工学矛盾,提高教师的教学效益和学校的办学质量。三十七中的校本培训发挥着越来越重要的作用,主要体现在以下几点:

1. 课程改革有效开展的保障

基础教育新课程改革涉及功能变化、结构调整、标准制定、内容改革、管理措施、评价体系的建立等,是一次全面改革,更是一项时间紧、任务重的系统工程。因此教师的地位和作用举足轻重。可见,加强教师新课程培训、建设一支适应新课程改革需要的教师队伍,成为本次课程改革走向成功的关键环节。必须坚持"先培训、后上岗,不培训、不上岗"的原则,每位教师都必须接受使用新教材的上岗培训,因而本次教师新课程培训又具有长期性。如此大量的教师培训,也要求各学校成为培训的主要场所,因为新课程理念的变化,绝不是集中起来完成几天听课学习任务就可以使教师摇身一变,成为新课程执教的合格教师的。因此,长期的深入实际的边学边改变的行动才是务实的。校本培训能够保证这一任务的完成,因此开展"校本培训"是迎接新一轮课程改革的需要。

2. 有效提高教育教学工作质量的保证

实施素质教育是当前基础教育的重要任务,而具有高素质的教师队伍是前提,加强教师培训、提高教师素质是必然要求。要把教师提高实施素质教育的能力和水平作为师资培养、培训的重点,开展以培训全体教师为目标,骨干教师为重点的继续教育。校本培训立足于本职、本岗,立足于学校工作实际,立足于教师的职业要求,培训活动与学校工作过程紧密结合,可减少"工学矛盾",有效解决"管训不管用"的问题,迅速将培训转化为教师的教学效益,有利于提高工作质量。

3. 促进教师专业水平发展的有效途径

校本培训立足本校,有效避免理论知识的机械传输,以教师主动获取所需为主体,注重实践体验和探究的过程。研究表明,教师岗前教育与任职期间的脱产培训对教师成长帮助有限,立足教学实践才是关键。校本培训为教师提供平等交流的机会和平台,有效强化主人翁意识,充分挖掘创新教育的潜力,努力增强团队合作能力,充分发挥团队的力量。教师只有在校本实践中才能深入理解新课程理念,并不断调整自己的教学行为,突出自主发展意识,并持续提升教师专业水平。

4. 符合个性化发展特征,满足个性化发展需要

随着经济的不断发展,个性化理念日渐彰显,也逐渐渗透到各行各业,其中就包括现代教育。尊重个体差异、张扬个性、体现人文关怀是其基本特征之一。教师培训也应当尊重教师的个体需要,促进教师自主发展,帮助教师自我实现。校本培训是学校和教师个性化培训要求相结合的最佳培训形式。

5. 深化教师教育改革,保持持续发展的需要

如今的社会,科技发展信息化、经济发展全球化、教育发展终身化,日益激烈的社

会竞争归根到底是人才竞争,人才的培养离不开教育,教师是教育的实施者。换句话说,教师是振兴教育的希望,教师的素质水平高低直接决定教育的成败,而教师培训与学习则是自我生存与发展的有效形式。教师教育,是对教师培养培训的统称,由教师的职前培养、入职训练和职后培训组成。将教师的培养、任用、培训融为一体,以终身学习的观点有机整合教师的培养。因此必然要求整合各大专院校、师资培训机构、教师任职学校组织的培训等,以建构多元化的培训体系。校本培训既适应教师教育多元化、一体化的基本要求,又是教师教育发展的必然趋势。随着教师专业化程度的提高,教师教育体系必然走向开放、走向多元。

三、学术竞赛制度:打造名师队伍

为进一步拓展学科特色、品质与内涵发展,建设"自得特色课堂",不断完善"三向七维"自得课程体系,不断提升教师队伍素质,向着更美好的三十七中前行,学校于每年的4—5月举办"自得杯"学术节。学术节由教师学术论坛、学科特色活动、优质课大赛、评课大赛共4个子项目组成。

(一)教师学术论坛

为了应对教育新常态,促进教师的专业素养,结合三十七中校本课程建设,不断深化学校教育改革与发展,学校将教师学术论坛活动作为学术节的第一项活动。

学术论坛活动要求学校各学科优秀教师结合论坛主题内容,撰写心得体会,进行主题发言。华龙网刊登了三十七中第四届学术节教师论坛的报道:

> 2019年4月8日下午,在教师成长中心谢凯老师的主持下,重庆三十七中第四届学术节教师论坛在月能楼经典学堂内如期开讲。
>
> "新时代,新技术,新课程"是本届学术节的主题,在当天的论坛上,来自初中语文的李军和高中地理的甘露两位学科主任先后为大家分享了所在学科的校本课程建设情况。
>
> 李军老师首先作了题为《初中语文阅读教学的课程化建设》的发言。在回顾了温儒敏老先生对于新高考的一些论述后,李军老师介绍了初中语文在名著阅读教学方面已经随之而动,甚至是先于高中作出探索,接着谈到了初语组在聚焦核心素养背景下的应对策略,最后为大家描述了初中语文阅读教学课程化建设的路径图——由课内向课外拓展,由群文阅读向整本书阅读延伸,由名著导读向专题

研读深入。

甘露老师接着作了《山水之间,察地理之美》的发言,图文并茂,生动直观,向全校老师分享了自己16年的行走足迹,地理学科课程建设的点点滴滴,表达了每一位地理学科人的愿景——引导孩子们用地理的眼光去发现美——家乡美,华夏美,世界美。

图6-24　甘露老师谈地理实践课程

在课程建设中,他们跨学科育能力,聊网红"蹭热度",聚爱好显特长,重特色勇实践,从地理学的视角,剖析出最具重庆特色的五个片段——山、水、桥、泉、路,勾勒出重庆地理环境的"来龙",开发课程引导学生去寻找身边地理的"去脉"。

最后,分管教师专业成长、本次学术节的总负责人刘隆华副校长为大家做了《校本课程》的讲座,刘校长结合学校近20年来的课程建设历史,从国家课程讲到校本课程,又从显性课程说到隐性课程,既高屋建瓴,又深入浅出,帮助老师们理清了"课堂""课程""教改""课改"等一些常感疑惑不清的概念,介绍了一些操作性很强的课程开发工具与方法,并向大家推荐了"百度脑图"这一方便实用、极易上手的思维导图绘制软件,全程讲座实际演练,将这一"新技术"演绎得淋漓尽致。

努力前行常需驻足静思,学术节论坛为老师们搭建了积累沉淀、交流分享、取长补短的平台,必将促进老师们见贤思齐,携手共进,迈入"核心素养"的新时代,将三十七中的学术科研推向高远。

教师学术论坛不仅仅局限于对于科研成果的交流和学科专业的研修，它还可以是教学方法的交流和教学技巧的研修，在学术交往与研修机会不断增多的大环境下，教师们可以在交流中展示自己，也可以在研修中发现自身的短板，通过这种相互帮助、相互启发带动整个教师队伍教学水平的提高，也加速了教师队伍的成熟。

（二）学科特色活动

学科特色活动展示是深化学校教育改革，全面实施素质教育的重要举措，也是打造三十七中品牌、发展特色教育、培养优秀学生的有益途径。为彰显学科特色，培养学科素养，用丰富多彩的活动促进学生的终身发展，学校在学术节中特别设置了学科特色活动展示。

学科展示活动形式丰富，分初中组和高中组进行。初中组共有7项活动，涉及6个学科；高中组共有14项活动，涉及11个学科。

表6-1 学科特色活动一览表

学科	主题	展示内容	展示时间
初中语文	纪念五四运动100周年	现场脱稿演讲	4.12(16:15—18:00)
	DIY名著专题阅读册	DIY阅读手册	4.1—4.7
初中数学	燃烧吧大脑	魔方大赛，"二十四点"比赛	4.1—4.7
初中英语	英语课外阅读笔记比赛	阅读笔记	4.15—4.21
初中物理	我是科学家	小论文、小制作、小视频	4.15—4.21
初中体育	我的运动我做主	锻炼计划，锻炼图片	4.22—4.28
初中生物	生物小制作	小制作	4.8—4.14
高中语文	三国风云，英雄争霸	三国知识班级争霸赛	4.22—4.28
高中数学	数形世界，方寸之间	数学手抄报	4.22—4.28
		数学摄影作品	
高中英语	英语名篇赏析	阅读小报	3.25—3.31
高中物理	逆风前行挑战赛	学校现场挑战赛，优秀作品展示	3.25—3.31
高中生物	细胞及细胞器模型的建构	细胞模型及细胞器模型	4.8—4.14
高中化学	《身边化学》简报	简报	3.25—3.31
政治	"画看天下"校园时政	漫画作品	4.22—4.28
	漫画征集大赛		
地理	小作品，大世界	地理模型，手绘地图，地理游戏	4.22—4.28

续表

学科	主题	展示内容	展示时间
历史	从家乡变迁看改革开放40年来取得的伟大成就	照片,文字总结	4.15—4.21
技术	水火箭制作比赛	水火箭作品	4.8—4.14
	玩游戏,学编程		
艺术	人人都是艺术家	涂鸦	4.1—4.7

在三十七中第四届学术节中,为了培养学生的地理学习兴趣,增强学生的地理审美能力以及动手能力,地理学科在高2021级举行了一场地理模型制作大赛:

此次大赛共评出2个特等奖和10个二等奖,并在至圣广场展览三十余件优秀作品,展览吸引了众多师生前来欣赏。所有作品均由高一学生亲自设计制作,简单的材料加上不简单的创新想法,让神秘的地理世界变得触手可及。

同学们利用日常生活中常见的原料,如超轻黏泥、彩色卡纸、手工折纸(花朵)、五谷杂粮等,制作出地球、中国行政区划图,以及海陆间水循环等静态模型,用直观的形象来表现抽象的结构。展出的优秀作品种类丰富,设计新颖,制作精美,获得观展师生的一致好评。

图 6-25 地理作品展

通过这次地理模型优秀作品展示活动,学生的创意和绘画能力得以展现在全校师生面前,一方面让大家感受到了地理学科的魅力,另一方面也激发了学生对地理的学习热情。

从学期期末开始,各学科组在深入研究学科核心素养基础上,确定本学科特色活动,并作为寒假作业布置,开学后各类活动有条不紊地举行。学术节的学科活动更多的是成果展示,从学科设计到学生准备再到学科评奖,最后作品展示,学生在整个活动过程中获得的绝不仅仅是学科知识,更多的是在亲自动手参与过程中的体验与感受,在失败中找教训,在成功中寻经验。参与教师也在此过程中不断评估活动设计带来的教学效果,以实现师生共同进步。

(三) 优质课大赛

为了更好地适应新高考,进一步推动教师教学、教研水平的提高,为教师搭建一个展示自我、锻炼自我的舞台,营造一种积极竞争、勇于探索、挑战自我的氛围,以赛促教研、促学习、促业务能力的增强,实现教师的专业成长,学校举办了"自得杯"教师优质课大赛。

优质课大赛特别设置最佳导入、最佳合作、最佳活动设计、最佳课堂板书、最佳技术使用、最佳风采等单项奖,同时针对教师整体年龄较大的特点设置了孺子牛奖,吸引了10位45岁以上的中年教师参赛,贡献了10节各具特色的精彩课。参赛教师中,年龄最小的45岁,最大的55岁,三十七中各个年龄层的教师都在自己的舞台上独领风骚。

2019年4月23日,第四届"自得杯"学术节优质课大赛,高中文科组的比赛圆满落下帷幕。在六堂"自得"课堂中,各科竞技,异彩纷呈,课堂变成教师展示的舞台,学生思想交流的天地。

赛课由地理组王勇祥老师的"西亚"拉开了序幕,王老师以《红海》视频导入新课,通过四个环节:地理位置—资源争夺—内部矛盾—外部干预,串联四个教学过程,环环相扣,步步深入,体现了教师优秀的逻辑思维和教学组织能力,让学生在学科素养的浸润中获得新知识。

英语组的李达静老师随后给大家带来一堂"Canada",李老师亲切大方,语音音调优美,用年轻教师特有的亲和力和感染力来调动学生的学习热情,能够运用所学来生成介绍家乡重庆的短文,生成自然,效果良好。

语文组的彭朝琴带领大家欣赏了一篇具有强烈讽喻色彩的寓言《种树郭橐驼传》,彭老师语言简练,利用音、图、像的感染作用与形象性,创设情境,激发了学生的想象与创作。

政治组由党利华和田玉洁老师分别给大家带来了两堂具有爱国主义情感、与时俱进的"国家利益至上"和"永恒的中华民族精神"。党老师逻辑清晰,声音铿锵有力,用华为的事例剖析中美关系,用精心的教学活动设计让学生明白了"国家利益是国际关系的决定性因素"这一道理;田老师情感真挚饱满,引导学生了解民族精神的内涵、作用,用"我是演说家"的活动,让学生践行了"爱国主义不是抽象的而是具体的"。

最后,由高二语文组的李世伦带来了一堂极具语文味的"父母与孩子之间的爱",李老师用她深厚的教学功底和对语文课堂的热爱,展示了语文课堂的专业、细腻,也让在座的老师和同学们对自己和父母之间的关系进行深刻的反思,更加珍惜父母的爱。

图6-26 第四届"自得杯"学术节优质课大赛

优质课大赛对于教师专业成长具有促进作用,主要体现在以下几方面:

1. 优质课大赛是促进教师快速成长的最佳平台

教师的成长需要各类平台,而优质课大赛因其专业性强,竞赛激烈、关注度高,成为教师快速成长的最佳活动平台。优质课大赛一般都需要大量的赛前磨课训练,而且层层选拔时间非常紧,教师需要充分利用时间,短期内提高教学技艺,形成个人特色。

因此,优质课竞赛活动,是教师快速成长的难得平台。

2. 优质课大赛是激发教师自觉教研的有效途径

现在教师由于教学任务重,压力大,自觉参与课题研究的人少。很多教师都是经验式教学,根据自己教学实践中积累的经验,不断进行重复式低效率教学。教师的专业发展是教师个人自愿、自觉的行动,它需要教师积极主动地参与,教师是专业成长与发展的主体,只有充分激发起教师专业发展的自觉性,才能使教师的成长由自发转向自觉。优质课大赛赋予了教师主动投身教学研究的动能,教师在这种自觉性教研中不断完善自己,教学水平自然得到了提高。

3. 优质课大赛是促进团队合作校本教研的有效途径

教师在提出或解决问题时,个人经验是有限的,往往需要与其他教师合作,教研组是学校的基层组织,在教师专业成长与发展中起着不可替代的作用。教师之间的相互切磋研究,有利于教师个人专业化发展。为了备好优质课、上好优质课,学校会组织教师参与集体备课,大家群策群力,团队合作,以先进的课改理念诠释整个课堂。

集体备课的过程增强了凝聚力,体现集体的智慧。有了这样优秀的团队,教师个人专业成长发展就获得了强大支持。教师之间的相互切磋和研究,有利于教师群体的专业化发展。大家聚在一起帮助授课者分析教材、研究教法、琢磨教案,探讨如何解决教学中暴露出来的问题,每个教师在参与听课、评课中也都有不同的收获,在一定程度上达到了提高教师整体素质的目的。

(四)评课大赛

为积极推进课程改革,进一步提高教师的专业水平,推动全体教师的教学思考与研究,学校在学术节中举办了教师优质课评课比赛。

评课大赛是以优质课大赛为依托,要求全体教师参与的活动,以此推动教师的教学思考与研究,培养教师养成教学反思的习惯。在第四届评课大赛中,共收到超过300份的评课稿,评选出64份优秀评课稿,精选其中8份发表在最新校刊《自得教育》上,参与评课的教师态度认真,稿件或富有感情,或对教学设计有独到见解,或对上课教师有客观评价,评课正悄悄地承担着有关教学的培训工作。

评课大赛从教学目标解析、教学活动分析、教学结果分析、表达呈现方式、建议与设想五方面对教师的评课稿进行评价。评课大赛对于评课教师来说是一次成长的机会,专家的肯定意见对于评课教师来说是很大的鼓励,提出的质疑和建议也有利于评课教师今后的教学反思,使其教学水平得到提高。

图 6-27 第四届"自得杯"学术节评课大赛

表 6-2 评课大赛评课标准

项目	内容	评价标准	分值
评课	教学目标解析	能判断和确定所观看课的主要教学目标并具体界定和描述该目标	10
	教学活动分析	1. 能指出课堂主要活动的类型和基本流程	10
		2. 能够分析上述活动与实现教学目标的关系,及其对达成教学目标的作用	10
	教学结果分析	1. 能用观察所得材料及数据对学生知识掌握、操作能力和思维能力训练、教书育人等情况进行分析	10
		2. 能够对教学目标实现程度作出明确判断	10
		3. 点评中关注授课教师教学中对课改精神的践行情况,教师个人特色和"1+x"特色课堂构建情况	10
	表达呈现方式	1. 能用适当方式直观、贴切地表达自己的评课思路与分析结果	10
		2. 表达逻辑清楚、合理,易于理解	10
	建议与设想	能从被评课者的角度提出易于理解、便于操作、恰当、得体的改进建议,有助于教学反思,能够有效避免对立情绪	20

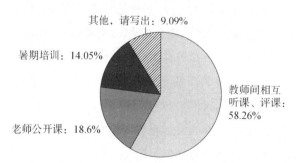

图 6-28 您认为促进教师专业发展最有效的制度是?(教师卷)

针对教师的专业发展,课题组设置了相关的问卷调查。在参与问卷的教师中,有141人认为促进教师专业发展最有效的制度是"教师间相互听课、评课",占总人数的58.26%,说明听课评课制度对于教师的专业成长具有十分重要的价值。

在当前新课程改革的背景下,客观、公正、科学地评价课堂教学,对探讨课堂教学规律、提高课堂教学效率、促进学生全面发展、促进教师专业成长、深化课程改革有着十分重要的意义。主要有以下几个方面:

1. 有利于促进教师转变教育思想,更新教育观念,确立课改新理念。教育思想,通俗的说法,就是教育的观念,对教育的认识,或对教育的主张。教育思想人人有之。教育思想有层次之分:教育认识、教育观念、教育理念。教育理念是教育思想的最高境界。教育理念也称为教育理想、教育信念、教育信条等。教育理念是一种思想、一种观念、一种理想、一种追求、一种信仰。所以,可以说,教育理念是一种理想化、信仰化了的教育观念。教师一定要确立自己的教育理念,它是教师的主心骨。先进的教育思想不仅是课堂教学的灵魂,也是评好课的前提。所以,评课者要评好课,首先必须研究教育思想。在评课中,评课者只有用先进的教育思想,用超前的课改意识去分析、透视每一节课,才能对课的优劣作出客观、正确、科学的判断,才能给授课者以正确的指导,从而促进授课者转变教育思想、更新教育观念、揭示教育规律、促进学生发展。若用传统陈旧的、僵化的教育思想去评课,不仅不能给授课者以帮助,反而可能会产生误导。

2. 有利于帮助和指导教师不断总结教学经验,形成教学风格,提高教育教学水平。同样的一个学科,同样的一节课或同样的教学内容,不同的教师表现出的教学风格却各有不同。有的教师的教学风格是精雕细刻,把课上得天衣无缝;有的教师的教学风格是大刀阔斧,紧紧抓住重点难点,使疑难问题迎刃而解;有的教师的教学风格是善于归纳推理,用逻辑思维本身的魅力把学生吸引进去;有的教师的教学风格是运用直观、形象、幽默的优势,使学生在课堂上感到轻松愉快,充满学习的乐趣。同时,同一个班的学生,面对不同的教师上课,也有不同的表现。平时表现异常活跃的班级,面对新教师,表现得沉默寡言;平时不愿参与课堂教学的班级,却在新教师的引导下积极、主动地学习。

以上事实说明,在评课中,评课者必须十分注意去发现和总结授课者的教学经验和教学个性,要对教者所表现出来的教学特点给予鼓励,帮助总结,让教者的教学个性由弱到强,由不成熟到成熟,使其逐步形成自己的教学风格。

3. 有利于信息的及时反馈、评价与调控,调动教师教育教学的积极性和主动性。

通过评课,可以把教学活动的有关信息及时提供给教师,以便调节教学活动,使之始终目的明确、方向正确、方法得当、行之有效。通过评课的反馈信息可以调节教师的教学工作,了解、掌握教学实施的效果,反省成功与失败原因之所在,激发教师的教学积极性、创造性,及时修正、调整和改进教学工作。

评课的目的不是为了证明,而是为了改进,以有利于当前新课程的教学。它集管理调控、诊断指导、鉴定激励、沟通反馈及科研为一体,是研究课堂教学最直接、最具体、最有效的一种方法和手段。

针对教师专业发展取得的效果,课题组设置了相关的问卷调查。在参与问卷的教师中,有91人认为在学校提供的教师专业发展帮助下"夯实了专业学科知识",占总人数的37.6%;87人认为"增强了教学技能",占总人数的35.95%;64人认为"丰富了跨学科知识",占总人数的26.45%。

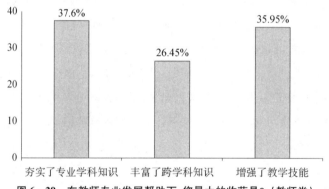

图6-29 在教师专业发展帮助下,您最大的收获是?(教师卷)

教师的专业成长是学校教育的一个重要主题,教师专业化程度对学校的教学质量及学生的发展有重要的影响。三十七中一直以来十分重视每位教师的专业成长,尤其是近年来,在自得教育的办学理念下开发了很多校本课程。在这个过程中,教师在探索中进步,学校也为教师的成长提供了宽广的空间。教师素质的提升对于自得教育的建设发挥着至关重要的作用,学校在促进教师专业成长方面积累了许多宝贵的经验,在校本研修方面也取得了骄人的成绩,对周边地区的学校产生了广泛的辐射作用。

第七章 辐射与影响：自得教育的显著成效

"服务重钢，立校兴区，三校合并，再启征程。"重庆三十七中始终秉持着"自得其乐，幸福一生"的"自得教育"理念，多年来逐步探索出了一条多维立体、可供实践的教育之路。重庆三十七中的"自得教育"体系，既是学校管理机制创新、课程建设的显著标志，也是学校办学特色的依托，其"尚自得，展个性"的浓郁校本特色推动了学校高质量、精细化、特色化的内涵式发展。

历经半个多世纪的风雨兼程，在"自得文化"的引领下，在学校优秀的教师团队、开放的办学思想和科学的人文管理下，重庆三十七中在课程改革、科技创新、艺体教育、德育实践等方面迸发出强大的生命力，取得了显著的德育实践成果，逐渐形成具有重要区域辐射力和社会影响力的"自得教育"办学特色和口碑，孜孜不倦地书写着基础教育的新篇章。

第一节 自得教育的特色凸显

旌旗招展，步履坚定；超越自我，永不言弃——这是重庆三十七中在教育改革之路上始终的姿态。经代代三十七中人六十余年的接力，立足"三校历史""钢城文化""义渡精神"三大文化基因，重庆第三十七中学以追求卓越之精神为动力，以文化立校精神为引领，建构了积淀厚重、情理交融、充满活力、风貌独特的"自得文化"，确立了"自得其乐，幸福一生"的育人品牌，为学校的长久发展打下深厚的精神底蕴。

一、自得教育品牌的建立

自建校六十多年以来，一代代三十七中人努力从"根"的层面，深度挖掘"家史"中的精神蕴含，在反复阅读校史、梳理校史的"寻根之旅"中，逐步找到了学校"自得文化"

形成的办学哲学和价值内核。

(一)"钢城义渡"和"三校融合"的历史传承

历史上,一义士雇人在巴县长江北岸马桑溪设义渡,免费长年为过江人摆渡。该渡口江宽水缓,过江人众,为沿江数十里渡口之首,故名大渡口,"义渡文化"得以代代流传。1955年,时任四川省委书记李井泉亲临学校选址办学,时任重庆市教育局局长邓肯(邓小平之弟)指示"将重庆三十七中办成第一所为工农子弟开门的学校"。1958年秋,重庆三十七中学升为高完中,校名更改为"四川省重庆市第三十七中学校"。1965年,大渡口因钢城而设区,百里钢城孕育了一种独特的精神气质,"百炼成钢"的重钢文化让人交口称赞。1997年,重庆直辖,学校更名为"重庆市第三十七中学校"。2000年,重庆市经济管理学校(原重钢第二子弟学校)合并到重庆三十七中,学校开始合并办学。2001年,重庆三十七中被评为重庆市(直辖市)重点中学。

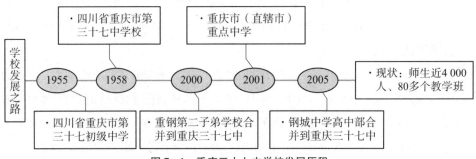

图7-1 重庆三十七中学校发展历程

重庆三十七中自身办学历程不凡,基于大渡口"义渡"的区域文化精神,学校因钢城工农子弟而创办,由三所学校合并汇聚而成,经历几代人的努力,最终形成"同舟共济,德业自馨"的校风、"百炼成钢,互学自成"的学风,以及"迷津问渡,启悟自行"的教风。

(二)"浸润自得"和"幸福一生"的文化积淀

"君子深造之以道,欲其自得之也。自得之,则居之安;居之安,则资之深;资之深,则取之左右逢其原,故君子欲其自得之也。"——《孟子·离娄下》

重庆三十七中"自得其乐,幸福一生"育人品牌的建立离不开"自得"文化理念的影响。"自得"一词出自《孟子·离娄下》,浸润"自得"的教育境界在于内心要不断进行深入的、多层次的学习加工、反思提升,以达到精深博大、运用自如的境界。故"自得教育"坚持以人为本的教育理念,以育人为根本宗旨,主张通过强化学生自我的主体性、个体的创造性、亲身的体验性和个人的反思性,最终达成与万物浑然一体而又烛照其间的教育境界。

基于"自得教育"的文化理念,重庆三十七中紧紧围绕立德树人的根本任务,明确了"自得教育"的核心是学生,一切教育的出发点以及归宿点是自我的主体性,围绕"自得"的学校文化核心,将个体蓬勃"自生"、锐意"自成"、幸福"自得"作为人生精进的不同境界,衍生出"自得其乐,幸福一生"的文化主题、"激扬生命,得法自然"的办学理念和"尚自得,展个性"的校训,形成了三七人共同的价值信仰。

校训:尚自得,展个性。"尚自得"就是在内心不断进行深入的、多层次的学习加工,以达到精深博大、运用自如的境界。"展个性"对学生而言,就是要有不断超越自我、全面发展的内在追求,体验多彩生活、成就精彩人生。

校风:同舟共济,德业自馨。重庆三十七中史上由三所学校合并汇聚而成,有着得天独厚的"义渡文化"滋养,三十七中人当秉承义渡的风范,精诚团结,共同为莘莘学子的求学之舟助力,以德业双馨的良好形象立于大渡口畔。

教风:迷津问渡,启悟自行。重庆三十七中打破"满堂灌",追求"启发式",把"启悟"作为最重要的教学策略,通过"指点迷津",唤醒和激励学生"自我探究"。

学风:百炼成钢,互学自成。大渡口因钢城而设区,又名百里钢城,重庆三十七中校园文化中因而有了一个与众不同的文化基因——"百炼成钢",强调一种坚定的信念和"共铸成就"的合作精神。

在"自得文化"构建的育人体系中,重庆三十七中注重调动全员力量,找准发展方向,理清发展思路,做好顶层设计,将忠、善、和、真、美、健、法的"七维素养"落到实处。

前期调查显示,86.78%的教师和86.61%的学生表示支持学校自得教育的创建,78.35%的学生认为学校自得教育建设较为成功。由此可见,重庆三十七中的"自得文化"育人体系在师生内部取得了较好的反响。

二、自得文化环境的创生

"长江畔,渡口旁,桃李春风情飞扬;诸子园,孔圣像,日知月能志四方;尚自得,展个性,三有三会铸梦想;兴中华,志勿忘,我辈少年有担当……"

学校文化是一所学校的精神、灵魂和标志性特征。一个风景如画、温馨典雅、充满活力的校园环境,是教书育人、学生求知的理想场所。作为学校教育的隐性资源,校园环境犹如一本无字的教科书,其作用是其他教育资源不可替代的。

(一) 得天独厚的办学条件

重庆市三十七中作为重庆市首批重庆市重点中学,环境优美,拥有优越的办学条件。校园占地面积110亩,建筑面积73 000平方米,绿化面积12 000平方米。

图7-2　三十七中校园内用新中国第一条铁路退役枕木搭建的荟轩长廊

校园内有用新中国第一条铁路退役枕木搭建的、承载着厚重钢城文化的荟轩长廊;校园门口竖立着的精致石碑,苍劲地书写着"尚自得,展个性"的校训,这是学校"自得文化"的核心,也是一代代三十七中人历经60余载岁月,实践、反思、累计、传承、凝练而成的特色文化底蕴和行动指南。此外,至圣广场、忠义泉、义渡亭……校园的每一个角落都因独特的文化彰显出独有的韵味。

(二) 文化立校的办学理念

环境与人文,显著推进校园环境的新变化,学校文化在引领学生的自我规划和推动学生的自然发展上也发挥着极为重要的作用。重庆三十七中本着"责任立己,制度立校,人文立魂"的"三维"文化育人理念,始终坚信"一所学校如果没有文化的回归,它的发展就没有灵魂"。多年来,重庆三十七中坚持用文化影响师生,用文化塑造品牌,力争让一草一木、一砖一瓦皆有文化与故事,通过创设大爱、大德、大情怀的"自得环境",让学校成为学生精神成长的乐园和教师幸福工作的家园。

重庆三十七中"三维三阶"学校治理理念

责任立己。责任,于己于业之根本。责任在心,躬耕自行。
制度立校。制度,于人于校之准绳。制度在行,规范自达。
人文立魂。人文,于生于师之风骨。人文在兴,浩然自和。

图 7-3 重庆三十七中学校治理理念

2018 年,学校后勤保障服务中心紧紧围绕"向着更美好的三十七中前行"的发展愿景及"适应招考制度改革,实现弯道超车"的发展目标,积极思考、主动谋划,让校园里的每一棵树、每一朵花都会说话,每一块砖、每一堵墙都有文化。2018 年,学校先后对二期扩建工程——地下车库项目、学校运动场建设项目、运动场梯道工程、运动场附属设施建设项目、至圣广场改造、义渡亭复建和校园绿化提档升级,新增人文景观黄葛滴翠、新义渡亭、大江赋、史韵青砖栏、非遗广场。此外,为满足学生发展需求和教师教学教研需求,人文中心 874 画廊、漫咖啡、功能场地心理健康中心、生涯规划中心也相继建成。自得文化成果逐步落实,美的精神已然渗透进三十七中校园的每个角落。

用美育涵养"美丽心灵"。未来,重庆三十七中将持续发挥学校文化教育的导向、陶冶、创造等功能,以"最美文化"为"最美三十七中"奠定绚烂的底色,期盼孩子在"自得教育"的文化环境下追求内心的自得,成长为有信念、有情怀、有担当的人。

第二节 自得教育的社会反响

重庆三十七中在结合学校自身发展优势的基础上,巧借外力、多措并举、步步着力、主动引领,依托国际和区域学校教育的密切合作,积极探索创新人才联合培养项目,将学校、家庭、社区共同纳入教育体系,逐步实现校内外的区域联动和教育的网格一体化发展,形成具有重要区域影响力和社会反响力的"自得教育"办学特色和口碑。

一、融合共生,校际联盟互助合作

2018年,习近平总书记在推进"一带一路"建设五周年工作座谈会中,以"引擎"为喻来表述"一带一路"的改革成就。重庆三十七中努力响应国家号召,在不断的探索与实践中,逐渐确定了自己的发展路径,在教育改革中构建属于学校自身的"一带一路"发展引擎,为学校的自身发展注入源源不断的动力。

2015年,适逢重庆三十七中60周年校庆,区内兄弟学校共同种下一棵承载着大渡口区"幸福教育、激扬生命、得法自然、尽展个性"宏愿的蓝花楹,又名"幸福树",此树也成为三十七中"一带"构架中的启程碑。自此,在区委区政府、区教委的关怀下,在重庆市各学校的帮扶与支持下,从社会到区域再到学校,从"小学奠基,初中护航,高中引领"宏观指导思路,到"增强上级关注度,学校影响度,同行赞誉度和群众满意度"的中观目标,再到"校风净,教风纯,学风浓"的微观治校理念,重庆三十七中逐步形成了适合自身发展的"一带"效应。

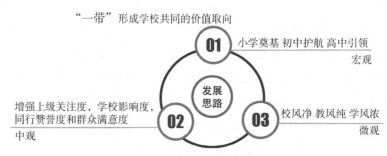

图7-4 重庆三十七中"一带"发展思路与路径

在"形成学校共同价值取向"的"一带"准确定位后,学校"积极联动校内外资源,搭建同城学校共享资源平台"的"一路"也初具发展规模。

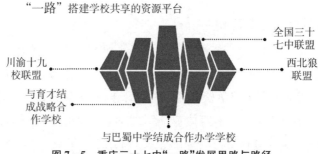

图7-5 重庆三十七中"一路"发展思路与路径

从最初加入"西北狼"联盟和川渝十九校联盟,到与重庆市巴蜀中学结成合作办学学校,与育才结成战略合作学校,成立重庆师范大学教育硕士专业学位研究生联合培养全国示范基地、西南政法大学等知名院校"优秀生源基地",再到与成都体育学院签订校园足球合作框架协议、与宏碁双智(重庆)有限公司签订机器人研学实践基地签署校企合作意向书、与重庆理工大学签订中学生涯教育研究中心战略合作协议、与工商联(总商会)青年委员会联合推进"青青计划"等……从形成学校共同价值取向的"一带"到搭建学校共享资源平台的"一路",重庆三十七中在积极探索新形势下的多种学生联合培养机制,形成三十七中独特的育人品牌,把青年人才合作培养推向了崭新的高度。

二、共享发展,国际访学友好交流

教育对外开放是中国对外开放战略的重要组成部分,教育国际化是教育现代化的重要内容。中外学校双方作为各自国家教育体系中的优质学校,具备丰富的社会资源、充足的经费投入、良好的政策扶持和一定的社会声誉,通过"直接合作,联合培养"的模式,能够引进世界优质教学资源,促进中外教育交流。

重庆三十七中着力构建创新性的合作模式,积极推进学校国际交流与合作的平台建设,在传承中发展,在发展中创新,搭建"引进来""走出去"的国际交流平台,积极同国外学校开展合作,从而实现国际化办学。

图7-6 英国伦敦友好学校圣玛丽·玛格德琳学院赴重庆三十七中开展教师交流会

重庆三十七中与圣玛丽学院有着十五年的宝贵友谊。2005年,圣玛丽学院保罗校长在英国领事馆文教处的牵头下,第一次来到重庆三十七中,从此结下深厚友谊。2014年3月,英国伦敦友好学校校长来访,与重庆三十七中签署友好学校进一步意向合作书。2015年,学校邀请圣玛丽学院保罗校长参加了60周年校庆。2015年3月,重庆三十七中与圣玛丽学院合作办学十周年,期间一百多名师生轮流互访,也标志着重庆三十七中向教育国际化迈出了坚实的一步。

此后十余载的交往中,圣玛丽学院一百多名师生先后来访了美丽的重庆三十七中,领略了山城的风土人情,并一起种下保罗树、一起包饺子、练毛笔字。在丰富多彩的活动中,两校师生双向互动,有机融合,建立了美好的友谊,彰显了人文精神的巨大力量,构成了一道"自得教育"的亮丽风情线。

图7-7 英国伦敦友好学校圣玛丽·玛格德琳学院教师赴重庆三十七中任教

"志合者,不以山海为远",不同的教育模式通过交流而相互借鉴。此外,重庆三十七中与全国各地、美国、英国、加拿大、马来西亚等地区和国家建立合作关系,通过互派教师、师生互访、建立友好学校等方式进行校际交流,不仅拓宽了三十七中师生的交流视野,还极大地拓展了学校的办学思路,为推进课改打下坚实基础。

三、参观来访,校际文化辐射传播

重庆三十七中结合学校自身发展优势,积极实施创新人才联合培养项目,通过"结对子"和形成"战略联盟"的方式,搭建教师教育成长平台,欢迎校际高中参观来访,积极承办和参与重庆市、大渡口区多项党建党史、课程建设、教学改革、教师育人的专项培训活动,不断扩大教育的辐射和影响力,开启了全面培育和塑造三十七中品牌的探索之路。

(一) 党史党建教育

在党建工作方面,重庆三十七中全面贯彻落实中央和重庆市委指示精神,在校园内,建设党建意识形态开放书吧,在师生内部广泛开展党建系列活动,让党史知识成为中学生健康发展的教科书;在校园外,重庆三十七中与社会各界共同努力,构建学校"学党史、知党情、听党话、跟党走"的长效学习机制,不断推进区域学校教师的思想政治教育和师德师风建设。

多年来,重庆三十七中积极参与并承办了重庆市、区级多项活动。2018年10月18日,重庆市主城"党史进校园"研讨会在重庆三十七中隆重召开,各区代表纷纷肯定了重庆三十七中对党史和人文的重视。2019年4月,重庆市第三十四期高完中校长培训班到重庆三十七中学习考察参观,从承载了钢城历史的荟轩长廊,到书香扑面的义渡书屋;从拥有60年积淀的校史陈列室,到筑梦党墙;从国史、党史,到地方史、校史,考察团对"三十七中故事满校园"的人文环境打造纷纷感叹"三十七中'自得文化'寓文于景、匠心独具"。

图7-8　重庆市主城"党史进校园"活动,与会领导、专家参观校园

2019年10月,重庆三十七中申报的党建课题"对中学生党史宣传的策略与路径

的研究"获重庆市教育科学规划重点课题项目。课题将深化党史研究与地方史、学校文化相结合,使党的历史更加饱满,党的思想更加亲民,充分发挥了学校"以文化人、以文育人"的作用。

(二)课程教学改革

在课程建设和教育教学改革方面,重庆三十七中不遗余力,在各学校间搭建交流平台,积极承办多项活动,取得了良好的社会反响,促进了校际文化和"自得教育"教育品牌的源远流长。

2014年12月,重庆三十七中的"影响中国·全国十大课改名校高效课堂精彩展示活动"吸引了全国各地1600余名高中语文骨干教师访学培训。2015年12月,重庆三十七中举办高中教育新课堂高峰论坛,来自上海、重庆的教育同行进行了深入的分享和交流;2016年9月20日,大渡口区教育学会校长专委会校(园)长工作会议在重庆三十七中隆重召开,各区教委、教师代表就如何塑造区域教育品牌进行了深入探讨。

图7-9 西部中学生生涯教育系列活动在重庆三十七中举行

2018年1月9日,重庆市教育学会中学政治教学专业委员会2018年学术年会在重庆三十七中隆重举行,重庆市教科院、重庆市教育学会以及来自全市各区县的政治教研员,就"如何加大对教学学术研究和教学改革的挖掘力度"进行了深入探讨和研究。2019年6月,西部中学生生涯教育论坛活动在重庆三十七中举行,就选课走班的应对策略展开了深入讨论。

(三) 教师培养机制

在教师培养方面,重庆三十七中力求发挥联动效应,助推教师专业成长,提高自得教育对"高中引领""区域教育建设"的贡献率,形成区域内的教学创新、研究创新、实践创新、体制创新的人才教师培养新结构。

2016年9月29日,作为获批中唯一的重庆高校与重庆高中联合基地,"重庆师范大学——重庆三十七中学校教育硕士专业学位研究生联合培养示范基地"获评全国教育硕士专业学位研究生联合培养示范基地。2011年9月,重庆师范大学教育科学学院和大渡口区教育委员会正式签订了关于建立教育硕士培养基地的合作协议,在重庆三十七中建设了以重庆师范大学为主体、大渡口区教委为依托,以第三十七中学为实践培养示范基地的教育硕士人才培养平台,构建起致力于培养卓越教师的U-G-S实践专家型教师培养一体化模式。

此外,重庆三十七中通过开展专题研讨活动、专家培训活动、外出学习活动和学科整合商讨活动,不断促进教师教育观念的更新、管理体制的变革、教学方式的优化,以及学校环境的创设,持续发挥重庆三十七中自得教育"区域贡献"和"区域引领"的功能和作用。

第三节 自得教育的辉煌成绩

芳林新叶催陈叶,流水前波让后波。党的十九大开辟了中国特色社会主义的新境界。习近平总书记指出:"我们以敢闯敢干的勇气和自我革新的担当,闯出了一条新路、好路,实现了从'赶上时代'到'引领时代'的伟大跨越。"教育也迈入了一个崭新时代。多年来,重庆三十七中用脚步丈量青春,着眼于学生的全方面素质发展,以"自得"助力成长,借改革助发展,以体育、科技、艺术教育为支持,不断探索运行机制与模式,让基地更加具有示范引领作用,让教师更加有为。重庆三十七中在区域内形成了广泛的辐射效果,学校的区域影响力和美誉度不断增强,成为了大渡口区一张分量十足的德育名片。

一、师生风采实记

在"自得文化"的引领下,在"自得德育"办学特色的积极探索与有效实践中,重庆三十七中的教学工作更加专业化、规范化,育人成果更加显著化、丰富化。这不仅体现在学校的艺体课程搭建、综合社团发展、实践基地创设、德育实践发展中，也表现在学生的卓越成绩、教师的科研成果和学校丰富的育人成就上。

（一）系列化的德育实践育人成果

重庆三十七中努力在品德修养上下足功夫，积极构建德智体美劳全面培养的教育体系，将理想信念教育、传统文化教育、安全教育、法治教育等渗透学生的日常学习生活中，以课堂教学和课外活动为"翼"，逐步实现德育主题化、系列化、生活化和品牌化，让学校成为以德育人的乐园。

学校始终关注学生忠、善、和、真、美、健、法的发展，围绕"自得文化"开设了20多门特色德育课程，近年来，系列特色德育实践成绩喜人，硕果累累。重庆三十七中深知，德育不能囿于校园与课堂，而是要让学生们勇于冲破"围墙"，用脚步丈量"上善之地，大德之城"。37公里，10个小时，5000人，1个学校——重庆三十七中每年10月启程的"37公里徒步行"活动荣获2018年全国中小学德育工作典型、"重庆市研学旅行先进学校""重庆市立德树人特色项目研究基地""重庆市研学旅行优秀活动案例一等奖"等多项荣誉，获得了来自业界权威的高度赞誉和社会各界的广泛关注。

图7-10　重庆三十七中"37公里徒步行"活动

此外，重庆三十七中认真贯彻落实"七五"普法规划，紧抓师生学法用法，大力弘扬宪法精神，帮助学生树立法治观念，使遵法、学法、守法、用法成为学生的共同追求和自觉行动。2018年3月重庆三十七中被评为第六批"重庆市依法治校示范校"，10月"对中学生党史宣传的策略与路径的研究"被确立为重庆市教育科学规划重点课题项目。

2019年1月，学校"莎姐"法律社团活动，在中央电视台一套的《焦点访谈》中播出；2019年6月，在重庆三十七中拍摄的电影《莎姐日记》公映，同期唐翠莲同学在第

图 7-11　开学典礼上重庆三十七中学子手捧宪法庄严宣誓

二届全国"学宪法、讲宪法"重庆赛区中荣获高中组一等奖;2019 年 12 月,重庆三十七中学获全国"七五"普法中期先进集体荣誉称号。

此外,学校踊跃出了一批有大爱大德大情怀的重庆三十七中学子,全国"最美中学生"陈艳霞,"新时代重庆好少年"、大渡口区首届"孝善之星"、大渡口区新时代好少年李敏,感动重庆十大人物马庆林……

(二)自主化的综合课程实践成果

为更好地培养学生的忠、善、和、真、美、健、法的七维素养,重庆三十七中在坚持班级教育主阵地的基础上,注重日常教育与生活渗透相结合,始终重视学生综合实践基地的创设和生活化实践课程的搭建,为学生发展的多层次需求提供菜单式的德育课程方案。

在校内实践课程体系搭建方面,重庆三十七中将综合实践活动设为必修课程,在坚持班级教育主阵地的基础上,重点突出社区服务、社会实践、研学旅行等,为学生发展的多层次需求提供系统、专业、个性的菜单式实践课程方案,逐步推出 100 余门选修课,形成"237"自得德育课程体系、科技创新课程体系、生涯规划活动课程体系。此外,学校在高中阶段为部分优秀学生设置了大学选修课程,让学有余力的高中生及早接触到大学水平的课程内容,接受大学思维方式、学习方法的训练,为自主招生、大学学习乃至未来的职业生涯做好准备。

在学生综合实践基地的创设方面,重庆三十七中变知识性的课堂教学为发展性的体验教学,充分挖掘校内资源、地方资源和基地资源,积极探索创新人才联合培养项目。按照"一基地一素养一课程"的思路,重庆三十七中先后成为重庆市巴蜀中学校合作办学学校,成为重庆师范大学教育硕士专业学位研究生联合培养全国示范基地,成为西南政法大学等知名院校的"优秀生源基地",先后与成都体育学院签订校园足球合作框架协议,与宏碁双智(重庆)有限公司签订机器人研学实践基地校企合作意向书,与四川软石教育集团签订国际化教育战略合作协议,与重庆理工大学签订中学生涯教育研究中心战略合作协议。学校以科研带动教研和实践,历经 4 年的不懈努力,已申报综合实践课程创新基地、初中语文课程创新基地 2 个创新基地。

(三) 特色化的艺体社团育人成果

重庆三十七中本着"实践、自主、创造、多样"的原则,注重增强学生的审美鉴赏力、生活表现力和思维创造力,通过开设普及性课程和专业类课程两类,在课程化、社团化和特色化的艺体育人活动中,开辟了特色化艺体发展的新路径。

1. 丰富的体育育人成果

体育淬炼品质,作为"全国体育传统项目学校""全国青少年校园足球活动布局学校""全国青少年校园足球特色学校""重庆市足球重点学校",重庆三十七中重在培养学生的运动道德、运动能力、拼搏精神和合作意识,开设了篮球、羽毛球、乒乓球、散打、射击、武术等多样化的体育课程,先后培养出羽毛球世界冠军李雪芮、世界乒乓球冠军马金豹等优秀运动员。

图 7-12 重庆三十七中 W.I.N 啦啦操队风采

近年来,重庆三十七中的学生个人和师生团体也取得了丰硕的体育成绩。其中,羽毛球、武术、射击、散打等项目多次获重庆市金牌,学校女足近两年斩获国家级、重庆市足球比赛多个冠军,男女足各有一名队员成功入选中国校园足球精英队并赴西班牙参加国际比赛。2017年,学校W.I.N啦啦操队在全国啦啦操冠军赛中荣获公开少年组乙组大集体组街舞规定动作(2016版)和公开少年组丙组花球校园啦啦操示范套路(第二套)两个全国冠军。2018年,初中女足获"谁是球王""新时代"杯全国青少年校园足球大赛勇夺全国总冠军、武术队在重庆市大中小学学生武术比赛中勇夺初中组武术操集体项目第一名、男子团体第一名,共计收获单项金牌7枚、银牌8枚、铜牌3枚。

表7-1 重庆三十七中体育类获表彰情况

获奖日期	获奖荣誉	获奖级别	获奖人员
2018年	谁是球王"新时代"杯全国青少年校园足球大赛勇夺全国总冠军	国家级	校足球队
2018年	重庆市大中小学学生武术比赛初中组男子团体第一名;高中组团体第八名,单项金牌7枚、银牌8枚、铜牌3枚;中学组武术套路集体基本功第二名,武术操集体项目第一名	重庆市	校武术队
2017年	全国啦啦操冠军赛公开少年组乙组大集体组街舞规定动作(2016版)和公开少年组丙组花球校园啦啦操示范套路(第二套)全国冠军	国家级	校艺术队
2017年	重庆市校园足球联赛总决赛冠军	重庆市	校足球队
2017年	重庆市青少年武术套路锦标赛单项金牌6枚、银牌8枚、铜牌3枚	重庆市	校武术队
2015年	"我爱足球"重庆市青少年校园足球精英赛(初中组)女队亚军、男队季军	重庆市	校足球队
2015年	全国传统项目学校竞赛武术赛一金三银两铜	国家级	校代表队
2014年	重庆市中小学生武术比赛第一名	重庆市	

2. 显著的艺术育人成效

艺美熏陶情操,作为落实"立德树人"的重要载体,重庆三十七中面向全体学生开设音乐、美术等国家艺术课程,面向有兴趣爱好的学生开设合唱、古筝、舞蹈、朗诵、葫芦丝、书法等校本选修课程,通过为学生提供不同的艺术基础知识和技能,拓展学生未来从事与艺术有关的职业空间。另一方面,重庆三十七中着力打造三叶合唱团、古筝队、流行歌声社等艺术团,每年学校组织学生参加重庆市艺术展演的活动和比赛,以赛促练,不断提高学生艺术水平。

双管齐下，成效立显。近年来，重庆三十七中师生在国家级、重庆市等各类艺术大赛中屡获佳绩，彰显风采。学校古筝师生合奏三度获全国金奖；在2017、2018年两届重庆市中小学生才艺大赛高中组比赛中，重庆三十七中连续获得艺术表演类民族和美声项目一等奖。2017年5月，三十七中"三叶学生合唱团"在大渡口区中小学学校合唱团现场展演活动中荣获特等奖；2017年11月，在重庆市中小学合唱艺术展评活动中获一等奖，曾凡科老师获指导教师奖；2018年，"三叶学生合唱团"在重庆市第八届中小学生艺术展演合唱比赛中荣获中学甲组第一名后，受邀参加全国第九届"中华文化小大使"文化艺术展示活动合唱展演，荣获"中华文化五岳奖"。2018年，周蕴涵同学在重庆市艺术联考中获得音乐表演（器乐方向）全市第一名。

表7-2 重庆三十七中艺术类获表彰情况

获奖日期	获奖荣誉	获奖级别	获奖人员
2018年	重庆市第八届中小学生艺术展演合唱比赛一等奖	重庆市	校合唱队
2018年	全国第九届"中华文化小大使"文化艺术合唱展演"中华文化五岳奖"	国家级	校合唱队
2018年	重庆市第九届中小学生才艺大赛高中组民族唱法一等奖	重庆市	卢依珺
2018年	重庆市"快乐阳光"第十二届高中生才艺大赛声乐类民族唱法一等奖	重庆市	
2018年	重庆市"快乐阳光"第十二届高中生才艺大赛器乐类一等奖	重庆市	
2017年	重庆市中小学生才艺大赛高中组美声项目一等奖	重庆市	
2015年	重庆市大渡口区文艺展演竞赛第一名	重庆市	
2015年	第七届重庆市中小学生艺术展演活动绘画类一等奖	重庆市	唐博
2015年	第七届重庆市中小学生艺术展演活动论文类一等奖	重庆市	曾凡科
2015年	第四届国际古筝大赛A组金奖	国家级	汤茂琳
2014年	重庆市第九届高中生才艺大赛声乐比赛第一名	重庆市	

杰出人才的培养总与个性、差异、自由相伴。重庆三十七中在课程化、社团化和特色化的艺体育人活动的开展中，在多彩的个性化特长的培养中，在教育教学实践中，为学生不断注入成长的"营养液"，给予学生成长路上的必要"艺术养分"。

（四）多样化的科学技术创新成果

总的来说，重庆三十七中的创新之路有规划、有实施、有突破、有成绩。重庆三十七中在深化课改的同时，高度重视科技教育工作，探索"研究性学习与科技创新整合"

的校本特色课程,形成"四主五环"高效课堂,建设"1+X"多元课堂,构建完善的"237"实践课程体系,以"菜单式"的课程选择方案,以选课走班的授课形式,相继推出30余门科学选修课,让学生获得科学知识的同时,创新思维的核心素养也得到全面的发展。

多年来,重庆三十七中在积极推进学生科技教育工作的过程中取得了明显成效。学校相继获得"重庆市科技教育特色学校""重庆市青少年科技教育工作先进集体""重庆市青少年创新人才培养雏鹰计划项目学校""中小学科技创新教育改革试点学校"等一系列科技教育荣誉称号,累计获得国家实用新型专利和国家发明新型专利共300多项,在重庆市乃至国家层面产生了积极的影响力。

图7-13 2018年中英STEAM创新作品竞技赛(西南区)重庆三十七中获团体二等奖

此外,重庆三十七中培养出了一批具有创新精神和实践能力的优秀学子,先后斩获了国家级、重庆市科技大赛的多项荣誉,连续四年获得重庆市大渡口区青少年科技创新区长奖。2015年,重庆三十七中"重庆大礼堂"模型获重庆市第十三届全国中小学信息技术创新与实践活动NOC大赛一等奖,并代表重庆市参加全国总决赛获得一等奖;2016年4月,重庆三十七中学生何存轩获得重庆市第31届科技创新大赛高中组发明创造一等奖和重庆大学自主招生资格;2017年,重庆三十七中学生王声瑞、李傲天、许源荣获全国第15届NOC活动3D创新作品全国一等奖;2018年,重庆三十七中在首届中英STEAM创新作品竞技赛(西南区)中获团体二等奖、汪泓潺同学在重庆市青少年科技创新大赛高中组中获重庆市一等奖、西南大学专项奖等;2019年,重庆三十七中学生曹书瑞在第二十届全国中小学电脑制作活动中获全国一等奖,王声瑞、肖剑同学获全市一等奖;黄科翔同学在重庆市第34届科技创新大赛中获高中组二等奖、重庆理工大学专项奖……

表7-3 重庆市三十七中科技类获表彰情况

获奖日期	获奖荣誉	获奖级别	获奖人员
2019年	第十七届全国中小学信息技术创新与实践大赛(NOC)优秀辅导教师称号	国家级	亓振红、孙书香
2019年	第二十届全国中小学电脑制作活动3D创意设计《智能生态马桶》获全国一等奖	国家级	曹书瑞
2019年	第二十届全市中小学电脑制作活动计算机程序设计《飞机闯关学单词App》获全市一等奖	国家级	王声瑞
2019年	第二十届全市中小学电脑制作活动计算机程序设计《理科解题工具箱》获全市一等奖	国家级	肖剑
2019年	重庆市第34届科技创新大赛高中组二等奖、重庆理工大学专项奖	重庆市	黄科翔
2018年	重庆市青少年科技创新市长奖提名奖	重庆市	何存轩
2018年	首届中英STEAM创新作品竞技赛(西南区)团体二等奖	国家级	卫龙杰、丁昶钦、曹书瑞
2018年	重庆市大渡口区青少年科技创新区长奖	区级	汪泓潺
2017年	第十五届全国中小学信息技术创新与实践活动全国一等奖	国家级	"读书伴侣"团队
2017年	第三十二届重庆市青少年科技创新大赛高中组重庆市一等奖、西南大学专项奖	重庆市	汪泓潺
2017年	重庆市青少年科技创新区长奖(两名)	区级	何存轩、蒋波
2017年	第十五届重庆市中小学信息技术创新与实践活动二等奖	重庆市	蒋波、任源、潘永康
2016年	重庆市第三十一届科技创新大赛高中组发明创造一等奖	重庆市	何存轩
2015年	重庆市大渡口区第五届青少年科技节创造发明类一等奖	重庆市	刘永亮
2015年	FirstTech Challenge(FTC科技挑战赛)中国西南片区赛一等奖	国家级	校机器人兴趣小组
2015年	第十三届全国中小学生创新与实践活动(物联网)高中组一等奖	国家级	陈艳霞、刘景睿等
2015年	第十三届全国中小学生创新与实践活动(物联网)高中组二等奖	国家级	包晓丽、杨瑛瑛等
2014年	第十二届中国青少年机器人竞赛WER初中第一名	国家级	蒋波、唐文建
2014年	重庆市大渡口区青少年科技创新区长奖	区级	蒋波

以课程培多元人才,以科创育玲珑心智。重庆三十七中始终以"自得教育"为路径,让学生坚守"自得"之学习,引导学生沿着求真理、悟道理、明事理的方向阔步迈进,从"自主获得""自觉获得"到"自立获得",逐步实现真正的自得。

(五)多元化的教师科研育人成果

重庆三十七中学在"自得文化"的引领下和"自得德育"办学特色的探索与实践中,管理规范,校风良好,师资力量雄厚,拥有一支教育教学过硬、年龄结构合理、专业扎实、责任心强、爱岗敬业、创新精神强的教师队伍。截至目前,重庆三十七中共拥有253位教师。其中,正高级教师3人,副高级教师89人,中级教师161人,特级教师5人,西南师大、四川师大等五所大学的兼职教授4位。多年来,重庆三十七中教师在教育科研、育人实践、课程开发等方面取得了显著成绩。

1. 论文发表与评优

近三年,重庆三十七中教师积极参与多个国家级和市级课题研究,取得近百项研究成果,教师论文发表、获奖累计200余篇,100多位教师在国家二级以上刊物发表论文。

在2018年重庆市大渡口区教师课题研究成果评奖活动中,重庆三十七中共有8人次8门课题进入决赛,1人获一等奖,2人获二等奖,5人获三等奖,赢得了社会各界的好评。在2018年第十五届重庆市基础教育课程改革征文大赛中,重庆三十七中共有22篇论文获奖,其中5人获市一等奖,7人获二等奖,10人获三等奖。重庆三十七中教师撰写的《关于校际联合教研的问题与对策》《初中物理实验教学实施效果的影响因素及实施对策》《请让我们的语言有张"高级脸"——浅谈高中语文教师的语言艺术》等多篇论文获得重庆市教育科学研究院、重庆市大渡口区教育学会、重庆市教育学会中学教学专业委员会组织的重庆市论文评选一等奖。

表7-4 重庆三十七中部分教师论文发表情况

发表时间	姓名	发表文章题目	发表刊物名称
2019年4月	杨天才	《都是细绳惹的"祸"》	《教学考试》
2018年12月	杨天才	《例析产生正弦交流电的8种类型》	《高中数理化》
2018年12月	杨天才	《一个习题"定理"级应用:摩擦力做功的等效性》	《数理化解题研究》
2018年10月	胡天宇	《地方古代诗歌语文教学资源的开发》	《语文教学与研究》
2018年10月	胡天宇	《思维导图在议论文构思环节的运用》	《高考》

续　表

发表时间	姓名	发表文章题目	发表刊物名称
2018年10月	莫碧华	《立体几何中的翻折问题》	《数理化解题研究》
2018年9月	胡天宇	《融语言学科,促进力培养》	《语文教学与研究》
2018年7月	杨天才	《物体沿斜面下滑的条件》	《高中数理化》
2018年5月	胡天宇	《"麾下壮士骑从八百余人"译辩》	《语文月刊》
2018年5月	杨天才	《再议斜面定理十九例》	《教学考试》
2018年4月	杨天才	《求解相对位移的三种方法比较》	《教学考试》
2018年4月	李显维	《外力作用下单杆切割磁感线模型赏析》	《教学考试》
2018年4月	胡天宇	《〈将进酒〉的生命意识》	《语文教学与研究》
2018年3月	杨天才	《滑板临界问题图象解析》	《教学考试》
2018年2月	胡天宇	《生命的"万古愁"——〈将进酒〉的生命意识》	《语文教学与研究》

表7-5　重庆三十七中部分教师论文获奖情况

获奖时间	姓名	获奖论文名称	获奖名称	获奖级别
2019年11月	杨颖	《心殇》	第十八届百花文学奖科幻文学奖	国家级
2019年9月	陈娟	《关于校际联合教研的问题与对策》	重庆市教育学会外语教学资源委员会第十五次论文评选一等奖	重庆市
2019年9月	唐家龙	《侍坐的趣味与误解》	重庆市第七届优秀基础教育述著评选二等奖	重庆市
2019年9月	莫能芳	《请让我们的语言有张"高级脸"——浅谈高中语文教师的语言艺术》	重庆市大渡口区中小学教师优秀教育教学论文评选一等奖	重庆市
2019年9月	赵林森	《初中物理实验教学实施效果的影响因素及实施对策》	重庆市大渡口区中小学教师优秀教育教学论文评选一等奖	重庆市
2019年9月	梁静	《素养为帆,始于足下,行至远方——八下游记散文阅读教学小记》	重庆市大渡口区中小学教师优秀教育教学论文评选一等奖	重庆市
2019年9月	刘婷	《论高中数学教学解题后的"三思"》	重庆市第七届优秀基础教育述著评选二等奖	重庆市
2019年6月	李方琴	《巧设课堂情境提升思维能力》	重庆市中学地理教育教学论文评比一等奖	重庆市

续 表

获奖时间	姓名	获奖论文名称	获奖名称	获奖级别
2019年4月	刘洋	《高中思想政治"哲学与生活"中探究式教学的实施策略研究》	第十五届重庆市基础教育课程改革征文大赛二等奖	重庆市
2019年4月	王芳	《做影响和改变他人的力量》	第十五届重庆市基础教育课程改革征文大赛一等奖	重庆市
2018年9月	刘尧	《评判性阅读在高中英语阅读教学中的实践及反思》	重庆市教育学会外语教学专业委员会十四次论文评选一等奖	重庆市
2018年9月	陈娟	《核心素养背景下高中英语教学存在的问题及对策研究》	重庆市教育学会外语教学专业委员会十四次论文评选一等奖	重庆市
2018年6月	钱静	《浅谈高中英语课堂提问的策略》	重庆市教育学会2018年中小学教师优秀教育优秀论文评选二等奖	重庆市
2017年2月	张亚琴	《提升班级管理艺术,促进学生全面发展》	全国教研成果一等奖	国家级
2017年1月	陈彩云	《对初中历史教学中情景教学的思考》	第一届中华科研优秀论文一等奖	国家级

在对学校教师的科研状况的调查结果显示,37.6%的教师表示领导重视教育科研的开展状况,大多数教师能热心参与;31.4%的教师表示领导重视教育科研的开展状况,部分教师热心参与。

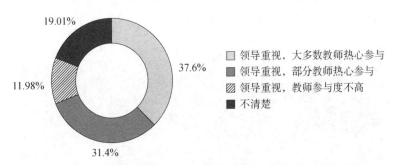

图7-14 你认为学校领导在教育科研上的重视情况是怎样的?(教师问卷)

此外,重庆三十七中66.37%的教师表示参加教学研究的最主要动机是为解决教育教学中的问题,到目前为止,重庆三十七中学发表1—3篇论文的教师占40.91%,发表4—6篇论文的教师占14.88%,发表7—9篇论文的教师占4.13%,发表10篇及以上数量论文的教师占 4.13%。由此可见，重庆三十七中十分重视科研教学，教师的问题解决意识和学术研究意识较强，这也是重庆三十七中取得了丰富的科研成果的主要原因所在。

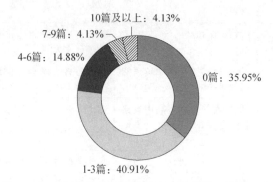

图 7-15　到目前为止，你发表的论文数量是？（教师问卷）

2. 教师联动与培养

重庆三十七中重视教师团队培养并注重教师的区内联动效应，在全市先后建立了"青年教师培养基地""教师研究性学习基地"，创研"初中小班教学"模式，知名度远播，得到重庆市教委、重庆市教科院等上级单位的表彰和肯定。

近三年，重庆三十七中多位优秀教师被评为市教学名师、区名师、区学科带头人，学校拥有伍平伟名校长工作室，唐家龙、曾凡科、甘露、莫能芳名班主任工作室五个大渡口区"三名"工程工作室。其中，"莫能芳名班主任工作室"作为重庆市班主任工作室，以"大渡口人爱大渡口"为己任，由一名主持人——三十七中莫能芳老师，七名中青

图 7-16　莫能芳名班主任工作室成员

年优秀教师——三十七中曹小旺、李娅、周丹老师,九十四中刘小依老师、巴渝中学余渝老师,商务学校张园老师,九十五中雷桥老师组成,集合了大渡口区最强初高中学校的优秀班主任,横跨初中、普高及职高等学段,涵盖语、数、外、物、生等学科,在全区内加速优秀班主任带头人的成长。

3. 教学知识与技能

在优质课评选活动中,重庆三十七中教师团队 30 多人次获国家级、重庆市优质课竞赛一等奖,近 30 门课被评为重庆市"一师一优课、一课一名师"部级优课,曾凡科教师讲授的《舞剧音乐》作为初中音乐新教材课例,已由人民教育出版社出版发行。2017 年,在重庆市大渡口区教师进修学校举办的中青年教师优质课大赛中,重庆三十七中共获得 7 项一等奖、6 项二等奖荣誉;在 2017 年重庆市第五届中小学体育教师技能比赛中,重庆三十七中教师团队获中学组一等奖;在 2017 年重庆市教育科学研究院举办的中学物理教师教学技能大赛中,重庆三十七中 4 人次获课件类一等奖、微课类二等奖等;2018 年,学校在各类优质课大赛中获得全国一等奖 1 人,重庆市一等奖 4 人,基础教育论文比赛一等奖 11 人,"一师一优课"部级优课 3 节,重庆市优课 10 节,赢得了社会各界的广泛称誉。

表 7-6　重庆三十七中学部分教师课例获奖情况

获奖时间	姓名	获奖课例名称	获奖荣誉	获奖级别
2018 年	黄小琴	课例《拒绝欺凌,远离伤害》	重庆市第三届中小学法制教育优质课竞赛中学组一等奖	重庆市
2018 年	余贵祥	交流课《一次函数的图像(一)》	第七届全国新世纪杯初中数学优质课现场说课评比一等奖	国家级
2018 年	曾凡科	课例《舞剧音乐》	两省三市教学观摩研讨会暨核心素养下的音乐课堂深度学习评比活动一等奖	吉林市
2018 年	余贵祥	课例《第五章　分式与分式方程:2.分式的乘除法》	国家教育部 2018 年度"一师一优课,一课一名师"优课	国家级
2018 年	王元松	课例《第二课　认识世界尊重实际:把握人的意识的奥秘》	国家教育部 2018 年度"一师一优课,一课一名师"优课	国家级
2018 年	曾凡科	课例《声动青春乐于自得——中学合唱团组织建设与法治路径探索》	重庆市第八届中小学生艺术展演活动中小学美育改革创新优秀案例二等奖	重庆市

续 表

获奖时间	姓名	获奖课例名称	获奖荣誉	获奖级别
2018年	曾凡科	音乐课《走进复调音乐》	第四届重庆市普通中学音乐优质课评选二等奖	重庆市
2018年	张馨尹	主题班会《就菊把酒话重阳——传承中国文化,做孝道三七人》	重庆市大渡口区中小学优秀主题班会评选活动三等奖	重庆市
2017年	谢凯	微课《大气的水平运动——风》	重庆市第二十一届教育教学信息化大奖赛二等奖	重庆市
2017年	徐明月	课例《密度和社会生活》	重庆市初中物理青年教师优质课大赛一等奖	重庆市
2017年	向治宇	课例《认识杠杆》	重庆市中学物理教师教学技能大赛课件类一等奖	重庆市
2017年	杨科	民族民间舞蹈	重庆市第五届中小学体育教师技能比赛中获中学组二等奖	重庆市

4. 学生指导与服务

教育作为一种"育人"活动,"育人为本"是教育内在的价值旨归,其根本任务在于为社会"培养人""塑造人"。为了更好地承担起教书育人的职责,重庆三十七中的教师们在教育实践活动中始终将立德树人放在首位,注意教书与育人的统一、言传与身教的统一,积极学习和运用现代教学技术辅助课堂教学,积极带领学生参加并指导各种竞赛活动并多次获奖,协同育人成果显著。

图 7-17 重庆三十七中教师杨颖获第十八届百花文学奖国家级科幻文学奖

2015年,特级教师杨天才获评"全国先进工作者",到人民大会堂受奖。2015年至今,多位教师指导学生在全国地理科普知识大赛、经典诵读大赛、物联网创新设计大赛、全国中小学电脑制作活动中获多项国家级、重庆市奖项,谢凯、曾凡科、李好、颜斌、陈茂林等教师多次被评为国家级、重庆市"先进个人""优秀指导教师",敖飞虎老师被评为"重庆市优秀科技辅导员""重庆市雏鹰计划优秀指导教师",获得国家实用新型专利授权20多项,指导学生获得国家实用新型专利授权300余项。2019年,重庆三十七中教师杨颖与莫言、苏童、毕飞宇、蒋子龙、迟子建、刘庆邦等名作家同榜同框,其作品《心殇》斩获第十八届百花文学奖国家级科幻文学奖。

表7-7 重庆三十七中部分教师个人获奖情况

获奖时间	获奖教师	荣誉称号	获奖级别
2018年	谢凯	"全国深度教学暨地理实践力观摩研讨会"——武隆研学实践"优秀指导教师"	国家级
2018年	曾凡科、李好	重庆市第八届中小学生艺术展演"优秀指导教师奖"	重庆市
2018年	曾凡科	重庆市第八届中小学生艺术展演活动"先进个人"	重庆市
2018年	陈茂林	重庆市2017年度普通高中学生综合素质评价工作"先进个人"	重庆市
2018年	曾凡科、颜斌	指导的作品《苏轼游赤壁》获大渡口区中小学第四届"阅读节"经典诵读展演(中学组)一等奖	重庆市
2018年	谢凯	大渡口区2016—2018年度教育系统"优秀教师"	重庆市
2017年	谢凯	指导的作品获第十八届全国中小学电脑制作活动重庆赛区高中组物联网创新设计(团体赛)竞赛二等奖	重庆市
2017年	谢凯	第十一届"地球小博士"全国地理科普知识大赛指导教师一等奖	国家级
2017年	张袁穗	指导的王佳颖同学的文章《感悟历史之美》荣获重庆市中学生首届历史学思悟征文比赛一等奖	重庆市
2017年	李冰冰	指导的王畅同学的文章《品读历史之趣》荣获重庆市中学生首届历史学思悟征文比赛二等奖	重庆市
2016年	敖飞虎	重庆市青少年科技创新大赛辅导员发明类一等奖	重庆市
2015年	敖飞虎	指导的学生获西南地区FTC激励奖以及全国三等奖	国家级

二、杰出校友实记

自1955年建校以来,重庆三十七中随着民族的命运一起沉浮,随着祖国的脉搏一起跳动,为大渡口区的教育振兴、经济社会发展做出了重要贡献。重钢搬迁之后,学校肩负着教育留守子弟、保障社会和谐之重任。身在渡口,重庆三十七中传承着扶危济困、重情重义的义渡精神;因钢而建,重庆三十七中发扬着艰苦奋斗、丰碑厚铸的钢城文化。一代代的三十七中人,薪火相传,始终担负着耕耘智慧、播撒真知、传承文明、塑造国之栋梁的历史使命。

图 7-18　重庆三十七中部分杰出校友榜

校友资源是学校育人树人是否落地成效的重要标准之一。多年来,重庆三十七中先后走出了重庆市工商联(总商会)副会长尹顺新,钰鑫实业集团总裁、德国 Qiagen 公司亚太区研发总监陈华,长安汽车集团副总裁黄忠强等商界精英,中国银保监会打击非法金融活动局局长向东,北京大学石油与天然气研究中心首席科学家胡天跃,普林斯顿大学博士后研究员李刚等学术达人,乒乓球名宿马金豹、2012 年伦敦奥运会羽毛球女单冠军李雪芮、女子垒球亚运会冠军何静、1999 年亚洲垒球锦标赛冠军孙莉、德国乒乓球男队主教练李先觉、四川交响乐团手风琴演奏家邵影等文体明星,更有无数普普通通的社会主义建设者活跃在各个岗位上为社会默默奉献着光和热。

表 7-8　重庆三十七中部分杰出校友名录

年级	姓名	现从事行业及社会兼职或获得的荣誉
1958 级	马金豹	乒乓球教练
1958 级	李先觉	德国乒乓球男队主教练
1972 级	邵影	四川交响乐团手风琴演奏家
1983 级	陈华	德国 Qiagen 公司亚太区研发总监

续表

年级	姓名	现从事行业及社会兼职
1983级	向东	中国银保监会打击非法金融活动局局长
1985级	黄忠强	长安汽车集团副总裁
1985级	何静	女子垒球亚运会冠军
1996级	孙莉	1999年亚洲垒球锦标赛冠军
1998级	尹顺新	钰鑫实业集团总裁、重庆市工商联（总商会）副会长
2003级	李刚	普林斯顿大学博士后研究员
2010级	李雪芮	2012年伦敦奥运会羽毛球女单冠军

校友资源不仅有育人价值，还有宝贵的就业指导价值。重庆三十七中始终重视发挥校友之间"传、帮、带"的双向育人作用，在每年的开学典礼、毕业典礼和校庆活动中，重庆三十七中校友们利用自己多年的工作经验和丰富的信息资源，对母校的育人工作、就业指导工作提供指导；在为母校服务的工作中，重庆三十七中的校友们也感受到自身的价值。

三、媒体报道实记

在"自得文化"的引领下，重庆三十七中逐渐形成了具有重要区域影响力的"自得教育"办学特色，学校的"自得教育"体系取得了广泛的社会反响和社会影响力，得到了多方媒体的关注、宣传和报道。

2013—2020年间，重庆三十七中"自得其乐，幸福一生"的自得教育体系，以及"37公里徒步行"研学旅行活动累计被《中国教育报》报道2次、《中国德育报》报道1次、《重庆日报》报道4次、《大渡口报》报道2次、《重庆科技报》报道1次、华龙网报道1次，学校先后获得"全国体育传统项目学校""全国青少年校园足球特色学校""全国中小学心理健康特色学校""全国教育硕士专业学位研究生联合培养示范基地""重庆市依法治校示范学校""全国消防安全教育示范校""重庆市民主管理示范学校""重庆市立德树人特色项目研究基地""重庆市中小学德育示范学校""重庆市研学旅行试点学校""重庆市普通高中新课程实验样本学校""重庆市科技教育特色学校""重庆市青少年人才培养雏鹰计划先进项目学校""重庆市家长示范校""重庆市最佳绿化单位""重庆市平安校园"等荣誉称号。

表7-9 重庆三十七中媒体报道情况

报道日期	媒体名称	媒体报道题目
2019年7月	《中国德育报》	《自得其乐,幸福一生》
2019年4月	华龙网	《以"自得文化"为引领,着力培养学生"七维素养",推进素质教育进入新时代》
2018年12月	《中国教育报》	《自得德育唤醒生命成长的力量——重庆三十七中学校"37公里徒步行"研学旅行活动的"台前幕后"》
2018年3月	《大渡口报》	《引自得体系素质教育超越梦想》
2018年2月	《大渡口报》	《让学生在三十七中收获自得》
2018年1月	《重庆科技报》	《重庆三十七中学校校长伍平伟:一个务实校长的教育"舞台剧"》
2017年5月	《重庆日报》	《自得其乐,幸福一生——破译"最美三十七"背后的幸福密码》
2016年10月	《重庆日报》	《徒步行37公里纪念红军长征胜利80周年》
2015年12月	《重庆日报》	《用"自得文化"托起教育之魂》
2015年6月	《重庆日报》	《菁菁三十七 日知月能——纪念重庆三十七中学校60华诞》
2015年3月	《中国教育报》	《幸福,为了你我他——重庆大渡口"幸福教育"区域特色实践浅谈》

新常态的中国渴望新常态的教育,新常态教育需要头脑清醒、跟得上改革步伐的教育人,也需要顺应教育发展规律的理念和创新教育形式的实践。多年来,重庆三十七中以"自得教育"的办学理念和育人体系为指导,以特色项目、品牌项目为支撑,不断提升办学品位。

未来,为办好人民满意的教育,塑造具有责任意识、自信意识、合作意识的自主发展型人格的一代新人,重庆三十七中怀着让每一个三十七学子享受"自得"教育甘甜雨露的美好愿景,在为建设成重庆市乃至全国内有较高美誉度和影响力的学校的征途中,一路阔步向前。